지속가능발전 지향

유아환경교육

지옥정 · 조부경 · 서윤희 · 정애경

창지사

머리말

하늘이 모처럼 푸르고 맑다. 하늘이 맑아 보여도 미세먼지에 속지 말라는 이야기를 주변에서 들은 바 있어 미세먼지 농도를 스마트폰으로 체크해 보니 진짜로 '맑은 날' 맞다. 그러다 문득 언제부터 우리가 미세먼지 농도까지 이렇게 매일 체크하며 살게 되었나 싶어 가슴이 답답해진다. 며칠 전에는 유아교육기관 원장님들에게서 바깥놀이를 해야 하는데 학부모의 미세먼지에 대한 예민한 반응 때문에 보통 곤란하지 않다는 이야기를 들으면서 정말 우리가 환경적으로 어려운 세상에 살고 있는 것을 실감했다. 환경오염 및 서식지 파괴로 우리 주변에서 빠른 속도로 사라져 가는 다양한 생물 문제나, 아열대 기후로 변해가는 우리나라를 비롯하여 전 세계 온난화 현상 등은 모두 지구가 과연 언제까지나 지속가능할 것인가에 대해 염려하게 만든다.

결국 유아기부터의 지속가능발전교육이 매우 중요한 과제로 대두되었다. 우리나라 환경부에서도 최근 유아기부터 지속가능발전 지향 유아환경교육이 시급하다는 인식 하에 유아를 주 교육대상으로 하는 환경교육관을 설립하고, 더불어 유아교사 및 원장, 장학사 및 장학관 등을 대상으로 교육을 꾸준히 실시해 왔다. 2014년에 한국교원대 안에 설립된 유아환경교육관, 2015년에 진행된 '유아교사 환경교육프로그램 연수 시범운영' 등이 그 예이다. 이때 필자들은 유아환경교육관 환경구성에 참여하고 연계하여 황새, 수달, 늑대와 같은 멸종위기종 중심의 유아환경 교육 프로그램을 개발하였으며, 이어 유아환경교육에 관한 교사교육 프로그램을 개발한 후 직접 강의에도 참여하였다. 이 책은 그런 일련의 결과로 나오게 된 것이다.

이 책의 제목을『지속가능발전 지향 유아환경교육』이라고 한 이유는 '지속가능발전 교육' 안에서도 환경교육에 초점을 맞추어 기술하였기 때문이다. 따라서 기존의 환경교육과 달리 지속가능발전교육의 핵심가치를 추구하고자 하였고, 무엇보다도 환경적인 측면을 중심으로 하되, 이와 밀접하게 연계되어 있는 경제적·사회적인 측면을 생각해 보도록 하는 데 초점을 맞추었다.

이 책은 크게 3부로 나누어져 있다. 1부는 지속가능발전 지향 유아환경교육의 기본 토대로서, 1장: 지구의 현재·미래와 지속가능발전의 개념, 2장: 지속가능발전을 위한 세계적 노력과 유아교육의 관계, 3장: 지속가능발전 지향 유아환경교육의 필요성과 개념이며, 전체적으로 지속가능발전과 유아기부터의 지속가능발전교육을 조망해 볼 수 있도록 하였다. 이어 2부 지속가능발전 지향 유아환경교육의 실체에서는 4장: 지속가능발전 지향 유아환경교육의 목적 및 목표, 5장: 지속가능발전 지향 유아환경교육의 내용, 6장: 지속가능발전 지향 유아환경교육의 교수·학습 원리와 같이 과연 무엇이 지속가능발전 지향 유아환경교육인가 하는 것을 보다 구체적으로 제시하였다. 마지막으로 3부 지속가능발전 지향 유아환경교육의 적용에서는 1부와 2부 내용을 기초로 하는 현장적용 방안을 제시하였다. 즉, 7장: 지속가능발전 지향 유아환경교육의 계획 및 운영, 8장: 생활주제와 연계한 환경교육의 실제, 9장: 유아환경교육관과 연계한 프로젝트를 통한 환경교육의 실제, 10장: 환경동화 프로젝트를 통한 환경교육의 실제를 다루면서 어떻게 유아교육 현장에서 지속가능발전 지향 유아환경교육을 계획하고 실행할 수 있을까 하는 것을 사례로 제시하였다.

처음에 환경부에 제출했던 보고서의 보완, 확충 작업 정도로 생각했던 책 작업은 하면 할수록 고민에 고민을 더하게 되고, 보완해야 할 곳도 자꾸 눈에 들어와 끝은 아득하게만 보였다. 그렇게 1년 이상의 시간이 지난 지금, 부족하나마 일단 하나의 결과물로 묶어 내고 앞으로 더 숙성시켜 나가야겠다고 생각하고 여러 가지로 미진하지만 일단 출판에 임하였다. 이 책이 유아교육계에선 아직 낯선 단어인 '지속가능발전교육'에 대한 이해를 돕고 유아교육 현장의 '지속가능발전 지향 유아환경교육' 계획 및 실행에 작은 도움이 되기를 바란다.

언제나 그렇듯 이 책의 출판 뒤에는 많은 분들의 수고와 도움이 있었다. 먼저, 2014년 환경부 사업 당시 지속가능발전 지향 유아환경교육을 유아교육 현장에 적용하는 연구에 기꺼이 동참해 주셨던 전국의 수석 선생님들, 좋은 자료를 제공해 주신 가경유치원의 우성자 원장님, 근로복지공단 수안들어린이집의 김영수 원장님을 비롯한 충북자연사랑유아교육연구회 원장님들, 사진 자료 직업을 열심히 해 준 아이림유치원의 이지영 원장님, 윤미라 선생님께 감사드린다. 끝으로 언제나 신실하게 출판에 임해 주시는 이윤미 편집장님, 나기영 부사장님, 김기섭 사장님을 비롯한 창지사 직원 모든 분께 깊이 감사드린다.

창조 질서와 조화가 언제까지나 계속 이어지기를 소망하며.

2017년 6월

저자 일동

차 례

PART I

지속가능발전 지향 유아환경교육의 기본 토대

Early Childhood Environmental Education for Sustainable Development

CHAPTER ❶ 지구의 현재 · 미래와 지속가능발전의 개념

CHAPTER ❷ 지속가능발전을 위한 세계적 노력과 유아교육의 관계

CHAPTER ❸ 지속가능발전 지향 유아환경교육의 필요성과 개념

CHAPTER ❶

지구의 현재·미래와 지속가능발전의 개념

Early Childhood Environmental Education for Sustainable Development

1. 지구의 현재 진단과 미래 예측

가. 지구의 현재 진단

1) 지구의 현재 단면 보기

지구의 현재 단면을 살펴보기 전에 다음은 무엇을 찍은 사진일지 한번 추측해 보도록 하자. 그리고 난 후 각각 최근 일주일 동안 사용한 플라스틱 제품의 종류를 옆에 적어 보자.

이것은 무엇일까?	최근 일주일 동안 사용한 플라스틱 제품

최근 일주일 동안 사용한 플라스틱 제품을 적어 보자는 말에서 힌트를 얻었는가? 그렇다. 위의 그림은 플라스틱과 관계가 있다. 바로 미세 플라스틱을 먹이로 착각하고 잔뜩 먹은 보리새우 위장을 찍은 사진이다. 마이유 레티니에미 박사 연구팀이 제공한 이 사진은 현재 바다가 얼마나 미세 플라스틱으로 오염되어 있는지를 잘 보여준다. "바닷속 플라스틱 알갱이를 당신도 만 개씩 먹고 있다."는 기사(한겨레신문, 2016년 8월 15일, 김정수 기자)에서는 이 사진과 함께 인간이 플라스틱을 대량으로 생산하기 시작한 지 불과 60여 년 만에 미세 플라스틱으로 가득 찬 바다의 엄청난 문제점을 지적하고 있다. "바다 생물은 플라스틱을 먹이로 착각하여 먹고, 인간은 그들을 먹고… 지구는 '플라스틱 행성'이 되어 간다."는 표현은 그런 문제점을 단적으로 보여주고 있다.

이제 우리는 환경을 어떤 자세로 대하고 있는지 각자 스스로에게 질문해 보자. 아니, 환경오염 및 지구 온난화가 전 세계적인 이슈로 자주 등장하고 있는 현실을 고려해 본다면 우리는 환경을 어떻게 대해야 할까?가 보다 적합한 질문일 것이다. 관련하여 우리로 하여금 큰 각성을 하도록 이끈 레이첼 카슨(Rachel Carson)의 『침묵의 봄』을 살펴보자. 이 책은 1962년에 발표된 작품이다. 20세기에 가장 큰 영향력을 미친 책 중 하나로 일컬어지고 있으며, 지금도 환경에 관심을 가진 사람들이라면 꼭 읽어야 할 필독서로 꼽히고 있다.

이 책에서 카슨은 20세기에 들어 무분별하게 사용되기 시작한 각종 살충제와 화학비료, 농약 등이 생태계에 미치는 가공할 만한 파괴력을 경고하고 있다. 『침묵의 봄』이란 제목은 이와 같은 각종 살충제와 화학비료, 농약의 남용으로 봄이 되어도 생기 대신 죽음과 같은 음산함으로 덮인 자연을 은유적으로 표현한 말이다. 다음은 그 책에 묘사된 원래의 아름답고 조화로운 생태계와 인간의 잘못으로 인해 죽어가는 생태계에 대한 이야기이다(Carson, 2011).

표 1-1 Carson이 묘사한 생태계 대비

〈장면 1〉 조화로운 생태계: 생태계 모든 구성원이 조화를 이루며 사는 마을	〈장면 2〉 죽어 가는 생태계: 살충제, 화학 비료 등의 과도한 사용으로 죽어 가는 마을
마을에는 온갖 곡식이 자라는 밭과 과수원, 풍요로운 농장들이 펼쳐져 있다. 과수원의 푸른 밭 위로 흰 구름이 흘러가고, 새들의 지저귀는 소리가 경쾌하게 울려 퍼진다. 가을이 되면 병풍처럼 둘러싸인 소나무를 배경으로 노을처럼 붉게 물든 참나무와 단풍나무, 자작나무의 너울거림이 눈부시다. 이른 아침 희미한 안개가 내린 언덕에서는 여우 울음소리가 아스라이 들려왔고, 때때로 조용히 밭을 가로질러 달려가는 사슴의 모습도 볼 수 있었다. 물고기를 잡으려는 사람들은 가까운 시냇가로 향했다. 이 시내에는 산으로부터 내려온 차갑고 맑은 물이 넘쳐흘렀고 송어가 알을 낳는 웅덩이가 군데군데 자리 잡고 있었다.	어느 날 낯선 병이 이 지역을 덮어버리더니 모든 것이 변하기 시작했다. 어떤 사악한 마술의 주문이 마을을 덮친 듯했다. 사람, 닭, 소떼와 양떼가 이유 없이 시름시름 앓다가 죽고 말았다. 나무도 잎을 축 늘어뜨린 채 맥이 없다. 마을 곳곳에 죽음의 그림자가 드리워진 듯했다. 도무지 병의 정체를 알 수 없는 마을 의사들은 당황하기 시작했다. 원인을 알 길 없는 갑작스러운 죽음이 곳곳에서 보고되었다. 이는 어른이나 동물에만 국한된 문제가 아니고, 잘 놀던 어린이들이 갑자기 아파하더니 단 몇 시간 만에 사망하는 일까지 벌어졌다. 낯선 정적이 감돌았다. 즐겁게 지저귀던 새들 소리마저 들리지 않는다. 도대체 모두 어디로 가버린 것일까?

〈장면 1〉에서는 사람을 포함한 생태계 모든 구성원이 조화를 이루며 평화롭게 사는 마을의 모습을, 〈장면 2〉에서는 사람과 동식물이 이유도 모르는 채 죽어가는 모습을 그리고 있다. 문제는 근래 우리 주변에서 단지 우화처럼 여겨지는 〈장면 2〉와 비슷한 실제 사건들이 뉴스로 종종 보도되고 있다는 점이다. 정말 그런지 한번 찾아보자.

〈그림 1-1〉은 우리나라에서 최근 몇 년 동안 나온 기사 제목들을 몇 가지 나열한 것이다. 떼죽음 되어 수면 위로 떠오른 물고기들, 멸종위기종의 급격한 증가, 지구 온난화로 가속화되는 이상 기후와 이로 인한 극빈층 확산, 원전과 관련하여 발생하는 엄청난 재해 등에 의해 점점 죽음의 땅으로 변해가는 지구. 이런 기사 제목들이 바로 앞에서 예시한 〈표 1-1〉의 장면 2인 '죽어 가는 마을'을 확대한 모습으로 보이지 않는가? 도대체, 왜, 지구는 이런 모습으로 변하게 된 것일까? 여러 가지 원인이 복합적으로 작용했지만 가장 큰 원인은 산업혁명 이후 인간 중심적인 개발 논리에 근거하여 자연을 무분별하게 착취하고 생태계 파괴를 지속적으로 자행해 온 데 있다.

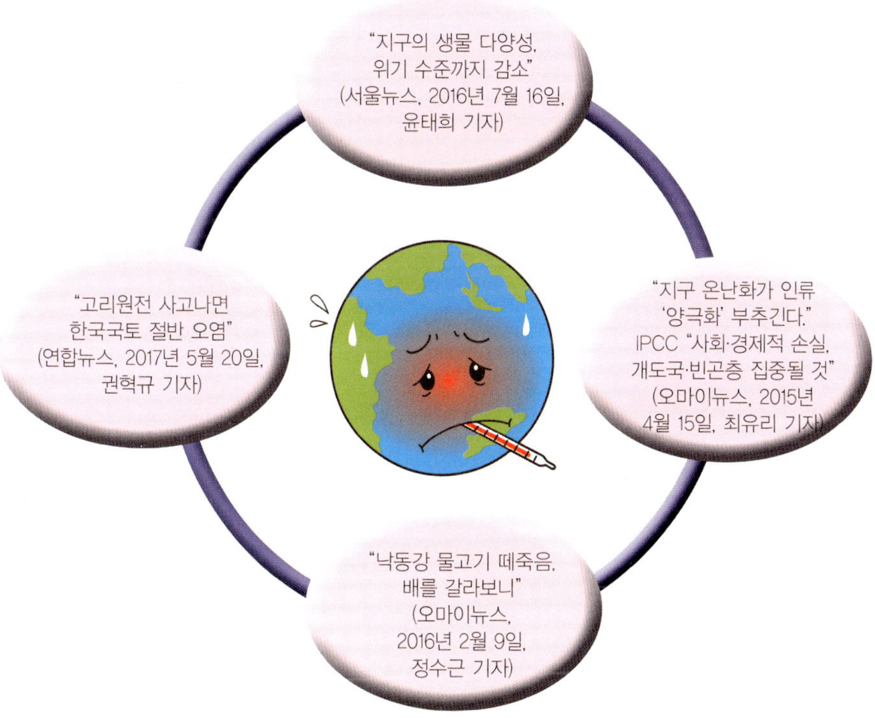

그림 1-1 지구의 현 상태를 보여주는 최근 뉴스 기사 제목

〈그림 1-1〉에서 몇 가지 기사 제목만 보아도 현재의 지구가 어떤 상태인지 짐작할 수 있다. 그럼 지구의 상태를 좀 더 구체적으로 진단해 보도록 하자.

2) 지구의 현재 상태 진단하기

'지구'의 건강검진을 실시한다고 가정해 보자. 건강검진이므로 우선 체온은 어느 정도인지부터 재어 봐야 할 것이다. 또 여기저기 상처 난 곳의 정도는 얼마나 심한지도 살펴보아야 할 것이다. 그런 기본 검진과 더불어 공기, 흙, 물, 그리고 생태계 구성원의 안녕 상태도 점검해 보아야 한다. 만일 여러분이 이런 식으로 지구의 건강을 검진한 의사라면 그 결과를 어떻게, 무엇이라고 기재할 것 같은가? 〈그림 1-2〉에서 해당된다고 생각하는 칸에 ∨ 표시해 보자.

	지구 씨 건강검진 종합 결과 진단자 이름 ______			
	매우 건강함	약간 염려 수준	상당히 염려 수준	극단적 염려 수준

그림 1-2 지구 건강검진 결과

진단 결과를 내렸는가? 그럼 이제 여러분의 진단 결과가 과연 정확한지 전 세계 환경위기시계 조사팀으로부터 확인을 받아 보자. 환경위기시계 조사팀은 매해 세계 각지의 수많은 환경전문가로부터 지구에 관한 다양한 관련 정보를 받아 종합한 후 '지구 건강검진 결과'라고 할 수 있는 '환경위기시계(The Environmental Doomsday Clock)'를 발표하고 있다. 일반 시계하고는 완전히 개념이 다른 환경위기시계란 환경오염 정도 및 생태계 파괴 정도를 시간으로 나타내 주는 시계이다. 여기서 0~3시는 상당히 좋은 수준, 3~6시는 약간 염려 수준, 6~9시는 상당히 염려되는 수준, 9~12시는 극단적으로 염려되는 수준을 말한다. 12시는 지구에 어떤 것도 살 수 없는 죽음의 땅이 되는 시간을 의미한다.

환경위기시계를 처음으로 측정한 때는 리우환경회의가 열린 1992년이었는데, 이때의 환경위기시간은 7시 49분이었다[1]. 이때도 지구의 환경 수준은 이미 '상당히 염려되는 수준'이긴 했지만 '극단적으로 염려되는 수준'까지는 아니었다. 그런데 2000년에는 거기서 훨씬 더 나쁜 쪽으로 진행하여 8시 56분이 되었고, 2001년(9시 8분)부터는 불행하게도 '극단적 염려 수준'인 9시를 넘겨버렸다. 그리고 가장 최근 조사 발표된 2016년의 세계 환경위기시계는 9시 31분, 한국은 9시 47분을 나타냈다. 이런 상황에서 현재 우리는 어쩔 수 없이 '극단적 염려 수준 상태'인 지구에서 살고 있는 것이다. 환경오염이 계속 진행된다면 우리 후손은 더욱 암울한 환경위기시간을 맞게 될 것이다. 잠시 아이들을 데리고 바깥놀이를 하려면 먼저 미세먼지부터 확인해야 하는 오늘의 우리 모습은 미래 세대의 세상이 과연 더 나아질까 의심하게 만든다.

이런 상황에도 불구하고 환경위기시계 안에서 희망을 보는 이유는 〈그림 1-3〉과 같이 해에 따라 환경위기시간이 조금씩 뒤로 가기도 하기 때문이다. 예를 들어 2013년의 세계 환경위기시계는 9시 29분을 가리켰으나 2014년에는 9시 23분으로 5분 뒤로 물러났고, 한국의 경우 2013년에 9시 31분, 2014년에 9시 27분, 2015년에 9시 19분으로 계속 몇 분씩 뒤로 물러난 바 있다. 그 이유는 무엇보다도 유엔을 중심으로 하여 전 세계적으로 환경오염에 경각심을 갖고 환경 상태를 개선하고자 하는 다각적 노력을 해 오고 있기 때문이다.

---

1) 일본의 아사이 글래스 재단(The Asahi Glass Foundation)은 리우 회의가 열리던 1992년부터 환경위기시간을 발표해 왔다. 우리나라 환경재단(http://www.greenfund.org/m82.php)은 2005년부터 일본의 아사히 글라스 재단과 함께 '환경위기시간'에 대해 조사하고 발표해 오고 있다. 참고로 리우 회의의 정식 명칭은 '환경 및 발전(개발)에 관한 유엔 회의: United Nation Conference on Environment and Development'로 브라질의 리우데자네이루(Rio de Janeiro)에서 개최되었기 때문에 보통 리우 회의라고 부른다.

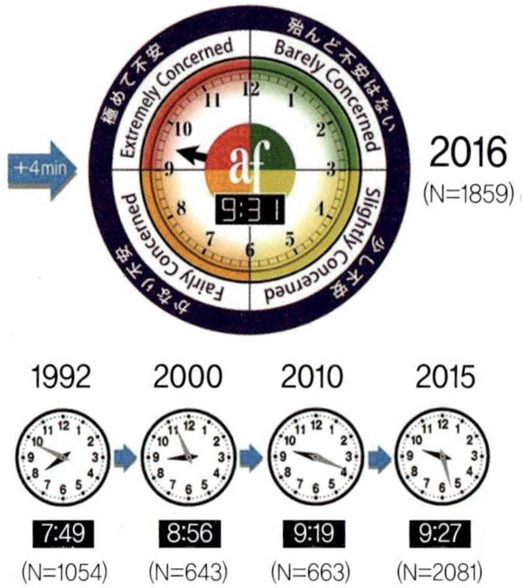

	2013년	2014년	2015년	2016년
세계환경위기시간	9시 29분	9시 23분	9시 27분	9시 31분
한국환경위기시간	9시 31분	9시 27분	9시 19분	9시 47분

그림 1-3 세계 환경위기시계와 최근 4년간의 환경위기시간

출처: http://www.af-info.or.jp/en/questionnaire/clock.html

나. 지구의 미래 예측

1) 지구의 미래 환경 예측해 보기

현재 지구의 환경 상태가 극단적 염려 수준이라는 사실을 알았다. 그렇다면 2030년, 2050년, 2100년의 미래 지구 환경은 어떻게 될까? 지금보다는 그래도 좀 나아질까? 아니면 계속 더 나빠질까? 과연 여러분은 20년 후, 30년 후, 50년 후 자신이 어떤 환경에서, 어떤 모습으로 살게 되리라고 예측하는가? 한번 지금으로부터 30여 년 후인 2050년을 상상하면서 그 모습을 간단하게 글과 그림으로 묘사해 보자.

표 1-2 미래 환경과 우리 삶의 모습

	글	그림
예시	2050년이다. 우주 유치원에 근무하고 있는 김 교사는 돌보미 인공지능(AI: Artificial Intelligence) 로봇들과 같이 살고 있다. 아침에 일어나니 '냠냠 AI 로봇'이 라이프 로그(Life log) 건강검진 결과에 따라 특별 조제된 맞춤형 영양 캡슐 한 알을 아침식사 대용으로 가져다준다. 먹는 맛이야 없지만 간편하니까 어쨌든 좋다. 4월인데도 한낮 온도가 30도까지 치솟기 때문에 아침에 입고 나갈 옷 고르기가 무서울 정도이다. 요즘은 자외선도 수시로 위험 수위를 보이기 때문에 전신 자외선 차단 옷을 꼭 찾아 입어야 한다. 그러나저러나 어제 해수면 상승으로 침수되었다는 서해안 일대와 제주도 일부가 어떻게 되었는지 궁금하여 '정보 AI 로봇'에게 그 뉴스를 띄우라고 부탁한다.	
나의 예상		

여러분은 2050년의 모습을 어떻게 예상했는가? 이런 모습의 미래라면 지구 환경 위기시계는 몇 시를 나타낼까? 연계하여 이런 시간이 되도록 하는 데 가장 큰 영향

을 미치는 생태계 구성원은 누구일까? 각자 적어 보고 옆 사람과 이야기 나눠 보자.

표 1-3 미래 지구의 환경위기시계 추정

	2030년	2050년	2100년	환경위기시계에 가장 큰 영향을 미친 생태계 구성원은 누구일까?
세계 환경위기시계	시 분	시 분	시 분	
한국 환경위기시계	시 분	시 분	시 분	
어떤 점이 지구 환경에 가장 큰 영향을 미치리라고 보는지 조별로 정리해 보기				

2030년, 2050년, 2100년으로 갈수록 환경위기시계가 더 좋은 쪽으로 바뀔 것이라고 예측했는가? 만일 그렇게만 될 수 있다면 정말 다행이다. 관련하여 그렇게 좋은 쪽으로 환경위기시계가 바뀌도록 하는 데 가장 큰 영향을 미칠 생태계 구성원으로 누구를 꼽았는가? '인간'이다. 2017년 5월 기준으로 이미 75억을 넘어선 '인간의 노력'이 가장 지대한 영향을 미칠 것이다.

이런 낙관적인 전망과는 정반대로 혹시 환경위기시계가 10시, 11시를 넘어 점점 종말 시점인 12시를 향해 치달을 것으로 예측했는가? 불행히도 그럴 가능성 또한 상당히 높다. 자, 그럼 동일한 질문을 해 보자. 환경위기시계가 그런 종말 시점을 향해 가는 데 가장 큰 영향을 미칠 생태계 구성원으로 누구를 꼽았는가? 이 질문의 답 역시 지구상에 살고 있는 수많은 '인간'이다. 지구 환경 결정의 중요 요인은 바로 '인간'인 것이다. 인간이 어떤 사고방식을 가지고 어떤 삶을 이어가느냐에 따라 그 결과는 크게 달라질 것이기 때문이다. 전 세계인 모두가 생태계에 대한 책임을 느끼면서 더 나은 지구 환경을 만들어 가려고 함께 노력해야 하는 이유이고, 이를 위한 유아기부터의 지속가능발전 지향 환경교육이 필요한 너무나 분명한 이유이다.

2) 지구의 환경문제와 사회적, 경제적, 정치적인 문제의 연관성

지구의 환경위기 정도가 극단적 염려 수준에 있음을 앞에서 살펴보았다. 여기서 파생되는 또 다른 문제는 지구 환경위기가 단지 환경문제로만 끝나지 않는다는 데 있다. "지구 온난화가 인류 양극화 부추긴다."(오마이뉴스, 2015년 4월 15일, 최유리 기자)라는 기사에서 보듯 환경문제는 인간을 비롯한 모든 생태계 구성원의 생활 전반에 큰 문제를 야기하는 결과로 이어지기 때문이다. IPCC[2)]의 보고서를 인용한 이 기사에서는 지구 온난화가 특히 취약계층에 부정적 결과를 가져올 수 있다는 예측과 함께, 지구 온난화와 기후 이변이 식량 생산량 감소로, 나아가 이런 현상은 곡물가격 상승 및 식량 부족으로, 결국에는 아비규환의 사회적 충돌로 이어질 가능성이 높다고 하였다.

한 가지 예를 더 들어보자. 2015년 9월 20일의 MBC '서프라이즈' 프로그램에서는 현재도 계속 진행형인 '차코의 눈물' 편을 방송한 바 있다. 이 방송에 세계인들을 충격으로 몰아넣은 '아이샤 카노'라는 여자 아이의 모습(〈그림 1-4〉 참조)이 보도되었다. 몸 여기저기에 비정상적으로 털이 난 채 잔뜩 웅크리고 있는 모습이다. 왜 이런 아이가 태어났을까? 아이샤 카노뿐 아니라 이런저런 기형을 가진 아이들이 왜 이 지역에서 자꾸 태어나는가? 왜 이 지역의 암 발병률은 다른 지역보다 유독 높은가?

2) 전 세계 195개국 정부 대표들로 이뤄진 기후변화에 관한 정부 간 협의체 (Intergovernmental Panelon Climate Change)

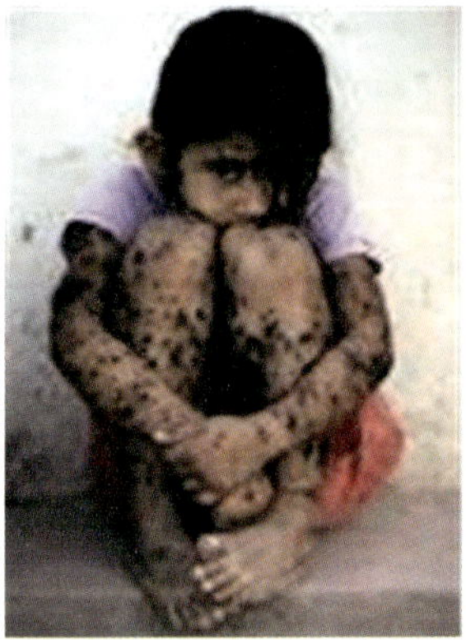

그림 1-4 AP통신 사진기자 나타샤가 2013년 찍은 아이샤 카노

출처: https://www.google.com.au.

차코는 아르헨티나 북쪽의 주로 파라과이와 가까운 곳인데, 아르헨티나 정부의 콩 재배 정책에 의해 콩 농사를 대대적으로 하는 지역이다. 이 콩은 그냥 콩이 아닌 유전자 조작 콩(Genetically Modified Organism: GMO)이다. 문제는 이 콩 도입 후 20년도 안 되어 차코의 땅도, 사람도, 동물도 병들어 가고 있고 그 결과 중 하나가 아이샤 카노와 같은 모습으로 나타나고 있다는 사실이다. 신생아의 무려 30%가 기형아로 태어나 죽었고, 암 발생률은 급등했으며 차코 일대의 가축 떼들은 이상 질병으로 쓰러져 가고 있다. 이런 현상은 지금도 계속되고 있다. 여러 역학조사 결과 과학자들은 그 주요 원인으로 농약을 꼽고 있다. 처음 이 지역에서는 적은 양의 농약만 가지고도 잡초를 제거하면서 '농약에 내성을 갖도록 조작된 GNO 콩' 재배가 가능했다. 그러나 잡초들이 차츰 농약에 내성을 갖게 되면서 점점 더 농약의 양을 늘리지 않을 수 없게 되어 나중에는 처음보다 무려 10배 이상의 농약을 살포해야만 겨우 잡초를 제거할 수 있는 정도에 이르렀다. 이런 엄청난 양의 농약을 대규모 콩 농작지에 비행기로 살포하곤 했는데, 이때 그 가까이 살고 있는 마을 주민들은 비행기로 살포되는 농약을 직접 맞기도 하였고, 다른 한편 농약이 주민들 상수원에 섞이기도 하면서 아이샤 카누와 같은 기형아 출산, 높은 암 발병률과 같은 이상 증상들이 나타나게 되었던 것이다.

여기서 보면, 처음에 경제적 이득을 주는 것 같았던 차코 주의 GMO 콩 경작은 시간이 갈수록 환경을, 사람들의 삶을, 무엇보다도 기형아로 태어난 아이들의 삶을 절망적으로 바꾸어 놓는 재앙으로 귀결되었다. 차코는 지금도 죽어가고 있다. 1996년에 아르헨티나 정부가 농업진흥사업의 일환으로 미국에서 GMO 콩을 들여와 차코 주에 시험 재배를 시작했던 지 불과 20년 정도에 그런 상황이 된 것이다. 이와 같은 차코의 사례는 정치, 환경, 사회, 경제 문제가 얼마나 밀접하게 연관되어 있는지를 잘 보여주고 있다.

지구의 환경 문제와 사회적, 경제적, 정치적인 문제의 연관성을 좀 더 생생하게 느껴보기 위해 전술한 차코의 사례를 역할극처럼 한번 해 보자. 즉, GMO 콩, 잡초, 농부, 정부 관리, 미국 GMO 공장, 고통받는 아이(또는 어른) 중 한 가지씩 맡아 자기 입장을 한마디씩 해 보는 식이다. 여기서 조금 더 확장된다면 연극으로 해 볼 수도 있다.

표 1-4 역할극을 위해 각자의 입장에서 대화 적어 보기

역할	각각의 입장 적기
GMO 콩	"난 GMO 콩이야. 이 몸은 보통 콩과는 완전히 다르다구~~! 벌써 GMO라는 말에서 품위가 팍 느껴지지 않니? 쉽게 말해 유전자 조작 콩이라는 건데, 난 뭐 웬만한 농약에는 끄떡도 없게 만들어졌단다. 어때? 나 멋지지?"
잡초	"켁켁~ 아우~ 독한 농약 때문에 하마터면 죽을 뻔했어. 하지만 뭐, 우리가 누구니?! 그 이름도 용감무쌍한 '잡초' 아니니?! 사실 죽기 직전까지 가긴 갔었는데, 헹~! 이렇게 죽지 않고 살아났단다. 이제야 말인데, 예전의 우리 형님들은 농약 때문에 많이 죽기도 했었단다. 그렇지만 봐. 난 이제 웬만한 농약은 다 이길 수 있어. 농약을 점점 더 많이 뿌리면 우리도 점점 더 강해질 거야. 이~~~얍~~!"
농부	"에휴~ 처음에는 조금만 농약을 뿌려도 되더니 이게 어떻게 된 일이야? 농약을 10배로 더 많이 뿌려도 잡초가 살아나다니… 농약 비용 때문에 남는 것도 없고, 땅만 점점 산성화되어가네. 요즘은 나도 어째 통 힘이 안 나고… 쿨럭쿨럭. 닭이나 소들도 시들시들한 게 영 힘이 없어 보이네."

역할	각각의 입장 적기
콩밭 가까운 곳에 사는 주민	대사:
GMO 콩 수입을 주관한 정부 관리	대사:
미국 GMO 콩 제조 회사	대사:
기형으로 고통받는 아이	대사:

대사를 적어 보았는가? 어떤 느낌이 드는가? 환경적 측면, 경제적 측면, 사회적 측면 간의 상호 밀접한 관계를 실감 나게 느끼게 되었는가? 이런 사실을 함축적으로 보여주는 것이 〈그림 1-5〉에서 제시한 지속가능발전을 위한 4가지 요인의 상호연관성(UNESCO, 2002)이다. 이것을 보면 자연환경, 경제, 사회, 정치 문제는 마치 퍼즐조각처럼 서로 꽉 맞물려 있음을 알 수 있다. 다시 말해 자연의 보존, 경제적 차원에서의 적정한 발전, 사회적 차원에서의 평화, 공정성, 인간 권리, 그리고 정치적 차원에서의 정책 결정 및 민주주의는 서로서로 영향을 미칠 수밖에 없다. 따라서 이 모든 요인을 총체적으로 고려하며 노력할 때 비로소 인류를 포함한 생태계가 지속가능할 수 있는 것이다.

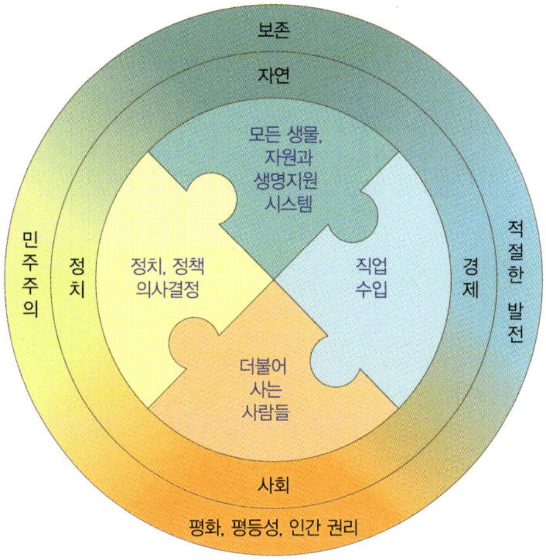

그림 1-5 지속가능발전을 위한 4가지 요인의 상호연관성

지속가능발전을 위한 4가지 요인의 상호연관성 측면은 지구의 미래를 다룬 『유엔미래보고서 2045』(박영숙, 제롬글렌, 2015)에서도 구체적으로 확인해 볼 수 있다. 이 책의 목차 중 눈에 띄는 몇 가지만 추려보면 '늘어나는 수명, 희미해지는 '인간'의 경계', '인공지능과 로봇에게 빼앗기는 일자리의 대안', '지구를 들끓게 하는 온난화의 심각성', '가장 뜨거운 미래 산업, 에너지' 등이 있다. 이 중에서도 특히 심각한 문제로 꼽고 있는 것이 지구 온난화인데, 관련하여 경제적, 사회적 측면의 유기적 연계를 다음과 같은 연결 고리로 설명하고 있다.

지구 온난화로 인한 평균 기온 상승

⇩

사막화가 진행되는 곳 점차 늘어남

⇩

물 부족 및 농업 생산량 감소

⇩

기후 변화로 지역별, 나라별 경제 판도 변화

⇩

굶주림과 기아 확대-물 전쟁 가능성

지구 온난화, 생태계 파괴 같은 환경문제를 단지 환경관리 차원이 아닌 지속가능발전 차원에서 경제적인 면, 사회적인 면, 정치적인 면과 통합적으로 다루어야 하는 이유가 여기에 있다. 덧붙여 이 보고서에서는 지금과 같은 지구 온난화가 계속 진행된다면 2056년쯤 지구 기온은 평균 3도 이상 상승할 것이고 그렇게 되면 자연과 인간의 시스템이 영구적으로 붕괴될 수 있다고까지 전망하고 있다. 그렇기 때문에 '미래 주요 도전 과제'로 제시한 15가지 중 제1과제는 '기후 변화와 지속가능발전'이다. 기후변화를 인류 생존에 직결된 문제로 보고 있으며, 이를 위해 지속적으로 노력해야 함을 강조하고 있는 것이다. 그 중요 과제 중 하나가 '유아기부터의 지속가능발전 지향 환경교육'이다.

2. 지속가능발전의 개념과 지구헌장

가. 지속가능발전의 개념

1) 고전적 개념 정의 및 개념의 정립 과정

처음에 환경 파괴문제로 시작되었던 지구 문제는 점차 기후 온난화와 이에 따른 엄청난 자연재해로, 이는 다시 경제적, 사회적 문제를 야기하면서 지구 전체의 '지속가능성'에 대한 고민으로 이어졌음을 살펴보았다. 이제 좀 더 구체적으로 '지속가능발전'이란 무엇인지 살펴보기로 하자.

지속가능발전을 위해 노력해야 한다는 세계적 공감대는 이미 1972년 UN이 '하나뿐인 지구(The Only One Earth)'라는 주제로 세계 최초의 환경회의를 개최할 때부터 대두되었다. 그렇기는 하나 '지속가능발전' 개념이 분명하게 제시된 것은 〈브룬트란트 보고서: 우리 공동의 미래(Brundtland Report: Our Common Future)〉에서이다. 브룬트란트 보고서라고 부르는 이유는 그 보고서를 낸 유엔의 〈환경과 발전(개발)에 관한 세계위원회(World Commission on Environment &

Development: WCED)〉 위원장이었던 브룬트란트(Gro Harlem Brundtland)의 이름을 딴 것이다. 이 보고서에서는 '지속가능발전'을 "미래 세대가 그들의 필요를 충족시킬 능력을 훼손하지 않으면서 현 세대의 필요를 충족시키는 발전"[3]으로 정의하고 있다. 이런 정의에서 우리는 지속가능발전이란 현 세대뿐 아니라 미래 세대까지를 고려하는 개념임을 확인할 수 있다. 이후 '지속가능발전'의 개념은 1992년의 리우회의, 2002년의 리우+10을 거치면서 경제발전, 환경보전, 사회복지의 조화를 추구하는 개념(환경부, 2009)으로 정립되어 왔다.

이와 같이 지속가능발전의 개념 정립을 위한 긴 과정이 있었지만 아직도 '지속가능발전의 개념 정의'를 단정적으로 하는 것은 불가능하다. 시대와 사회에 따라, 관점에 따라 아직도 그 개념이 다양하게 진화하고 있고, 그에 따라 해석도 달라지기 때문이다. 그렇기 때문에 관련 논란의 수준과 내용도 다양하게 나타나고 있다. 가장 단순하게는 'Sustainable Development'라는 단어를 해석할 때 '지속가능발전'이 과연 가장 적절한 단어인가, '지속가능개발', '지속가능성장'은 안 되는가 하는 것에서부터, 지속가능하려고 한다면서 더 이상 '성장'이나 '발전'이 과연 필요한 것인가, 오히려 이제는 '성장'이건, '발전'이건 그만 멈추어야 하는 것 아닌가 하는 보다 근본적인 논쟁도 진행 중이다. 그런가 하면 지속가능발전이란 '양(Quantity)'이 아니라 '질(Quality)'에 관한 것(강동현, 2014)이라는 본질에 관한 문제 제기도 있고, 지속가능발전에 있어 환경, 사회, 경제의 관계[4]에 대해서도 이런저런 논란이 계속되고 있다. 우리나라의 경우는 이명박 정부 시절에 '녹색성장'이란 용어를 전면에 내세우면서 그 혼란이 더해진 면이 있다.

---

3) 영어 원문은 "Humanity has the ability to make development sustainable to ensure that it meets the needs of the present without compromising the ability of future generations to meet their own needs"이다.

4) 지속가능발전의 관점으로 대표적인 것은 세 영역 모형, 포함 영역, 통합 모형이 있다(환경부, 2009, 10-12).

이와 같이 지속가능발전의 개념에 대한 다양한 의미와 해석, 논란이 있어 왔지만, 적어도 몇 가지 사실만큼은 분명하다. 지속가능발전이란 단지 환경적인 측면에 국한되는 개념이 아니며 사회적 측면에서 정의, 민주주의, 경제적 측면에서 부의 형평성, 공정성 등까지 포괄하는 개념이라는 사실이다. 또한 그 지향점은 현세대뿐 아니라 미래 세대까지, 인간뿐 아니라 생태계 모든 구성원이 더불어 '지속적으로 함께 잘 살아가도록' 하는 데 있다는 것이다. 관련하여 Haughton(1999)은 다음과 같은 5가지를 '지속가능발전'의 형평성 원칙으로 제안한 바 있다(환경부, 2009, 재인용).

미래에 대한 고려---------세대 간 형평성
사회 정의------------- 세대 내 형평성
국제적 책임------------ 지리적 형평성
공평한 참여------------절차적 형평성
생물다양성 존중---------생태적 형평성

2) 지속가능발전과 지구헌장

지속가능발전이란 저절로 우리에게 주어지는 것이 아니다. 뛰어난 몇몇 지도자가 엄청나게 노력한다고 해서 되는 것 또한 아니다. 전 세계에 살고 있는 모든 사람이 생태주의적 가치관을 가지고 '다 함께' 노력하는 가운데 환경보전 노력, 사회 정의 실천, 정의와 공평을 위한 적극적 참여, 생물다양성 존중 등을 해 나가야 비로소 가능하기 때문이다. 그런 맥락에서 지속가능발전을 위해 전 세계가 '다 함께 어떤 노력을' 기울여야 하는가를 보다 구체적으로 명시한 '지구헌장(The Earth Charter)'[5]과 그에 근거하여 나온 '4~8세용 어린이 지구헌장'을 소개하고자 한다.

'지구헌장'의 전제는 '인류인 우리가 지구 역사상 대단히 위태로운 순간에 서 있고, 인류는 그 미래를 선택해야만 한다.'는 것이다. 이런 전제 하에 21세기 세상을 정의롭고 지속가능하며 평화로운 사회로 만들어 나가기 위해 무엇을 어떻게 해야 하는가에 대해 분명한 원리를 제시하고 있고, 많은 나라와 기구들은 이에 준한 노력을 해 오고 있다. '지구헌장' 원리(principles)와 그 세부원리[6]를 보면 〈표 1-5〉와 같다. 참고로, 유네스코(UNESCO)도 이를 받아들였으며, 그 결과로 '지구헌장'은 이후 유엔지속가능발전교육 10년(United Nations Decade of Education for Sustainable Development: UNDESD) 이행 계획에도 중요한 영향을 미친 바 있다(http://earthcharter.org/discover/history-of-the-earth-charter/).

표 1-5 지구헌장의 원리

원리	세부 원리
I. 생명공동체를 위한 존중과 돌봄 (Respect and care for the community of life)	1. 지구와 지구에 살고 있는 다양한 생명 존중하기
	2. 이해, 동정, 사랑으로 생명공동체 돌보기
	3. 공정하고, 참여적이며, 지속가능하고 평화로운 민주사회 건설하기
	4. 현 세대와 미래 세대를 위해 지구의 풍부함과 아름다움을 지키기
II. 생태적 온전성 (Ecological integrity)	5. 생물 다양성과 자연의 진행 과정에 특별한 관심을 가지고 지구 생태계의 온전성을 회복시키기 위해 노력하고 보호하기
	6. 환경보호를 위한 최선책으로 해로움을 막고, 지식이 부족할 때는 예방적 접근 적용하기
	7. 지구의 재생능력, 인권, 공동체의 안녕을 지키는 생산, 소비, 재생산의 패턴 적용하기
	8. 생태적 지속가능성 연구를 진전시키고 획득된 지식의 폭넓은 적용과 개방적 교류를 증진하기

5) '지구헌장'은 2002. 8. 26.~9. 4.까지 남아공 요하네스버그(Johannesburg)에서 개최된 지속가능발전 세계정상회의(World Summit on Sustainable Development, 일명 Rio+10)에서 채택, 승인된 후 세계 여러 나라 정부를 위시하여 수많은 기업, 기구, 세계 조직 등에서 받아들였다. '지구헌장'의 전신은 리우 선언이다. 리우 선언은 1992년 6월 3일부터 14일까지 각국 정상들과 민간단체들이 '지구를 건강하게, 미래를 풍요롭게'라는 슬로건 하에 브라질의 리우데자네이루에서 개최한 유엔환경발전회의에서 채택한 국제 선언문으로, 그 안에는 공정하고 지속가능하며 평화로운 21세기 인류 사회를 만들어 나가는 데 필수적인 윤리와 규범이 담겨 있다.

6) http://www.unesco.org/education/tlsf/mods/theme_a/img/02_earthcharter.pdf 의 내용을 저자가 번역한 것이다.

원리	세부 원리
III. 사회적, 경제적 정의 (Social and economic justice)	9. 윤리적, 사회적, 환경적 긴급사항으로서 가난 없애기
	10. 평등하고 지속가능한 방법으로 인간발달을 고취할 수 있도록 모든 수준에서 경제적 활동과 제도를 확실히 하기
	11. 지속가능발전을 위한 전제조건으로 성 평등과 형평성을 분명히 하고, 교육, 건강 보호, 경제적 기회에 대한 보편적 접근성 보장하기
	12. 토착민과 소수자의 권리에 특히 관심을 기울이면서 인간 존엄성, 신체 건강, 영적 안녕을 지원하는 자연적, 사회적 환경에 대한 모든 이의 권리를 차별하지 않고 인정하기
IV. 민주주의, 비폭력, 평화 (Democracy, nonviolence, and peace)	13. 모든 수준에서 민주적인 제도를 강화하고, 관리방식(Governance)에서 투명함과 책임을, 의사결정에서 폭넓은 참여를 하도록 하며, 정의에 접근하기
	14. 지속가능한 생활 방식을 위해 필요한 지식, 가치, 기능 습득을 하도록 형식교육과 평생교육 통합하기
	15. 존중과 배려의 자세로 모든 생물 대하기
	16. 관용, 비폭력, 평화의 문화 증진하기

다음으로 '지구헌장'을 근거로 하여 만들어진 '4~8세용 어린이 지구헌장'[7)]을 살펴보자. '어린이 지구헌장'에서는 지속가능한 삶을 이루어 나가도록 어린이들을 교육할 때 다음과 같은 8가지 원리가 강조되어야 한다고 제안하고 있다.

7) '어린이 지구헌장(Little Earth Charter)'은 '지구헌장'에 근거를 두고 있으며 JC Little이 주도하고, JC Little 과 Rosie Emery가 공동 참여하여 제작한 것이다. 목적은 지속가능한 미래를 위해 어린이들에게 지구에 대한 주인의식을 심어주는 데 있다.

표 1-6 어린이 지구헌장에서 제시하는 8가지 원리[8)]

원리	의미
1. Life	지구에 살고 있는 생명체는 크기가 아무리 크거나 또 아무리 작거나 상관없이 존중받고 돌봄을 받아야 한다.
2. Interconnectedness	지구상에 존재하는 생태계 구성원 모두는 각자 모두 고유하며 서로 연결되어 있다.
3. Family	인간 가족으로서 모든 인간은 서로를 잘 돌보아야 한다. 이 세상의 모든 어린이-남자 아이건, 여자 아이건-에게는 깨끗한 물과 음식이 주어져야 하고 학교에 갈 수 있도록, 또 아플 때는 병원에 갈 수 있도록 해 주어야 한다.
4. Past	우리 선조들의 삶의 지혜를 배워야 한다.
5. Earth	지구의 물, 공기, 땅, 생물들을 잘 돌보고 낭비하지 않는 삶을 살아야 한다.
6. Peace	다른 사람과 평화롭게 잘 지내며 갈등을 비폭력적인 방법으로 상호협력하며 해결해야 한다.
7. Future	다른 사람들에게 친절하고, 믿을 수 있는 사람으로서 내가 하는 모든 일에 책임 있게 행동해야 한다.
8. Love	현재 그리고 미래에 살아갈 모든 사람이 이 아름다운 지구 위에서 함께 건강하고 평화로우며 조화롭게 살아갈 수 있도록 할 수 있는 모든 일을 다 해야 한다.

전술한 '지구헌장', 그리고 '어린이 지구헌장'의 원리를 살펴보면 지구상에 있는 생명은 크기나 모양, 사는 곳에 관계없이 그 어떤 것이든 존중받아야 하며, 서로 서로는 밀접하게 상호 연결되어 있다는 점, 남자건 여자건, 또는 피부색이 어떠하든 모든 사람은 평화롭게, 생태계를 돌보며 평화로운 삶을 살아야 한다는 것이다.

이상 1장에서는 위기에 처한 지구의 현재 모습을 살펴보고 미래 모습을 예측해 보았으며, '지속가능발전'의 개념과 그 구현을 위한 기초로서의 '지구헌장'에 대해서도 알아보았다. 이제 2장에서는 보다 구체적으로 '지속가능발전을 위한 세계적 노력과 유아교육'에 대해 살펴보고자 한다.

8) 8가지 원리는 '어린이 지구헌장' 홈페이지(http://www.littleearthcharter.org/LEC_teachers.html)에 있는 내용을 번역한 것이다.

CHAPTER ❷

지속가능발전을 위한 세계적 노력과 유아교육의 관계

Early Childhood Environmental Education for Sustainable Development

1. 지속가능발전을 위한 세계적 노력과 유아교육

가. 지속가능발전을 위한 UN의 노력과 SDGs

1장에서 살펴보았듯이 어쩌면 가까운 미래에 지구가 지속불가능하게 될 수도 있다는 우려가 점점 커지고 있다. 이런 우려 속에 21세기를 살아가고 있는 전 세계인들에게 '지속가능발전'은 그 무엇보다도 시급한 세계적 이슈로 부각되고 있다. 자, 그렇다면 지구가 지속가능하려면 과연 어떤 문제들이 해결되어야 할까? 만일 여러분이라면 어떤 문제를 최우선 해결 과제로 내 놓겠는가? 그렇게 생각하는 이유는 무엇인가? 한번 적어 보고 옆 사람과 비교해 보자.

지속가능발전을 위한 최우선 해결 과제	그렇게 생각하는 이유

이제 여러분의 생각이 전 세계적 합의와는 얼마나 부합되는지 점검해 보면서 지구가 미래에도 계속 지속가능하기 위해 요구되는 과제들을 좀 더 구체적으로 생각해 보자. 먼저, UN은 2000년 제55차 총회에서 2001~2015년까지 15년간 달성할 목표로 '새천년개발목표(Millennium Development Goals: MDGs)'를 채택한 바 있고, 그 후속으로 2015년 9월 제70차 총회에서는 2016~2030년까지 달성할 목표로서 '지속가능발전목표(Sustainable Development Goals: SDGs, 이하 SDGs)'를 채택하여 가동시키고 있다. MDGs가 8대 목표, 21개 지표로 구성되어 있었고, 그 대상은 주로 개발도상국/후진국이었던 데 비해, SDGs는 17대 목표, 169개 지표로 구성되어 있고, 전 세계 모든 나라, 인류 모두가 그 대상이니 '지속가능발전'이 현재 얼마나 보편적이고 포괄적이며 강력한 세계적 이슈로 다루어지고 있는지 알 수 있다.

향후 십 년 이상 전 세계적으로 노력해야 할 과제인 SDGs를 보면 다음과 같다. 우선 그 궁극적 지향점은 3가지로서, '빈곤 끝내기(to end poverty)', '불평등 및 불의와 싸우기(to fight in inequality & injustice)', '기후 변화 막기(to tackle climate change)'이다. 이에 따른 17대 목표는 다음 〈그림 2-1〉과 같다. 여러분이 앞에서 적었던 것도 이런 지향점이나 17대 목표 속에 들어 있는가?

그림 2-1 SDGs의 17대 목표

출처: https://sustainabledevelopment.un.org/sdgs

〈그림 2-1〉에서 볼 수 있는 것처럼 SDGs의 17대 목표는 1. 빈곤 종식이라는 목표를 위시하여 2. 기아의 종식, 3. 건강과 안녕, 4. 양질의 교육, 5. 성 평등, 6. 깨끗한 물과 위생, 7. 적절하고 깨끗한 에너지, 8. 양질의 일자리와 경제 성장, 9. 산업, 혁신 그리고 공공기반 시설, 10. 불평등 감소, 11. 지속가능한 도시와 지역사회, 12. 책임감 있는 소비와 생산, 13. 기후를 위한 행동, 14. 물속 생물, 15. 땅 위 생물, 16. 평화와 정의, 강한 기구, 17. 목적 성취를 위한 파트너십이다. 여기서 특히 1~5번(빈곤해소, 기아해소, 건강한 삶 보장, 교육보장, 성 평등 문제)은 MDGs의 미해결 과제로서 제일 앞에 배치되어 있다. 그런가 하면 6~11번까지는 신규과제로서 식수와 위생, 에너지, 일자리, 복원력 있는 인프라, 불평등 줄이기, 지속가능한 도시에 관한 것이다. 이어 12~15번까지는 녹색의제로서 지속가능한 소비와 생산, 기후변화대응, 해양생태계, 육상생태계에 관한 것이다. 마지막으로 17번은 이행수단에 관한 것이다(박윤애, 2017).

나. SDGs에서의 유아발달과 교육

SDGs의 17대 목표를 보면 '지속가능발전'이란 깨끗한 물, 바다 속 생물, 땅 위 생물과 같은 물리적 환경 측면뿐 아니라 정의와 평등 실현, 모든 사람의 건강한 삶과 안녕 등 사회, 경제적인 면까지를 아우르는 것임을 알 수 있다. 여기서 또 한 가지 확인되는 점은 '양질의 교육'이 빈곤, 기아, 건강 및 안녕과 같은 인간 생존과 직접 관련된 목표 다음의 4번째로 제시되고 있을 만큼 중요한 목표로 인식되고 있다는 점이다. 이 4번째 목표에 따른 '유아교육' 관련 내용(UNESCO, 2014a)은 다음과 같이 제시되어 있다. 이를 보면 지속가능발전의 실현에 있어 세계 모든 어린이의 온전한 발달과 양질의 교육이 필수 요인임을 확인할 수 있다.

4. 질 높은 교육(Quality education)

포괄적이고 평등한 양질의 교육을 보장하고 모든 사람을 위한 평생 학습 기회를 증진시킨다. (Ensure inclusive and equitable quality education and promote lifelong learning opportunities for all).

> 4.2. 2030년까지 모든 유아기 어린이에게 남아건 여아건 상관없이 양질의 발달, 보호, 초등학교 이전 교육이 이루어지도록 함으로써 초등교육을 받을 준비가 되도록 해야 한다.
>
> (By 2030, ensure that all girls and boys have access to quality early childhood development, care and pre-primary education so that they are ready for primary education.)

지속가능발전을 위해 SDGs에서 교육을 중요 요인으로 보고 있으며, 이를 위해 유아기부터의 정상적인 발달과 올바른 교육이 강조되고 있음도 확인하였다. 관련하여 UNICEF(United Nations International Children's Emergency Fund)에서는 "왜 유아기 발달을 지속가능발전의 기초라 하는가?(Why early childhood development is the foundation for sustainable development)"라는 제목의 Pia Britto[1](2015년 10월 22일 작성) 글을 소개하고 있다. 이 글의 초점은 '무한한 가능성을 가진 유아들이 온전하게 발달하고 잘 교육받는다면 2030년에 이를 때 그들이 더 나은 세상을 만들 수 있는 변화의 진정한 주체가 된다는 점'이다. SDGs의 17대 목표와 유아발달 및 교육의 관계를 묘사한 그의 글을 직접 인

1) Pia Britto는 UNICEF의 유아기 발달에 관한 수석 고문이다.

용, 번역해 보면 다음과 같다(https://blogs.unicef.org/blog/why-early-childhood-development-is-the-foundation-for-sustainable-development/).

두뇌의 바른 성장을 위해서는 다양한 요인, 즉 건강, 양질의 양육, 보호, 풍부한 환경 등이 필요하다고 우리는 배워 왔다. 이러한 다양한 요소를 유아발달 노력에 통합함으로써 어린이들의 발달 잠재력을 촉진할 수 있다. 그렇기 때문에 우리는 유아기에 잘 발달하도록 하는 것이 SDGs의 17대 목표를 최대화하는 다양한 효과로 연결됨을 명심해야 한다. 예를 들면 다음과 같다.

Goal 1: 빈곤퇴치(Eradicate poverty)

유아기에 온전한 발달을 이루도록 돕는 것이 빈곤 퇴치를 위한 가장 저비용, 고효율 전략 중 하나라는 사실은 이미 잘 알려져 있는 사실이다. 생의 초기인 유아기, 즉 두뇌 발달이 가장 빠르고 왕성할 때에 어린이들에게 21세기 경제를 바르게 엮어갈 기술을 배우도록 하는 것이다.

Goal 2: 기아 퇴치 및 영양 개선(End hunger and improve nutrition)

유아기부터 고르게 영양분을 보충받고 바른 자극을 받으며 자란 어린이는 그저 영양 보충만 받은 어린이보다 훨씬 나은 결과를 나타낸다. 더 나아가 유아기 발달(Early Childhood Development) 개입은 스트레스의 부정적인 영향을 완화함으로써 영양 섭취 흡수를 높인다.

Goal 3: 건강한 삶의 보장(Ensure healthy lives)

유아기 발달 개입은 평생 동안 건강한 삶을 살도록 하는 궤적을 설정한다. 그것은 심장 혈관 및 비전염성 질병의 발병률을 낮추고 웰빙을 증진시킬 수 있다. 영유아기 발달을 통해 어린이는 생존할 뿐 아니라 잘 자란다.

Goal 4: 평생학습 보장(Ensure lifelong learning)

학습은 출생할 때부터 시작된다. 유아기 발달 개입은 이후 학습, 학업적 성취와 생산성 향상의 기초라는 것이 입증되었다. 73개국의 유치원 입학 증가에 관한 연구에 따르면, 결과적으로 미화 1달러당 6~17달러의 미래 임금 효과로 나타났는데, 이는 잠재적인 장기 혜택으로 보면 미화 11~34억 불의 효과가 있는 것이다.

Goal 5: 성 평등 성취(Achieve gender equality)

유아 발달과 여성에 대한 경제적 권한 부여 사이에는 분명한 연관성이 있다. 양질의, 합리적인 보육이 되도록 투자를 늘리면 그만큼 여성의 경제적 발전과 권한 부여 기회 또한 증가한다.

Goal 8: 모든 이가 적절한 일 갖도록 하기(Promote decent work for all)

적절한 보육은 '적절한 일 의제(the decent work agenda)'의 중요 요소이다. 유아를 노동력으로 하고 있는 일에 대한 투자를 늘리는 것은 특히 여성의 생산적인 고용에 기여한다.

Goal 10: 나라 간 그리고 나라 안에서의 불평등 줄이기(Reduce inequality within and among countries)

불평등은 종종 출생 전에 시작된다. 그런데 유아기 발달은 강력한 평등자(equalizer) 역할을 한다. 생의 첫 몇 년이야말로 불우한 환경에서 태어난 아이들과 풍족한 중에 태어난 아이들 사이의 불평등 갭을 좁힐 수 있는 중재 기회 시기이다. 성인이 되었을 때 유아기 발달 서비스를 받은 불우 아동은 그런 기회를 갖지 못한 아동과 비교해 보면 최대 25%의 소득을 더 올리고, 빈곤층이 아니었던 사람들의 소득을 거의 따라잡는다.

Goal 11: 안전하고, 살기 좋은 지속 가능한 도시와 거주지 만들기(Make cities and human settlements inclusive, safe, resilient and sustainable)

ECD를 위해서는 지속 가능하고 자연적이며 친환경적인 특징을 지닌 안전한 공간이 필요하다. 그것이 도시와 거주지의 필수 조건이다.

Goal 12: 지속가능한 소비 확실히 하기(Ensure sustainable consumption)

지속 가능한 소비 보장

ECD 프로그램은 소비 패턴, 보전에 대한 태도, 환경을 보존할 행동 실제를 담고 있어야 한다. 유아기에 배우는 것은 평생 지속되기 때문이다.

Goal 16: 평화로운 사회 장려(Promote peaceful societies)

유아기 발달 개입은 생물학적으로 건강한 신경체계를 발달시키는 데 기여하고, 회복을 촉진하며 폭력을 줄이고 평화를 증진시키는 가치와 행동을 내면화하도록 돕는다. 유아기 발달 개입은 가정에서의 폭력 감소와 공동체에서의 더 큰 사회적 응집력으로 이어지는 것으로 나타났다.

Goal 17: 이행수단 강화(Strengthen the means of implementation)

전 세계적, 지역적, 국가적 차원에서 유아기 발달의 측정은 글로벌 파트너십을 활성화시키는 강력한 도구가 될 수 있다. UNICEF의 MICS(Multiple Indicator Cluster Survey)는 SDG의 목표 4.2를 측정하는 데 적합한 인구 수준의 데이터를 제공한다.
(원문에 13~15번은 기술되어 있지 않다.)

유아기 발달에 대한 투자는 전술한 바와 같이 SDGs의 여러 목표에 걸쳐 분명하고 다양한 효과가 있음을 알 수 있다. 이런 사실들은 과학적으로 신뢰할 만하고 도덕적으로도 옳다. 따라서 모든 어린이에게 생의 출발부터 공정한 기회를 제공함으로써 글로벌 목표에 대한 우리의 공약을 분명히 하도록 하자.

SDGs와 유아 발달 및 교육의 관계를 Pia Britto 견해에 기초하여 살펴보았다. 이런 점을 전제하고서 이제 조금 각도를 달리하여 지속가능발전교육(Education for Sustainable Development: ESD)이 언제부터 시작되었으며, 유아교육분야에서 지속가능발전교육에 대한 접근은 어떠했는지 등을 살펴봄으로써 지속가능발전 지향 유아교육의 계획과 실천 쪽으로 좀 더 접근해 보기로 하자.

2. 지속가능발전교육에서 유아교육의 위치

가. 지속가능발전교육의 전개 과정 및 특성

1) 지속가능발전교육의 전개 과정

지속가능발전교육의 출발점은 1992년 '환경과 발전에 관한 유엔회의(United Nations Conference on Environment & Development: UNCED)' 결과로 나온 '의제 21(Agenda 21)'이라고 할 수 있다. 의제 21에서 브룬트란트 보고서 이후 처음으로 지속가능발전을 위해 '교육을 어떻게 할 것인지'에 대해 구체적으로 명시하고 있기 때문이다. 지속가능발전을 중요 의제로 다룬 '환경과 발전에 관한 유엔회의'는 1장에서 전술한 바와 같이 브라질의 리우데자이네이루(Rio de Janerio)에서 1992년 6월 3일~14일까지 열렸는데, 회의 개최지 명을 따서 간단히 '리우 회의'라고 부른다. 리우 회의가 열린 해에는 일본의 아사히 글래스 재단(The Asahi

Glass Foundation)에서 환경위기시계를 측정하기 시작하였을 만큼 당시 '환경과 발전(또는 개발)' 문제는 전 세계의 주요 화두였다. 이런 리우 회의의 결과로 나온 것이 선언적 의미의 '리우 선언'(지구헌장 전신)과 '의제 21(Agenda 21)'이다. 리우 선언이 모법이라면 의제 21은 그 시행령에 해당하는 것이다(지옥정, 2014). 바로 이 의제 21에 '지속가능발전'을 위해 '교육'이 얼마나 중요한지, 전 세계인이 교육에 어떤 노력을 기울여야 하는지를 밝혀놓고 있다. 리우 회의가 지속가능발전과 관련하여 매우 의미 있는 회의였음을 이 사실 하나만으로도 짐작해 볼 수 있다. 그런 만큼 의제 21의 내용을 좀 더 자세히 살펴보도록 하자.

의제 21은 1장의 '서문(Preamble)'에서부터 40장의 '의사결정을 위한 정보(Information for decision making)'에 이르기까지 총 40개의 장(chapter)으로 구성되어 있다(UN, 1992). 여기서 의제 21의 출발점이라고 할 수 있는 1장 서문을 보면 '우리 인류는 다방면으로 위기에 처해 있으며 이런 문제를 해결하고 안전하고 풍요로운 미래, 지속가능발전을 이루기 위해서 전 지구적인 파트너십으로 함께 협력해야 한다.'고 되어 있다. 골자는 두 가지이다. '인류는 위기에 처해 있다.'는 점과 '따라서 지속가능발전하려면 전 세계가 함께 협력해야 한다.'는 점이다.

이렇게 함께 협력해 나가야 할 중요 과제 중 하나로 본 것이 '교육'이다. 관련하여 의제 21의 25장 '지속가능발전에서 어린이와 청소년(Children and youth in sustainable development)'을 보면 '지속가능발전을 위해 미래 주역인 어린이들과 청소년들이 환경과 발전에 관한 의사결정과 프로그램 실행에 참여하는 것이 필요하다.'라고 명시되어 있다. 지속가능발전하기 위해 미래의 주역들인 어린이와 청소년의 주체적 참여를 강조하고 있는 것인데, 그런 필요성에 근거하여 36장의 '교육, 대중 인식과 훈련 촉진(Promoting Education, Public Awareness and Training)'에서는 앞으로의 모든 교육은 '지속가능발전'을 향해 재정향(reoriented)되어야 한다(UN, 1992)는 것이다. 이런 출발점으로부터 시작하여 전 세계적으로 지속가능발전교육을 보다 체계적이고 구체적으로 해 나가야 할 당위성이 점점 무르익어 갔다. 그 대표적 결과가 UN에서 2002년 제57차 총회 때 선포한 유엔지속가능발전교육 10년 2005~2014(United Nations Decade for Sustainable Development:

UNDESD, 이후 UNDESD로 표기)였다.

UNDESD의 궁극적 목표는 지속가능발전에 관한 가치를 모든 학습과정에 통합시켜 모든 사람을 위해 더욱 지속가능하고 정의로운 사회를 만드는 것이다(UNESCO, 2014a). 물론 그렇게 되도록 교육해야 한다는 당위성을 인정하지 않을 사람은 없지만 실제 그렇게 해 가는 것은 결코 쉬운 일이 아니다. 그래서 UN은 유엔지속가능발전교육 10년 선포 이후 그 선도 기관으로 유네스코(UNESCO)를 지정하여 다양한 층위의 노력을 이끌도록 하였다. 유네스코 주도 하에 나온 교사용 자료집, 연구보고서, 유네스코 지속가능발전교육 공식 프로젝트 등은 그런 노력의 구체적인 성과(〈그림 2-2〉 참조)이다. 이런 맥락 속에서 유엔가입국들은 지속가능발전교육에 관한 정책 입안과 다양한 층위의 실행노력을 해 왔다.

예를 들어 UNDESD 선포 이후 우리나라에서는 2007 개정 초중등 교육과정부터 범교과 학습 주제 중 하나로 '환경교육'과 더불어 '지속가능발전교육'을 포함시켰다. 그런가 하면 유네스코를 중심으로 다양한 자료 개발, 교사교육, 지속가능발전교육 공식 프로젝트 인증 사업 등이 이루어지기도 하였다. 〈그림 2-2〉는 그 구체적 사례를 예시한 것이다.

교사용 자료집 개발　　지속가능발전교육 인증

그림 2-2 지속가능발전교육 선도기관으로서의 유네스코 사업

출처: 유네스코 한국위원회. http://www.unesco.or.kr/?pc=1

한편, UNDESD는 2014년에 그 10년의 막을 내렸다. 그러면서 그 평가 및 앞으로의 또 다른 계획을 위한 자리가 2014년 11월에 일본의 Aichi-Nagoya에서 '지속가능발전교육에 관한 세계 회의(The World Conference on Education for Sustainable Development)'라는 제목 하에 열렸다. 여기서 UNDESD 평가와 함께 2013년 제37차 유네스코 정상회담에서 UNDESD 후속 사업으로 인준한 'ESD 국제실천 프로그램[(Global Action Programme: GAP) on ESD](2015~2019년까지 시행)'을 출범시켰다. 예를 들어 "ECCE(Early Childhood Care and Education)의 교육자 및 보육자 가운데 지속가능발전교육을 교수 활동 및 보육 활동에 포함시킬 수 있는 역량이 부족한 경우가 많다."는 평가가 이루어지면서 향후 교육자의 역량 강화가 5가지 중점 과제 중 하나로 제시된 것이다.

보다 구체적으로 'ESD 국제실천 프로그램'을 보면, 초점을 맞추고 있는 부분은 크게 5가지이다. 그것은 정책 발전시키기(advancing policy), 지속가능성 실제를 교육과 훈련에 통합시키기(integrating sustainability practices into education and training), 교육자들과 훈련자들의 역량을 증진시키기(increasing educators' and trainers' capacity), 청소년들을 동기화하고 힘 부여하기(empowering and mobilizing youth), 지역사회에 기반한 지속가능발전을 하도록 지방정부와 시당국 장려하기이다(UNESCO, 2014a).

그림 2-3 UNDESD 최종보고서와 이후 교육을 위한 GAP 선포(UNDESD → GAP)

출처: http://www.unesco.org/new/en/unesco-world-conference-on-esd-2014/

지금까지 나온 지속가능발전교육 역사를 정리하는 의미로 간단하게 표로 제시해 보면 다음과 같다(UNESCO, 2014a).

표 2-1 지속가능발전교육의 역사

지속가능발전교육에 관한 국제적 사건	
1987	브룬트란트 보고서('우리 공동의 미래)'에서 지속가능발전에 대한 정의를 내림
1992	Rio 정상회담에서 나온 아젠다 21의 36장에서 지속가능발전 성취에 있어서 교육, 훈련, 대중 인식의 결정적 역할을 분명히 제시
2002	57차 UN 회의에서 2005년 1월부터 시작된 UNDESD 채택
2012	Rio+20(The United Nations Conference on Sustainable Development)에서 UNDESD 이후에도 지속가능발전을 교육에 보다 적극적으로 통합하고 지속가능발전을 촉진하기로 결의함.
2013	ESD에 관한 글로벌 행동 프로그램(Global Action Programme for ESD)이 유네스코 총회에서 DESD의 후속 조치로 승인됨
2014	ESD가 GEM(Global Education For All Meeting)에서 채택된 Muscat Agreement(2015년 이후 전 세계적 교육목적과 목표 제안)와 OWG(Open Working Group)에서 채택된 지속가능개발목표(SDGs) 제안서에 목표로서 들어감
2014	ESD에 관한 유네스코 세계위원회에서 ESD 국제실천 프로그램을 출범시킴
2015	인천에서 세계교육포럼 개최[(2015년은 모두를 위한 교육(Education For All) 목표와 새천년개발목표(Millennium Development Goals)를 달성하기로 약속했던 해임)]

출처: http://en.unesco.org/themes/education-sustainable-development/what-is-esd/international-commitments

2) 지속가능발전교육의 특성

지속가능발전을 지향하며 이루어지는 모든 교육은 지속가능발전교육에 속한다. 그리고 모든 면에서 위험사회의 면모를 보이고 있는 시대적 상황을 고려할 때 형식교육, 비형식교육 할 것 없이 앞으로의 모든 교육은 지속가능발전을 지향하면서 이루어져야 한다는 것이 중론이다. 일단 이런 점을 전제해 놓고 보다 구체적으로 지속가능발전교육의 특성은 무엇인지 유네스코 한국위원회 웹사이트(http://www.unesco.or.kr/business/sub_01_02.asp?sKind=B)의 글을 인용해 보면

〈표 2-2〉와 같다. 여기서 부가설명은 다양한 관련 자료(강동현, 2014; 박은경, 2015; 유네스코 한국위원회, 통영 RCE, 2007; 이재영, 이선경 편저, 2006; 지옥정, 2011, 2014; 환경부, 2009; 기타 유네스코에서 출간된 자료들)를 참고하여 저자가 정리한 것이다.

표 2-2 지속가능발전교육의 특성

지속가능발전교육의 특성	부가설명
지속가능발전교육은 지속가능발전의 원리와 가치에 기반을 두고 있다.	지속가능발전교육의 원리는 환경적인 면, 경제적인 면, 사회적인 면 등이 서로 긴밀하게 영향을 주고받는다는 것이며, 가치는 인권 존중, 미래 세대 존중, 생태적 다양성 존중, 문화적 다양성 존중이다.
지속가능발전교육은 환경, 사회, 경제 등 지속가능성의 세 가지 영역 모두에서 긍정적인 효과를 만들어낸다.	환경 한 문제에만 관심을 기울이는 것이 아니고 사회, 경제적 측면과의 연계성을 함께 고려하여 교육이 진행되어야 한다.
지속가능발전교육은 평생교육을 장려한다.	지속가능한 삶은 일생에 걸쳐 이루어져야 하기 때문에 교육 또한 평생에 걸쳐 이루어질 것을 권장한다.
지속가능발전교육은 지역과 관련을 맺고 있고 문화적으로 적절하다.	학습자가 살고 있는 지역의 특성이 반영된 실제 삶과 구체적으로 연계된 교육이 될 때 관심과 흥미를 가지고 비판적 사고, 문제 해결 능력 등을 신장시킬 수 있다.
지속가능발전교육은 지역적 필요, 이해, 조건에 기초하고 있지만 그 결과는 국제적인 파급력을 가진다.	지역, 나라를 넘어서 전 세계적인 영향까지 고려하며 교육에 임해야 한다.
지속가능발전교육은 형식교육, 비형식교육, 무형식교육을 결합한다.	학교교육뿐이 아닌 가정, 지역사회가 함께, 또한 온라인, 오프라인 모든 교육이 함께 지속가능발전을 지향해야 한다.
지속가능발전교육은 지속가능성 개념의 특징을 반영한다.	지속가능발전교육은 지속가능한 미래를 만들어 가는데 필요한 지식, 기능, 태도, 가치를 길러주는 것이다.
지속가능발전교육은 국제적 문제와 지역적 우선순위를 고려하여 구체적 내용을 정한다.	환경정의, 사회정의, 경제정의를 고려하는 것은 공통적이나 우선적으로 중점을 두는 교육내용은 국가별, 지역별 상황과 여건을 고려하여 달라질 수 있다. 예를 들어 유일한 분단국가인 우리나라에서는 '통일'이 중요하게 다루어야 할 지속가능발전교육내용이다.

지속가능발전교육의 특성	부가설명
지속가능발전교육은 지역문화에 대한 의사결정, 사회적 관용, 환경적 책무, 노동환경 변화에 대한 적응력, 삶의 질 등과 관련된 사회역량을 향상시킨다.	교육을 통한 비판적 사고, 문제해결력, 참여의식 등의 역량 강화를 통해 주체적 참여를 할 수 있도록 한다.
지속가능발전교육은 간학문적이다. 한 분야의 학문만이 지속가능발전교육을 결정하는 것이 아니라 모든 분야의 학문이 관여한다.	그렇기 때문에 일상생활 또는 지역사회 문제와 관련된 주제 중심의 프로젝트 학습을 통해 관련된 교육내용을 통합적으로 다루도록 하는 방법이 많이 활용된다.
지속가능발전교육은 참여 학습과 고등 사고 능력을 길러주기 위해서 다양한 교수 기법을 활용한다.	문제 해결을 위한 자료 찾기, 토의, 현장관찰, 전문가 만나기, 지역사회 주민 대상 캠페인 등이 다양하게 활용된다.

나. 유아기부터의 지속가능발전교육 필요성

1) 유아기부터의 지속가능발전교육을 위한 국제적 움직임

지속가능발전을 위해서는 교육이 중요 요인이며, 그렇기 때문에 UNDESD가 계획, 실행되었다는 점과 그 후속 조치로서 'ESD 국제실천 프로그램'이 2015~2019년까지 진행 중임을 살펴보았다. 그러면서 또한 유아기부터의 지속가능발전교육이 중요하다는 국제적 공감대도 확산되어 왔음을 확인할 수 있었다.

이제 보다 직접적으로 유아교육분야에서는 지속가능발전교육과 관련하여 어떤 변화가 있어 왔는지 살펴보자. 먼저, 2002년에 UNDESD가 선포되고 나서 얼마 후인 2005년에 스웨덴에서 '지속가능발전에서 유아교육의 역할'이라는 주제로 첫 번째 국제 모임이 열렸다. 이 모임 결과가 '지속가능한 사회를 위한 유아교육의 공헌'이란 제목으로 출판되었다(UNESCO, 2008). 그런가 하면 2008년 12월에는 국제적 공문서인 'the Guthenburg Recommendation on Education for Sustainable Development'에 '유아기가 지속가능성을 위한 교육의 출발점(Early childhood is a natural starting point for ESD)'이라고 명시되었다(SWEDESD, 2008).

이후 세계적인 유아교육 관련 학회 또는 환경교육 관련 학회에서 '유아기 지속가능발전교육'이 다른 각 학교 및 평생교육 차원에서의 지속가능발전교육 못지않게 중요한 주제로 다루어지고 있다. 예를 들어 2015년 스웨덴의 스톡홀름에서 개최된 세계 환경교육학회에서는 '아태지역 나라들의 유아기 지속가능발전교육 이행 실태 및 바람직한 교육 실천'이란 주제가 비중 있게 다루어진 바 있다. 특히 OMEP(세계유아교육기구)의 경우 지속적으로 유아기 지속가능발전교육을 중요 의제로 다루어 오고 있다. 예를 들어 OMEP에서 발간하는 학술지인 'International Journal of Early Childhood'에서는 2009년(41권, 2호)의 전면 주제로 '유아기 지속가능발전교육'을 내세웠으며 이후 매년 유아기 지속가능발전교육을 중요 의제로 다루어 오고 있다. 2017년 크로아티아에서 열릴 예정인 OMEP International Conference 2017의 주제 역시 "Early childhood relationships: The foundation for a sustainable future"이다.

이런 국제적 움직임은 각국의 유아교육 관련자들로 하여금 지속가능발전과 유아교육의 접점을 적극적으로 모색하도록 하는 계기를 제공하였다. 우리나라의 경우 2013년 초에 전국의 국공립 및 사립 유치원에 배부한 〈유치원 교육과정 운영 지원을 위한 유아 녹색성장교육 프로그램〉(교육과학기술부, 2012)도 그런 맥락에서 개발된 것이다.

2) 유아기 지속가능발전교육의 현재

전 세계적으로 유아기 지속가능발전교육에 관한 인식, 정책 입안, 교육 실행 수준은 어느 정도일까? 이에 대한 사실적 정보를 UNEDSD 최종보고서인 〈우리가 원하는 미래 만들기: 지속가능발전교육 10년(Shaping the future we want: UN decade of education for sustainable development(2005~2014)〉 Final report)(UNESCO, 2014b)에서 어느 정도 확인할 수 있다. 중요한 몇 가지 사실을 정리해 보면 다음과 같다.

첫째, "영유아기 보호와 교육(Early Childhood Care and Education: 출생~8세 대상)은 지속가능발전의 토대이면서 지속가능발전교육의 시작점"(UNESCO,

2014b, 68)이다. 여기서 지속가능발전교육의 출발점을 '출생 시'부터로 보고 있음을 확인할 수 있다.

둘째, 지속가능발전교육 정책 및 실행과 관련하여 영유아기 보호와 교육의 포함 비율을 보면 2005년에는 유엔가입국 중 '46%'가 포함되지 않음(Not included)이었으나 2013년에는 그 비율이 '3%'로 줄어들었다. 이 자료를 통해 가치 및 태도 형성의 결정적 시기인 유아기부터 지속가능발전교육을 실시해야 한다는 인식이 UNDESD 기간 중 확산되었음을 알 수 있다. 그런 한편, 지속가능발전교육 정책 및 실행에 영유아기 보호와 교육 분야가 완전히 통합되어 있다(completely integrated)는 비율은 2005년에 '3%', 2013년에도 '7%' 정도(〈그림 2-4〉 참조)이다(UNESCO, 2014b, 72). 이런 결과를 통해 영유아기부터의 지속가능발전교육을 제대로 해 나가기 위한 계속적인 노력이 앞으로도 계속 되어야 한다는 사실 또한 확인할 수 있다.

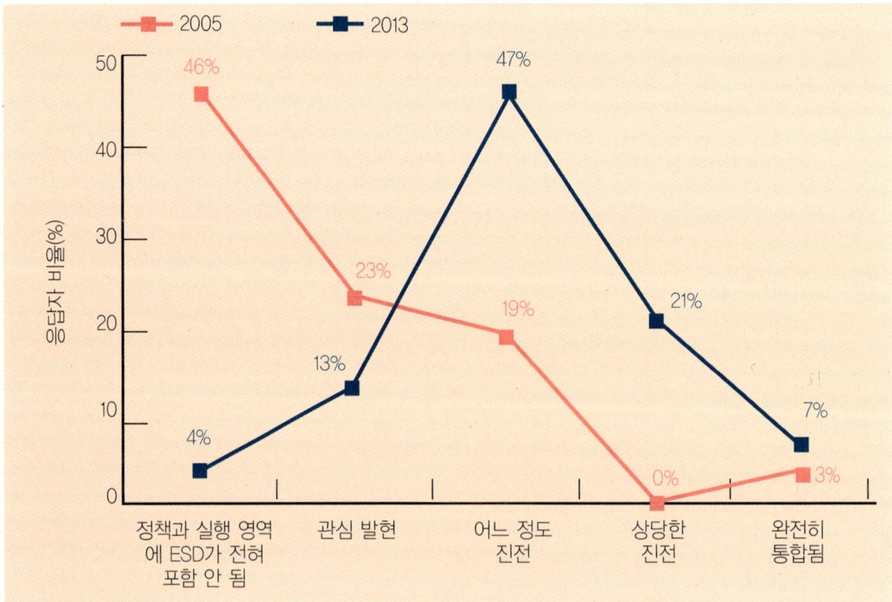

그림 2-4 전 세계 유아기 지속가능발전교육의 정도 2005년과 2013년 비교

셋째, "바깥에서의 놀이를 포함한 '놀이'가 지속가능발전을 위한 유아의 보호와 교육에서 본질적인 요인"이다("Play, including play in the outdoors, has an essential place in ECCE for SD")(UNESCO, 2014b, 76). 이런 점을 통해 영유아기의 발달적 특성을 고려한 지속가능발전교육이 이루어지는 것이 중요함을 알 수 있다. 즉, 영유아기 지속가능발전교육 실행에 있어 자연환경 속에서 자유롭게 놀이하는 가운데 생태적 감수성을 증진시키는 것이 우선되어야 하는 것이다.

넷째, 이 보고서에서 우리나라의 유아교육기관에서 행해진 '무심천 프로젝트'를 유아기 지속가능발전교육의 바람직한 사례로 제시하고 있다. 이 사례는 무심천 주변 환경이 더러워지고 더불어 무심천 물이 오염되면서 그곳에 살던 수달 수가 줄었다는 이야기를 들은 유아들의 관심으로부터 시작된 프로젝트이다. 프로젝트를 통해 유아들은 깨끗한 환경보전의 중요성, 환경보전에 있어 사람들의 일상생활이 얼마나 큰 영향을 미치는지 알게 되었으며 더 나아가 수달을 보호하기 위해서는 지역사회 주민 전체가 함께 협력해야 함을 알고 수달보호 캠페인을 진행하였다. 그런가 하면 어른들을 위한 기존 무심천 지도와는 다른 어린이용 지도를 제작해달라고 시청에 요청하는 등 지역주민으로서 적극적인 참여를 한 바 있다(Ji & Stuhmcke, 2015).

이상에서 지속가능발전을 위한 세계적 노력으로서의 지속가능발전교육과 유아교육의 관계에 대해 살펴보았다. 2장의 결론은 지속가능발전하려면 유아기부터의 지속가능발전교육이 필요하다는 점과 이를 위한 구체적 노력이 계속되어야 한다는 점이다. 이런 사실을 근거로 하여 다음 3장에서는 보다 구체적으로 지속가능발전 지향 유아환경교육의 필요성과 그 성격에 대해 살펴보기로 하겠다.

CHAPTER ❸

지속가능발전 지향 유아환경교육의 필요성과 개념

Early Childhood Environmental Education for Sustainable Development

1. 지속가능발전 지향 유아환경교육의 필요성

앞에서 전 세계적으로 지속가능발전이 왜 필요한지에 대해 개괄적으로 이미 한 번 살펴보았다. 여기서는 거기서 한 걸음 더 나아가 보다 구체적으로 지속가능발전 지향 유아환경교육의 필요성에 대해 살펴보려고 한다. 이를 위해 먼저 다음과 같이 유아교육기관에서 '쓰레기 없는 점심'을 교육하고, 실제로 생활 속에서 실천할 때 기대할 수 있는 효과를 생각해 보자. 먼저 '유아들에게 쓰레기 없는 점심을 교육할 때의 효과' 하면 떠오르는 것을 순서 없이 그냥 적어 보자. 그리고 그렇게 적은 것을 가지고 옆 사람과 이야기 나누며 단기적 효과와 장기적 효과로 정리해 보고 이후 분류 축을 달리하여 유아 측면, 유치원 측면, 가정 및 지역사회 측면, 나라 및 세계 측면으로 나누어 정리해 보자.

<table>
<tr><th>사례</th><th>어떤 효과가 있으리라고 생각하는가?</th></tr>
<tr><td rowspan="2">〈쓰레기 없는 점심〉

호주 브리즈번에 위치한 K 유치원에서는 '쓰레기 없는 점심'을 수년째 실천해 오고 있다. 이제 이 유치원의 교사와 유아들은 '쓰레기 없는 점심'을 당연한 것으로 받아들이고 있으며, 어쩔 수 없이 나오게 되는 바나나 껍질 등 최소한의 음식물 쓰레기도 퇴비로 만들어 텃밭 가꾸기에 활용하고 있다.

</td><td>단기적 효과:

장기적 효과:</td></tr>
<tr><td>유아 측면:

유치원 측면:

유아 가정 및 지역사회 측면:

나라 또는 전 세계적 측면:</td></tr>
</table>

여러 가지 효과를 생각해 볼 수 있었을 것이다. 그러면서 이런 효과가 단지 유아에게만 국한되지 않는다는 점, 단기적 효과뿐 아니라 장기적 효과도 기대할 수 있음을 확인할 수 있었을 것이다. 이런 점을 전제해 놓고, 지속가능발전 지향 유아환경교육의 효과를 시대적 요구에 따른 필요성, 유아기 발달 특성에 따른 필요성, 국가 수준 교육과정 실행 차원에서의 환경교육 필요성과 같은 세 가지 각도에서 조명해 보자.

가. 시대적 요구에 따른 필요성

21세기 지구 환경은 인류 역사상 그 어느 때보다도 위기에 봉착해 있음을 1장에서 살펴보았다. 실제로, 지구 온난화가 서서히 진행되고 있어 이대로 계속된다면 불과 몇십 년 후에는 가공할 만한 자연재해를 피할 수 없을 것이라는 무시무시한 경고들이 여기저기서 사실적 자료와 함께 제시되고 있다. 이미 땅과 바다와 공기 오염으로 먹을거리에 대한 염려는 일상이 되어 버렸으며, 물을 사 마시는 것도 모자라 이젠 신선한 공기를 사 마셔야 하는 세상으로 변해가고 있다.

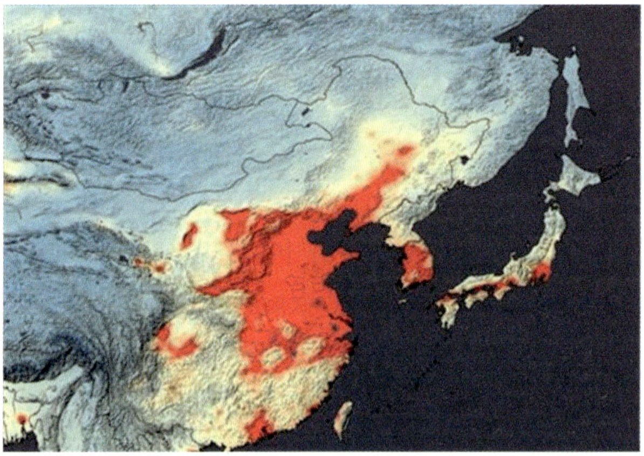

그림 3-1 2015년 12월 NASA에서 공개한 전 세계 공기오염 위성지도
(한국과 중국이 최악. 한국은 국토 면적에 비해 가장 높은 오염도 기록)

출처: 나무위키미러
https://namu.mirror.wiki/w/%ED%99%98%EA%B2%BD%20%EB%AC%B8%EC%A0%9C

미세먼지 문제가 일상생활을 저해할 만큼 심각한 문제로 부각되고 있기 때문이다. 관련하여 2017년 5월 당시 대통령 대선 주자들의 주요 공약 중 하나는 미세먼지 대책에 관한 것이었다. 이들은 한결같이 미세 먼지의 원인 분석이 체계적으로 이루어져야 하며 그 대책이 마련되어야 한다는 목소리를 높였다. 관련하여 우리나라에서도 공기캔을 생산하여 판매하는 곳이 나오고 있다. 경남 하동군이 캐나다 바이탈리티 에어와 함께 지리산 청정 공기를 담은 공기캔을 출시하겠다고 밝힌 것이다. 바이탈리티 에어는 캐나다 로키 산맥의 공기를 포집해 판매하는 회사이다. 이런 사실에 비추어 볼 때 지구가 지속가능하려면 더 이상 환경 및 생태계 파괴가 심각해지지 않도록 막고 환경적 정의를 실현해 나가야 한다는 점, 유아기부터 지속가능한 삶을 살아가도록 교육해야 한다는 점은 자명해진다 .

하동에서 생산한 공기캔 제품 이름은 공모를 통해 오는 10일 결정될 예정이다. 가격도 협의 중이다. 8L(160회 흡입 가능)짜리 캔 1개에 1만 2000~1만 5000원 선을 논의하고 있다.

"지리산 맑은 공기 사세요… 중국에서 히트 친 '공기캔' 한국시장 본격 진출"

그림 3-2 하동군에서 출시 예정인 공기캔

출처: 중앙일보. 2017년 3월 7일. 홍지연 기자 글 중. http://news.joins.com/article/21347211

한편 사회적으로 소통 부족, 불평등 심화, 공동체 문화의 와해 및 개인주의 또한 극으로 치닫고 있다. 아주 간단한 예로 거리를 걸어가면서 다른 사람에게 무엇을 물어보려고 해도 보이는 사람들 대부분이 스마트폰을 들여다보거나 이어폰을 끼고 있어 소통할 엄두조차 나지 않는다. 막막하고 답답한 느낌이 든다. 지구상의 인구는 늘어나고 있으나 정작 사람들은 가상공간 속에 틀어박혀 다른 사람들과 직접 소통하는 것을 부담스러워하는 경향이 늘고 있다. 그러다 보니 '진짜 아내 대신 인조 아내와 살기'(〈그림 3-3〉 참조), '카톡 가짜 친구 만들기'와 같은 어이없는 현상까지 벌어지고 있다. 지속가능하려면 당연히 사람들 간의 진정한 상호 소통, 평등과 정의, 공동체 정신, 민주주의가 건강하게 작동되어야 한다. 그래야 사회적 정의, 나눔, 배려 등 함께 더불어 잘 살아가기가 가능해지기 때문이다.

그림 3-3 "부인 놔두고 '성인용 인형'과 사는 일본의 60대 가장의 사연"

출처: 나우뉴스. 2016년 6월 28일. 박종익 기자 글.
http://nownews.seoul.co.kr/news/newsView.php?id=20160628601017

지속가능발전하기 위해서는 경제적 정의도 실현되어야 한다. 지구 한쪽에서는 먹을 것이 넘쳐나서 많은 양의 음식이 버려지는가 하면, 어느 한쪽에서는 여전히 극심한 가난으로 굶어 죽는 사람들이 있다. 2015년의 굶주림 상태를 보여주는 지도(Hunger Map)에서는 세계 인구 중에 약 7억 9천 5백만 명의 사람들이 굶주림으로 정상적인 생활을 해 나가지 못하고 있음을 보여주고 있다(〈그림 3-4〉 참조). 이는 전 세계인의 12.9%에 해당되는 수치이다. 그런가 하면 세계식량프로그램(World Food Program: WFP)에서 제시한 자료에 의하면 매년 230만 명 이상의 어린이가 극심한 영양부족으로 5세 이전에 죽음을 맞이하고 있다. 기아 문제 외에도 돈을 그 무엇보다도 우위에 두는 물신주의는 소년병 문제, 인신매매 문제, 여성과 아동착취 문제 등 다양한 문제를 양산하고 있다. 경제적 정의와 대척점에서 있는 물신주의는 지속가능발전의 핵심가치인 '인간존중', '생태적 다양성 존중', '미래 세대 존중', '문화적 다양성 존중'을 정면으로 위배하고 있는 것이다. 결과적으로 지속가능하려면 경제적 정의가 실현되도록 함께 노력해나가야 한다.

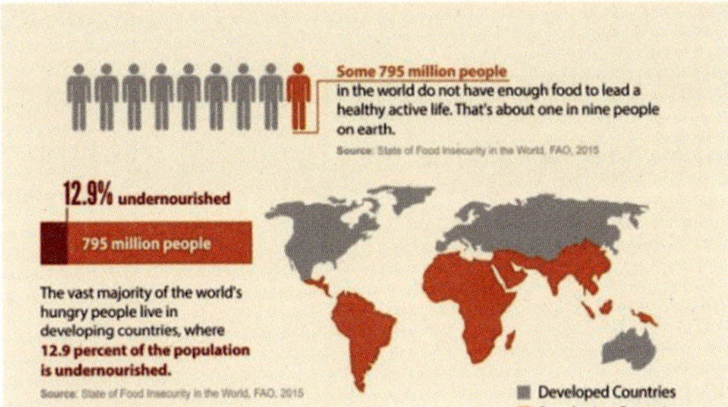

그림 3-4 굶주림 상태를 보여주는 지도(Hunger Map)

출처: http://www.ibtimes.com.au/real-hunger-games-hunger-map-shows-where-795-million-who-didnt-have-enough-eat-2015-live-1498765

환경교육이라 하면서 시대적 문제와 더불어 환경적, 사회적, 경제적 정의 실천을 이야기하는 이유는 이 책이 지속가능발전 지향 환경교육을 다루고 있기 때문이다. 환경교육은 단지 관리적 차원의 환경교육에 머물러서는 안 되고 사회적 정의, 경제적 정의 실현에도 맥이 닿도록 교육해야 하며 이를 위해 시대적 상황을 고려할 필요가 있다. 이런 시대적 필요성에 비추어 볼 때 모든 발달과 태도 형성의 기초가 되는 유아기부터의 지속가능발전 지향 환경교육이 꼭 필요하다는 것이다.

나. 유아기 발달 특성에 따른 필요성

유아기의 중요성을 이야기할 때 흔히 '결정적 시기'라는 단어를 사용하곤 한다. 인간 발달의 모든 면에 있어 인생의 그 어느 때보다도 중요한 시기라는 의미이다. 관련하여 Montessori는 유아기가 발달의 모든 면에서 '민감기(sensitive period)'임을 강조하였다. 이는 유아기가 주변 사물에 대해 민감하게 느끼고 반응하며, 받아들이는 시기라는 의미이다. 한 가지 예로 어린 아이들에게 갓 나온 풀과 잎을 만져보게 하면 그 부드러움을 좋아하고 즐거워하는데, 이렇게 어린 시기에 자연 속에서 즐거운 체험을 하게 되면 생태적 품성을 자연스럽게 갖추게 되고 이것이 내면화되어 평생에 걸쳐 영향을 미친다는 것이다. Carson(2002)이 『자연, 그 경이로움에 대하여』라는 저서에서 '어려서 경험한 자연은 어린 아이의 감성과 지성, 영성에 일생동안 큰 영향을 미치며, 그런 경험을 통해 생성된 감수성은 일생에 걸쳐 생명 세계를 위협하는 행동을 줄이게 하는 요인이 될 것'이라고 주장한 것도 결국 같은 이야기이다.

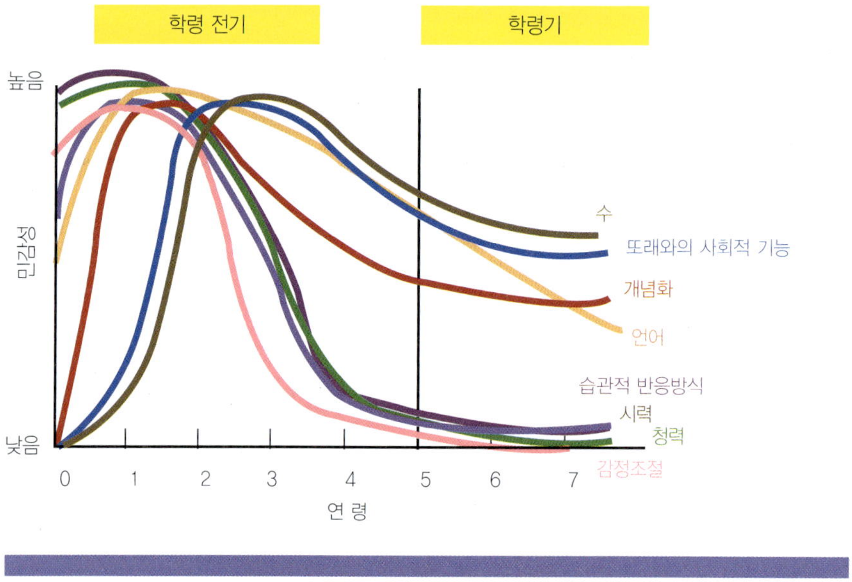

그림 3-5 뇌발달에서 유아기의 중요성

출처: http://earlylearning.ubc.ca/

〈그림 3-5〉와 같이 유아기는 언어, 개념 이해, 정서, 태도 등 발달의 모든 측면에서 그 이후의 시기에 비해 매우 중요한 시기이며, 같은 맥락에서 환경교육을 위해서도 중요한 시기이다(Tilbury, 1994). 4~6세 정도의 유아라 할지라도 환경문제를 이해하고 생각할 수 있는 능력이 있으며(Palmer, 1999), 유아기부터 그런 교육을 받는다면 그 영향력은 더 커진다는 학자들의 주장(Siraj-Blatchford, Smith & Samulelsson, 2010)에 비추어 볼 때도 유아기부터의 환경교육 필요성을 확인해 볼 수 있다.

다. 국가 수준 교육과정 실행 차원에서의 환경교육 필요성

우리나라는 1970년대, 1980년대를 거치면서 전 세계적으로 '한강의 기적'이라 불릴 정도로 빠른 시간에 급격한 경제 성장을 이루었다. 그러나 그 이면에서는 환경오염 및 생태계 파괴, 농어촌 피폐화 등의 문제 또한 얽히고설키며 여러 가지 문제가 야기되었다.

연관하여 환경교육을 국가 수준 교육과정 차원에서 강조해야 할 필요성이 대두되었고, 그 결과 1981년 제4차 초중등학교 교육과정부터는 교육과정의 주요 내용('범교과학습주제'라는 용어 사용 이전)으로 '환경교육'을 제시하게 되었다. 이후 '환경교육'은 5차, 6차 교육과정을 거쳐 2007 개정 교육과정, 2009 개정 교육과정에서도 계속 주요 내용 또는 범교과 학습주제로 제시되었다. 한 가지 특별한 점은 2007 개정 교육과정부터는 '환경교육'과 함께 범교과 학습주제로 '지속가능발전교육'이, 2009 개정 교육과정에서는 여기에 더해 '녹색교육'이 더 제시되었다는 점이다. 그러다가 2015년 개정 교육과정에서는 범교과 학습주제로 '환경교육'과 '지속가능발전'이 '환경·지속가능발전교육'으로 함께 묶여 제시되고, '녹색교육'은 빠져나갔다(교육부, 2015). 참고로 2015 개정 초·중등 교육과정에서 제시하고 있는 범교과 학습주제 10개는 다음과 같다.

> 민주시민교육, 인성교육, 경제금융교육, 안전건강교육, 진로교육,
> 통일교육, **환경·지속가능발전교육**, 인권교육, 다문화교육, 독도교육

그런가 하면 유치원의 경우 1969년 1차 교육과정에서부터 자연환경, 동식물 등 환경관련 내용이 교육내용 중 일부로 제시되었다. 이후 2차, 3차 교육과정으로 개정되어 갈수록 환경 관련 내용은 늘어났다. 그러다가 1992년 5차 교육과정에서는 '환경 문제' 관련 내용 비중이 높아졌으며 1998년 6차 교육과정에서는 '환경오염이나 재난에 대비하기'가 새롭게 추가 제시될 정도로 환경 관련 내용이 늘어났다. 이런 과정을 거쳐 '인간과 자연 존중' 관점을 표방하기 시작한 2007 개정 유치원

교육과정에서는 범교육과정적 주제(초중등학교의 범교과학습주제와 동일한 의미) 중 하나로 '환경교육'을 명시하게 되었다. 이런 과정을 거쳐 2011년의 5세 누리과정에서는 당시 정부의 녹색성장에 대한 강력한 추진 정책의 영향을 받아 '범교육과정적 주제'로 '환경교육'이 아닌 '녹색성장교육'이 제시되었다. 한편, '환경교육', '지속가능발전교육', '녹색성장교육'과 같은 주제는 우리나라뿐 아니라 최근 세계적으로도 국가 교육과정에서 중요하게 다루고 있다(지옥정, 2016).

2. 지속가능발전 지향 유아환경교육의 개념 및 특성

가. 지속가능발전 지향 유아환경교육의 개념

지속가능발전 지향 유아환경교육의 개념을 분명하게 정리해 보자. 이를 위해 먼저 지속가능발전교육과 환경교육의 관계를 살펴볼 필요가 있다. 둘 간의 관계가 정리되어야 유아환경교육을 어떻게 볼 것인가가 분명해지기 때문이다. 사실, '지속가능발전'이 나오게 된 일차적 원인은 환경오염 및 생태계 파괴와 같은 환경문제이긴 하나 그 둘 간의 관계를 보는 데는 다음과 같은 여러 다른 관점(이재영, 이선경, 2006, 7)이 존재한다.

1) 지속가능발전교육과 환경교육의 관계

(1) 환경교육과 지속가능발전교육은 독자 영역이나 공통부분이 있음

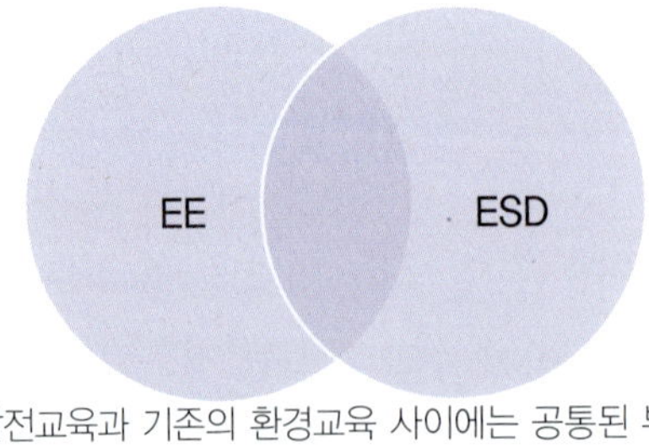

지속가능발전교육과 기존의 환경교육 사이에는 공통된 부분이 있지만
독자적인 영역도 존재한다고 보는 입장이다.

(2) 환경교육은 지속가능발전교육의 일부임

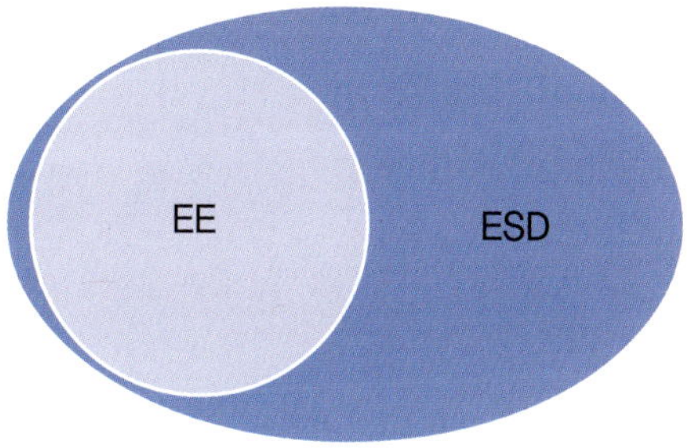

환경교육을 지속가능발전교육의 일부로 보는 입장이다.

(3) 지속가능발전교육은 환경교육의 특수 부분임

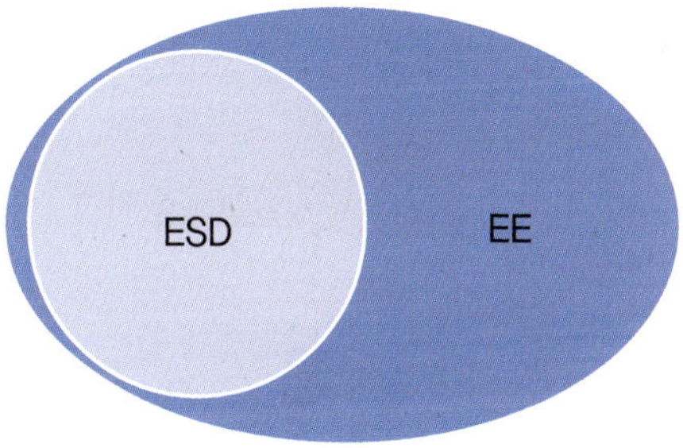

지속가능발전교육을 환경교육의 특수한 경우로 보는 입장이다.
여기서는 환경교육 중에서 특히 경제발전과의 균형성을 강조한다.

(4) 환경교육이 통합적으로 진화된 것이 지속가능발전교육임

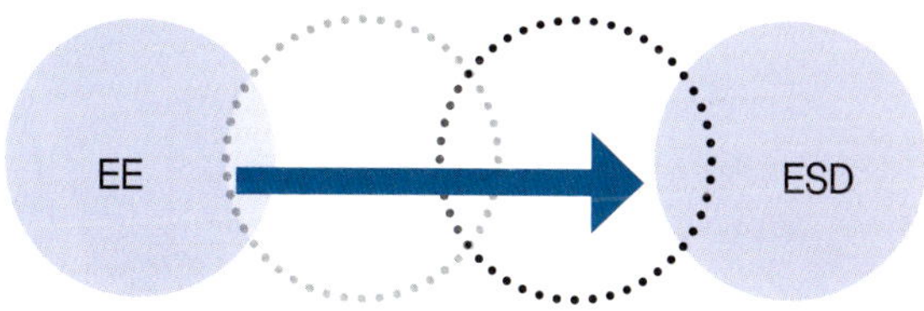

지속가능발전교육이란 환경교육이 21세기에 접어들면서
보다 통합적으로 진화한 결과라고 보는 입장이다.

2) 개념

전술한 바와 같이 환경교육과 지속가능발전교육의 관계를 보는 관점은 여러 가지이다. 이 책에서는 두 번째 입장인 '환경교육은 지속가능발전교육의 일부'라는 관점을 취하고자 한다. 지속가능발전을 지향하는 모든 교육을 '지속가능발전교육'이라 하고, 환경교육 역시 지속가능발전을 지향하면서 이루어져야 한다고 볼 때 환경교육은 지속가능발전교육이라는 큰 테두리, 큰 지붕, 큰 우산 중 어떤 표현을 쓰건 그 안의 일부로 보아야 한다고 간주하기 때문이다.

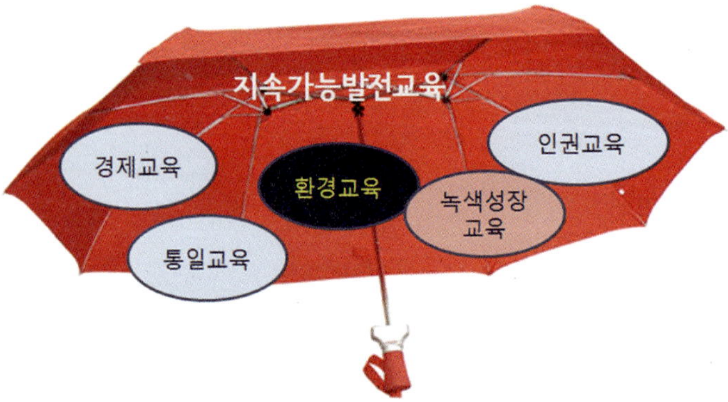

그림 3-6 지속가능발전교육과 환경교육의 관계

일본의 대표적인 환경교육학자 Inoue(2015)가 〈그림 3-6〉과 같이 설명하는 것도 저자와 같은 입장이다. Inoue는 많은 이들이 지속가능발전교육에 대한 이해 부족으로 이를 인권교육, 시민교육, 경제교육에 덧붙여 한 가지 더 교육해야 하는, 좀 특별한 과목 또는 주제 정도로 간주하고 있다고 하였다. 그러면서 이제 앞으로의 교육은 환경교육이건, 특수교육이건, 시민교육이건 기타 어떤 것이건 간에 지속가능한 삶, 더 나아가 '지속가능한 사회'라는 공통된 지향점을 향해 나아가는 교육이 되어야 한다고 하였다.

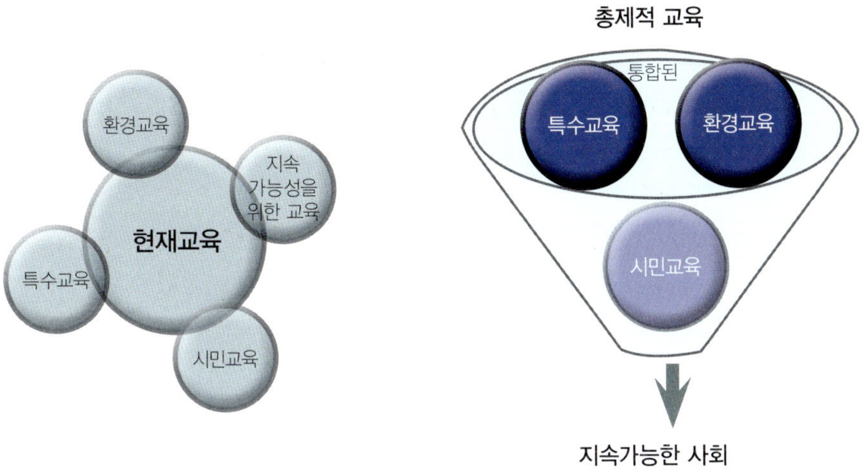

그림 3-7 기존 환경교육과 지속가능한 삶 지향 환경교육의 차이(Inoue, 2015)

나. 지속가능발전 지향 유아환경교육의 특성

유아 환경교육은 지속가능발전교육이란 큰 테두리 안에서 진행되어야 한다는 기본 입장을 밝혔다. 이런 입장에서 볼 때 기존의 유아환경교육에 비해 지속가능발전 지향 유아환경교육은 어떤 점에서 다른가? 이를 네 가지 측면, 즉 가치적 측면, 목표적 측면, 내용적 측면, 방법적 측면에서 살펴보면 다음과 같다.

1) 가치적 측면

지속가능성 지향 유아환경교육은 지속가능발전, 지속가능한 삶을 지향하고 있으므로 지속가능발전교육의 핵심가치를 따라야 한다. 그것은 크게 4가지로서 인권 존중, 미래 세대 존중, 생태적 다양성 존중, 문화적 다양성 존중이다(이재영, 이선경 편저, 2006). 이와 같은 4가지 핵심가치를 관통하는 공통 단어는 '존중'이다.

표 3-1 지속가능발전교육의 핵심가치

핵심가치	세부 내용
인권 존중	• 전 세계 사람들의 존엄성과 인권 존중 • 사회적 · 경제적 정의를 위한 헌신
미래 세대 존중	• 미래 세대들의 인권 존중 • 세대 간 책임 강조
생태적 다양성 존중	• 지구생태계 보호와 복원 • 다양한 생명공동체 존중 및 배려
문화적 다양성 존중	• 문화다양성 존중 • 지역적·지구적으로 관용, 비폭력, 평화의 문화 마련

2) 목표적 측면

목표적 측면에서 생각해 보아야 할 점은 크게 두 가지이다. 그 첫째는 감성, 태도, 지식, 실천을 골고루 길러 줄 수 있도록 설정되어야 한다는 점이다. 즉, 가슴으로 느끼고, 머리로 바르게 알고, 이렇게 알고 느낀 바를 생활 속에서 실천하며 궁극적으로 올바른 가치의 내면화가 이루어질 수 있도록 목표가 설정되어야 한다는 것이다. 두 번째는 목표 진술이나 이에 따른 교육 활동이 기존의 환경교육과 달라져야 한다는 점이다. 관련하여 Inoue(2015, 131)는 기존의 환경교육에서의 목표 진술이 "어린이들이 가을의 자연환경을 즐긴다." "어린이들이 자연 재료의 다양한 색과 모양을 인식한다." 정도였다면, 지속가능발전을 위한 유아환경교육의 목표 진술은 생태계 구성원 간의 상호연결성 이해에 초점을 둘 필요가 있다고 한 바 있다. 즉, "어린이들이 생명과 곰팡이 혹은 작은 벌레와 같은 자연의 분해자 역할을 인식한다." "어린이들이 동물과 식물의 관계를 인식한다."와 같이 생태계 관계 이해에 중점을 두고 진술해야 한다는 것이다. 이렇게 유아교육 현장의 교사는 목표 진술과 목표 달성을 위해 행하는 활동들을 생태계 관계 이해에 초점 맞추어야 한다.

3) 내용적 측면

내용적 측면에서 생각해 보아야 할 점은 크게 두 가지이다.

첫째, 유아기에는 환경감수성과 윤리의식 증진 관련 교육내용을 우선적으로 비중 있게 다룰 필요가 있다는 점이다. 유아기에는 무엇보다도 자연에 대해 관심을 갖고 사랑하는 마음을 갖도록 하는 생태적 감수성을 키우는 것이 중요하기 때문이다. 여기에 더해 유아들이 가까이 접하는 환경에 대한 이해를 해 나가면서 점차 주변 환경에 어떤 문제가 있는지 발견하고, 관련하여 문제해결방법을 찾아보는 것, 문제해결방법을 찾았다면 이를 실생활 속에서 실천해 보는 것, 지속가능한 삶을 가능하게 하는 시민의식 증진 관련을 교육내용으로 다루어야 한다(5장 참조).

둘째, 교육내용 선정에 있어 환경적인 면을 중심축으로 하되, 사회적인 면, 경제적인 면을 연계시킬 필요가 있다. 또한 느끼고, 아는 데서 그치지 않고, 문제해결에 참여하며 생활 속에서 실천해 보도록 교육내용을 안배하는 것도 필요하다. 관련하여 지옥정(2014)은 환경기념일인 '세계 물의 날', '종이 안 쓰는 날', '아무것도 사지 않는 날' 등이 지속가능발전교육의 바람직한 소재가 될 수 있다고 소개하면서 이런 환경기념일 관련 활동을 환경적인 면, 사회적인 면, 경제적인 면과 연계시키는 한편, 생활 속 실천 방안을 제시하고 있다. 예를 들어 '종이 안 쓰는 날'의 경우, 환경적 측면에서는 종이를 만들려면 숲의 나무가 필요하고 여러 가지 약품을 사용해야 하기 때문에 환경이 오염된다는 점을 느끼고 알도록 한다. 경제적 측면에서는 종이 아껴 쓰기, 종이팩을 다른 종이 쓰레기와 분리하여 따로 모은 후 휴지로 교환하기와 같은 활동을 통해 실생활 속에서 자원을 아끼도록 한다. 사회적 측면에서는 종이를 아껴 모은 돈으로 지진의 후유증 때문에 고통받고 있는 네팔 친구들을 돕는 데 사용함으로써 세계 시민의식 증진, 더불어 살기를 실천해 보도록 하는 식이다.

다. 방법적 측면

방법적 측면 역시 두 가지 각도에서 생각해 볼 수 있다. 그 하나는 교수·학습 원리 측면이고, 다른 하나는 무엇을 소재로 하여 어떤 식으로 지속가능발전 지향 유아환경교육을 풀어나갈까 하는 측면이다.

먼저 교수·학습 원리 측면을 생각해 보자. 지속가능발전 지향 유아환경교육을 할 때 가장 유념할 점은 학습자인 유아를 능동적이고, 자신들의 학습에 책임 있는 주체로 보면서 교사와 유아의 상호협력 및 책임 공유를 강조할 필요가 있다(Littledyke & McCrea, 2009). 더불어 가정 및 지역사회와 연계함으로써 교육의 효과를 높이고 실생활과 연결될 수 있도록 하여야 한다. 이는 유아교육에서 궁극적으로 추구해 나가는 방향이기도 하다. 그런데 특히 지속가능발전 지향 환경교육의 경우 학습자 스스로의 의미 구성, 개념적 이해 및 능력 증진에 의미를 부여하는 변형적 모델(transformational model)을 지향하고 있다는 점에서 더욱 그러하다(Jenkins, 2009). 관련하여 교수·학습 원리에 대해서는 6장에서 보다 자세히 소개하기로 하겠다.

두 번째로 생각해 볼 점은 '무엇을 소재로 하여 어떤 식으로 지속가능발전 지향 유아환경교육을 풀어나가야 하는가' 하는 측면이다. 이것은 다시 두 가지로 나누어 볼 수 있는데 즉, 누리과정 생활주제와 연계하여 하는 방법과 환경부나 국립생태원 등에서 환경교육을 위해 특별히 제공한 환경교육 자료를 중심으로 해 나가는 방법이다.

먼저 누리과정 생활주제와 연계하는 방법은 일선 교사들이 유아교육 현장에서 가장 보편적으로 활용하는 방법으로, 교사가 교육계획안을 사전에 작성하여 하는 방식(7장 앞부분과 8장 참조)과 프로젝트를 통한 방식(7장 뒷부분과 9장, 10장 참조)이 있다. 교사가 구성한 교육계획안에 의해 하는 방식은 우리가 잘 아는 바대로 주간교육계획안, 일일교육계획안을 작성하여 하는 방식이다. 이때 '누리과정 교사용 지도서'나 '유치원 교육과정 운영 지원을 위한 유아녹색성장교육 프로그램'(교육과학기술부, 2012)이 유용한 참고자료로 활용될 수 있다. 예를 들면 『환경과 생활』 생활주제를 다룰 때 '흙이 아파요'(교육과학기술부, 2012) 노래를 집어 넣어 계획하는 것이다. 그런가 하면 프로젝트는 교사가 준비단계를 거치면서 어느 정도 계획을 해 놓기는 하지만, 유아들과 프로젝트를 해 나가는 과정에서 새로운 내용이 발현되거나 깊이 있는 탐구 활동으로 확장될 가능성이 높다. 또 프로젝트는 어느 정도 기간을 예상하기는 하나 그 기간이 경우에 따라 짧아지기도 더 늘어나기도 한다. 참고로, 프로젝트는 하루나 이틀 정도 걸리는 단기 프로젝트도 있고, 3~4주 이상 지속되는 장기 프로젝트도 있다.

다음으로 환경부나 국립생태원 등에서 환경교육을 위해 특별히 제공한 환경교육 자료를 중심으로 해 나가는 방법이다. 즉, 환경부에서 개발해 유아교육 현장에 대여해 주고 있는 환경교구(부록 3 참조)나 생태교육원 웹사이트에 제시해 놓은 환경교육용 동화 등이 이 경우에 속한다. 예를 들어 환경부 교구인 '물고기는 맑은 물을 좋아해'를 중심으로 물고기와 물의 관계에 관한 조사 탐구 활동을 깊이 있게 하는 환경교육이 될 수 있다. 그런가 하면, 환경부에서 제시한 동화인 『신데렐라(재활용품 분리배출)』를 중심으로 재활용품 분리배출에 대한 다양한 활동을 전개하는 환경교육을 할 수도 있다(10장 참조).

이상에서 지속가능발전 지향 유아환경교육의 필요성과 개념을 상세하게 살펴보았다. 이런 이론적 기초를 토대로 4장에서는 지속가능발전 지향 유아환경교육의 목적 및 목표에 대해 살펴보고자 한다.

PART II

지속가능발전 지향 유아환경교육의 실체

Early Childhood Environmental Education for Sustainable Development

CHAPTER 4 지속가능발전 지향 유아환경교육의 목적 및 목표

CHAPTER 5 지속가능발전 지향 유아환경교육의 내용

CHAPTER 6 지속가능발전 지향 유아환경교육의 교수·학습 원리

지속가능발전 지향 유아환경교육의 목적 및 목표

Early Childhood Environmental Education for Sustainable Development

CHAPTER ❹

1부를 통해 우리는 지속가능발전 지향 환경교육에 대한 기초 내용을 학습하였다. 특히 3장에서는 지속가능발전 지향 환경교육이 지금까지의 환경교육에 비해 어떠한 특성을 갖는지, 그 개념이 무엇인지 살펴보았다. 교육의 목적과 목표설정이란 본질과 가치를 중심으로 나아갈 방향을 정하는 것이기 때문에 지속가능발전 지향 유아환경교육의 목적과 목표를 알아보기 위해서는 먼저 그 핵심을 되짚어 볼 필요가 있다.

3장까지 학습한 내용을 떠올려 보자. '지속가능발전 지향 환경교육'이라고 할 때 가장 기억에 남은 것이 무엇인지 5분 동안 적어 본 뒤, 옆 사람과 생각을 공유해 보자. 이후 지속가능발전 지향 유아환경교육의 목적은 무엇이 되어야 한다고 생각하는지 적어 보자.

가장 기억에 남는 것	내가 생각하는 유아환경교육의 목적
예) • 지구가 위험하다. • 인간중심적인 생각이 만연해 있다. • 사회, 경제, 환경 등은 모두 연결되어 있다. • 생각만 중요한 게 아니고 실천해야 한다. • 참여가 중요하다. • 서로 존중하는 것 • 유아기부터의 교육이 중요하다. • 유아도 시민으로서 참여가 가능하다.	

지금까지 학습한 바와 같이 지속가능발전 지향 환경교육이란 생태계 모든 구성원의 지속가능한 삶을 지향하는 것으로서, 지속가능발전교육의 핵심가치인 '존중'을 기반으로 한다. 특히 '환경문제'를 환경에만 국한하는 것이 아니라 사회, 정치, 경제 등 '삶의 전 영역과 연계'하여 포괄적으로 접근하고자 하는 것이다. 즉, 인류의 지속가능한 삶을 위해서 환경보전뿐 아니라 더불어 사는 지구상의 모든 사람, 다른 나라 또는 다른 문화권의 다양한 문화에 대한 존중, 자연생태계 존중, 그리고 아직 오지 않은 미래 세대 사람들까지도 배려하는 마음을 갖고 지속가능한 삶을 살아갈 수 있도록 교육하고자 하는 것이다.

본 장에서는 이러한 개념을 기반으로 하는 지속가능발전 지향 유아환경교육의 궁극적인 목적과 목표는 무엇인지 살펴볼 것이다. 먼저 기초가 되는 국제 및 국가 수준 자료를 검토한 뒤, 이를 바탕으로 하여 본 책에서의 지속가능발전 지향 유아환경교육의 목적 및 목표를 제시하고자 한다.

1. 지속가능발전 지향 유아환경교육의 목적 및 목표의 기초

지속가능발전 지향 환경교육은 지속가능발전교육이라는 큰 범주 안에서 환경교육에 보다 초점을 맞추고 이루어지는 교육이다. 따라서 목적 및 목표 설정에 있어 가장 기본적인 전제는 지속가능발전교육의 가치에 부합되도록 하는 것이다. 지속가능발전교육의 가치에 대해서는 1부에서 충분히 논의하였으므로 본 절에서는 그러한 전제 하에 유아환경교육의 목적 및 목표 구성의 기초로서 크게 세 가지 자료를 검토해 보고자 한다. 그 하나는 전 세계적으로 지속가능발전교육을 선도하고 있는 유네스코 관련 자료로서 전 세계 환경교육의 기본틀이라고 할 수 있는 벨그라드 헌장(UNESCO, 1975)과 트빌리시 선언문(UNESCO, 1977)이다. 두 번째는 우리나라 환경부·한국환경교육학회에서 주관한 국가 수준 환경교육 기준 개발 연구(환경부, 2014)이다. 그리고 세 번째는 우리나라 교육부에서 유아기 지속가능발전교육의 실천방안으로 제시한 유아녹색성장교육 프로그램(교육부, 2012)이다.

가. 유네스코 국제회의에서 제시된 환경교육의 목적 및 목표

유네스코 관련 자료 중 벨그라드 헌장(The Belgrade Charter)은 벨그라드에서 개최된 국제회의인 '국제환경교육 워크숍'에서 채택된 것으로서, 국제 수준에서 처음으로 환경교육의 철학적 기저와 목적 및 목표 등을 구체화하였다는 점에서 의미가 있다. 이후 1977년 트빌리시에서 개최된 '환경교육에 대한 정부 간 회의'에서 나온 트빌리시 선언문(Tbilisi Declaration)은 환경교육의 역할, 목표, 특성을 명확히 하고 국가 및 국제 수준에서 적용할 수 있는 환경교육의 지침을 상세히 제시하여 이후 여러 나라의 환경교육 구성에 많은 영향을 미쳤다는 점에서 검토해 볼 필요가 있다.

두 자료 모두 몇십 년 전의 국제회의에서 논의된 내용이었음에도 공통적으로 환경교육에서 환경과 인간 삶의 관련성을 중요시하며, 개인뿐 아니라 사회, 국가 및 세계가 함께 환경과 환경문제에 대해 인식하고 공유하며 실천해갈 수 있는 지식과 이해 및 실천 소양 함양에 초점을 두고 있음을 엿볼 수 있다. 벨그라드 헌장(UNESCO, 1975)과 트빌리시 선언문(UNESCO, 1977)에 제시된 환경교육의 목적 및 목표[1]는 다음과 같다.

1) 벨그라드 헌장에 제시된 목적 및 목표

목적

- 세계인들이 환경 및 그와 연관된 문제들에 대해 인식하고, 관심을 가지도록 하며, 현재 문제와 앞으로 일어날 문제 예방을 위해 개인적으로나 집단적으로 행동할 수 있도록 지식, 기능, 태도, 동기 및 의지(commitment)를 개발하기 위한 것이다.

1) 내용에 대해 보다 정확히 이해하고자 할 경우 부록 1을 참고하기 바란다. 부록 1에 벨그라드 헌장과 트빌리시 선언문에서 제시한 환경교육의 목적과 목표를 원문으로 제시해 놓았다.

목표

- 인식: 개인과 사회집단이 전체 환경과 그와 관련된 문제에 대한 인식과 민감성을 가지도록 돕는다.
- 지식: 개인과 사회집단이 전체 환경과 그와 관련된 문제 및 인간의 환경에 대한 중요한 책임과 역할에 대해 기본적으로 이해하도록 돕는다.
- 태도: 개인과 사회집단이 사회적 가치와 환경에 대한 높은 관심, 그리고 환경보호와 개선에 적극적으로 참가하려는 동기를 가지도록 돕는다.
- 기능: 개인과 사회집단이 환경문제를 해결하기 위한 기능을 익히도록 돕는다.
- 평가능력: 개인과 사회 집단이 정치, 경제, 사회, 심미 및 교육적인 측면에서 환경 측정 및 교육 프로그램에 대해 평가하는 것을 돕는다.
- 참여: 개인과 사회 집단이 환경 문제에 대한 책임감과 시급성을 느껴 환경 문제를 해결하기 위한 적절한 행동을 하도록 돕는다.

2) 트빌리시 선언문에 제시된 목적 및 목표

목적

- 도시와 지방의 경제적, 사회적, 정치적, 생태적 상호의존성에 대한 명확한 인식과 관심을 가지게 한다.
- 모든 사람에게 환경보호와 개선에 필요한 지식, 가치, 태도, 헌신 및 기능을 습득할 수 있는 기회를 제공한다.
- 환경에 대한 개인, 집단 및 사회 전체의 새로운 행동양상을 창출한다.

목표

- 인식: 사회집단과 개인이 전체 환경과 그와 관련된 문제에 대한 인식과 민감성을 가지도록 돕는다.
- 지식: 사회집단과 개인이 환경과 그와 관련된 문제에 대하여 다양한 경험을 쌓고 기본적인 이해를 하도록 돕는다.

- 태도: 사회집단과 개인이 환경에 대한 관심과 가치를 인식하고 환경개선 및 보호에 적극적으로 참여하려는 동기를 가지도록 돕는다.
- 기능: 사회집단과 개인이 환경문제를 파악하고 해결하는 기능을 습득하도록 돕는다.
- 참여: 사회집단과 개인이 환경문제 해결을 위해 모든 단계에서 적극적으로 참여할 수 있도록 기회를 제공한다.

전술한 벨그라드 헌장과 트빌리시 선언문에서 제시한 환경교육의 목적과 목표를 보면 몇 가지 공통점이 있다. 첫째, 환경교육의 목적을 현 세대에 국한시키지 않고 미래 세대까지의 안녕을 염두에 두고 있다는 점이다. 둘째, 환경교육의 궁극적 지향점은 개인, 집단을 넘어서서 사회 전체의 변화 추구라는 점이다. 셋째, 환경교육의 목표 영역으로 우선되는 것은 지식보다 환경에 대한 인식 또는 민감성으로 보고 있다는 점이다. 넷째, 동일하게 목표 중 한 영역으로 참여를 들고 있다는 점이다. 즉, 환경교육의 지향점은 느끼고 아는 것에 그치는 것이 아니라 적극적으로 문제 해결에 참여할 것을 강조하고 있다는 점이다.

나. 환경부 국가 수준 환경교육 기준에 제시된 환경교육의 목적 및 목표

환경부는 유치원부터 고등학교까지 국가 수준의 환경교육 기준을 마련하기 위하여 이미 십 년 전부터 국가환경교육 표준 지침 연구(정은영, 최석진, 이대균, 이동엽, 2007)와 국가 수준 환경교육 기준 개발 연구(환경부, 한국환경교육학회, 2014)를 수행하였다. 먼저 2007년 연구에서는 국가 수준 환경교육의 체계와 목표 및 유치원과 초등학교 기준을 개발하였다. 그 후 2014년 연구에서는 이전의 기준을 중고등학교까지 확대하여, 국가 수준에서 유치원부터 고등학교까지 공통적인 환경교육의 목표와 영역을 설정하고 각 학교 급별 성취 기준, 세부 기준 및 교육과정과의 관련성을 제시하였다. 이는 우리나라 환경교육의 체계를 잡고 기본방향과 지침을 제시하였다는 점에서 의미가 있다. 특히 유치원에서부터 고등학교까지 환경교육의 목표와 내용 체계의 큰 틀은 동일하게 하면서, 유치원, 초등학교, 중학교, 고등학교의 각 학급별 특성을 살려 세부 기준을 별도로 구체화했다는 점에서 주목해 볼 가치가 있다.

환경교육의 교육목적은 별도로 제시되어 있지 않으며 유치원에서부터 고등학교까지 공통되는 환경교육의 목표는 크게 네 가지 측면이다(환경부, 한국환경교육학회, 2014). 환경문제에 대한 지식이나 이해의 측면뿐 아니라 이를 연구하고 평가할 수 있는 기능과 평가측면, 환경에 대한 가치와 태도의 정의적인 측면 그리고 환경의 문제를 탐구하고 해결하는 역량측면으로서 구체적인 목표는 다음과 같다.

목표

- 인식, 지식, 이해: 다양한 환경현상과 문제에 대한 인식과 지식을 기르고 이해한다.
- 기능, 평가: 환경현상과 환경문제에 대한 연구 및 필요한 기능과 평가능력을 길러 환경 보전에 활용한다.
- 심미안, 감수성, 가치, 태도, 참여: 환경에 대한 감수성과 배려의 태도를 기르고, 올바른 가치를 통해 환경보전에 참여하고 실천하는 태도를 가진다.
- 창의적 사고력, 의사결정력, 문제해결력: 환경문제를 탐구하고 해결하는 창의적 사고력과 의사결정력 및 문제해결력을 기른다.

국가 수준 환경교육 기준 개발연구의 목표 영역을 보면 다음과 같은 점이 부각된다. 첫째, 기존의 지식, 기능, 태도, 실천 등과 같이 구분하던 것을 넘어서서 인식, 지식, 이해의 한 묶음, 기능, 평가의 한 묶음, 심미안, 감수성, 가치, 태도, 참여의 한 묶음, 창의적 사고력, 의사 결정력, 문제 해결력의 한 묶음으로 목표를 포괄적으로 잡고 있다. 둘째, 각 학교 학급별로 목표를 제시하지 않고 전체를 통괄하는 목표만을 제시하고 있다.

다. 유아녹색성장교육 프로그램에 제시된 환경교육의 목적 및 목표

교육부(교육과학기술부, 2012)는 누리과정에서 강조하는 녹색성장교육의 유아교육 현장적용을 돕기 위해 교사용 지도서 외에 '유치원 교육과정 운영지원을 위한 유아녹색성장교육 프로그램'을 개발, 보급하였다. 녹색성장교육이란 '지속가능발전교육의 구체적 방안'이라는 당시 정부 정책에 기초하여 처음으로 유치원에서의 구체적인 적용방안을 제시했다는 데 큰 의의가 있다. 구체적인 목적 및 목표는 다음과 같다.

목적

- 세계 녹색시민 기초 형성

그림 4-1 유치원 교육과정 운영지원을 위한 유아녹색성장교육 프로그램

목표

① 지식 · 정보적 영역
- 주변 자연의 특성, 생태계 구성원 간 관계 등 지구환경에 대한 기초 지식을 알고 이해한다.
- 환경오염으로 인해 나타나는 환경문제의 심각성을 인지한다.
- 녹색성장을 위해서는 건강한 생활, 절약하는 생활을 해야 하며 녹색기술을 개발하기 위해 노력해야 함을 이해한다.
- 녹색성장을 위해 가정과 교육기관, 지역사회, 나라, 더 나아가 세계 모든 사람이 함께 노력할 일이 무엇인지 안다.

② 정서 · 감성적 영역
- 자연의 질서와 조화를 느낀다.
- 자신을 포함하여 생태계 구성원은 모두 각각 고유하고 귀한 존재라는 것을 느낀다.
- 다른 사람이나 자연물을 사랑하고 감사하는 마음을 갖는다.
- 가정, 교육기관, 지역사회, 나라, 세계의 일원으로서 역할을 한다는 긍지를 갖는다.
- 경제적, 환경적 문제로 어려움을 겪는 이웃을 돕고자 하는 마음을 갖는다.

③ 태도 · 실천적 영역
- 주변 환경을 각 특성에 맞게 돌본다.
- 에너지나 물건을 소중히 생각하고 아껴 쓴다.
- 녹색성장과 지속가능한 삶을 위해 가정과 유치원, 지역사회에서의 나의 책임과 역할을 실천한다.
- 녹색성장과 지속가능한 삶을 위해 국가 및 세계적으로 함께 노력해야 할 것들을 실천한다.
- 녹색성장과 지속가능한 삶에 대해 학습한 것을 부모, 지역사회 주민 등 다른 사람들에게 널리 알린다.

유아녹색성장교육 프로그램의 목적 및 목표 영역을 보면 다음과 같은 특성이 두드러진다.

첫째, 지속가능한 삶을 궁극적인 목적으로 지향하고 있다.

둘째, 아는 것, 느끼는 것, 실천하는 것의 3가지 영역으로 목표를 설정하고 있다.

셋째, 지속가능성을 지향하면서 환경적인 면뿐 아니라, 사회적인 면, 경제적인 면과의 통합이 이루어져야 함을 제시하고 있다.

넷째, 목표에서부터 교육기관뿐 아니라 가정, 지역사회, 더 나아가 세계 모든 사람이 함께 노력해야 한다는 점을 강조하고 있다.

라. 종합

이상에서 살펴본 환경교육의 목적 및 목표의 특징적인 점을 종합해 보면, 첫째, 환경교육을 통해 자연과 인간의 조화와 균형을 이루어 개인은 물론 공동체의 지속가능한 삶을 구현하고자 한다. 둘째, 환경문제의 정치, 경제, 사회, 환경 간의 밀접한 관련성을 인식하고, 이를 총체적으로 해결하고자 노력한다. 셋째, 환경에 대한 지식이나 이해뿐 아니라 태도와 감성 및 실천의 균형을 중요시한다. 넷째, 지속적으로 개인뿐 아니라 공동체 모두의 환경적 소양을 함양하고자 한다.

2. 지속가능발전 지향 유아환경교육의 목적 및 목표

이 절에서 제시하는 지속가능발전 지향 유아환경교육의 목적 및 목표는 지속가능발전교육의 핵심가치를 따르면서 앞에서 종합한 환경교육의 목적 및 목표를 반영한 것이다. 1부에서 학습하였듯이 지속가능발전교육의 핵심가치는 '존중'이며, 환경문제란 환경에 국한하는 문제가 아니고 인간 삶의 제 영역과 깊은 연관을 가지고 있으며 특정지역만이 아니라 전 세계와 관련된 문제이므로 세계 모든 사람의 공동 인식과 실천이 중요하다. 따라서 지속가능발전 지향 유아환경교육에서는 사람과 자연을 배려하고 상호관련성을 인식하며 세계가 함께 소통하고 참여하는 실천 역량을 기르는 것에 초점을 두어야 한다. 구체적인 목적과 목표를 그림으로 제시하면 〈그림 4-2〉와 같다.

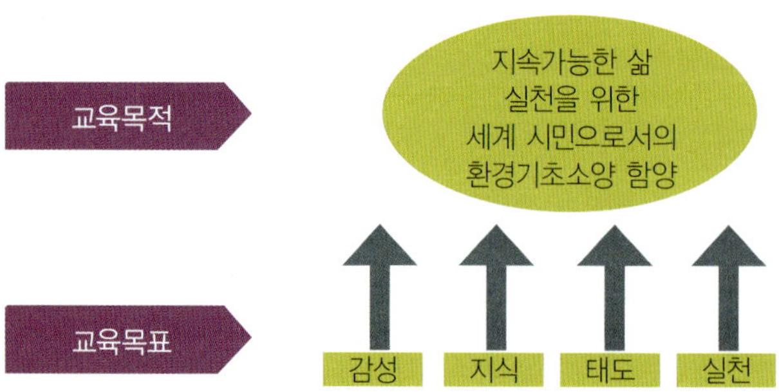

그림 4-2 지속가능발전 지향 유아환경교육의 목적 및 목표

가. 지속가능발전 지향 유아환경교육의 목적

지속가능발전 지향 유아환경교육의 목적은 환경교육을 통해 지속가능한 삶을 실천하기 위한 세계 시민으로서의 환경기초소양을 함양하는 것이다. 즉, 지속가능한 삶을 살아갈 수 있도록 유아기부터 생태적 감수성을 익히고 생태계의 상호 관련성을 인식하며, 정의로운 세상이 되도록 하는 데 적극적으로 참여하도록 돕는 것이다.

나. 지속가능발전 지향 유아환경교육의 목표

지속가능발전 지향 환경교육의 목적을 달성하기 위해서는 유아의 감성, 지식, 태도, 실천 각 영역을 고르게 지원해야 한다. 이를 실현하기 위한 구체적인 목표는 다음과 같다.

① 감성
- 자연의 아름다움을 느낀다.
- 생태계 구성원에 대해 존중하는 마음을 가진다.

② 지식
- 주변의 자연물에 대해 관심을 가진다.
- 생태계 구성원 간의 관계를 인식한다.
- 주변 환경을 바르게 돌보는 방법을 안다.

③ 태도
- 주변 환경을 바르게 관리하는 태도를 가진다.
- 생태계 구성원을 존중하는 태도를 가진다.

④ 실천
- 주변환경을 바르게 보전하기 위해 노력한다.
- 지속가능한 소비를 한다.
- 지속가능한 지역사회, 나라, 세계가 되는 일에 적극 참여한다.

지속가능발전 지향 유아환경교육에서는 이 네 가지 목표를 고루 균형 있게 교육하는 것이 중요하다. 사람과 자연에 대한 존중을 기반으로 모두가 함께 지속적으로 발전하는 삶을 살아가기 위해서는 자연에 대한 느낌이나 생태환경에 대한 지식, 함께하고자 하는 태도나 실천 어느 하나만으로는 부족하기 때문이다.

감성과 태도를 기반으로 하지 않은 지식은 실천으로 연결되기 어렵다. 한 예로, 우리가 아무리 자연환경에 대한 지식을 가지고 있고 외부로부터 환경을 보존하라는 요구를 받는다 해도 우리 내부에 자연의 아름다움을 충분히 느끼고 함께하고자 하는 마음이 없다면 환경보전을 지속적으로 실천하기 어렵다. 따라서 유아기에는 자연의 아름다움과 경이로움을 느끼면서 존중의 마음이 싹틀 수 있는 기초를 마련하는 것이 매우 중요하다. 특히 주변 자연환경에서 충분히 행복감을 느끼는 경우 이를 해치고자 하는 행동을 하지 않게 되므로, 유아기에는 환경의 부정적 문제를 인식하고 풀어가고자 하는 교육 이전에 자연환경의 아름다움을 느끼고 인간 삶과의 조화와 균형을 경험하도록 하는 것에 초점을 두어야 한다. 즉, 자연환경의 아름다움을 느끼고 감사하며 사랑하는 시민으로 성장하는 것이 환경의 문제를 인식하고 풀어가고자 하는 것 이상으로 중요하다. 예를 들어, 유아교육기관에서 유아들과 함께 쓰레기로 오염된 환경의 문제를 인식하고 해결책을 찾는 것은 필요하지만, 그 이전에 먼저 아름다운 자연환경이 우리에게 주는 기쁨과 이로움 등에 대해 깊이 느끼고 감사하도록 하는 것이 우선되어야 한다.

한편 유아환경교육이라고 하여 정의적인 부분에만 국한하는 것은 지속가능한 삶을 살아갈 수 있는 역량을 제한하는 것이다. 삶이 변화되기 위해서는 사고가 변화되어야 하며(Davis, 2015), 아는 만큼 보이고 느끼고 실천할 수 있기 때문에 생태계 구성원 간 서로 존중하고 올바른 관계를 형성해 가기 위해서는 인지적 지식 역시 중요하다. 유아는 기본적으로 자신을 둘러싼 자연환경에 대해 끊임없이 궁금해하고 알고자 하는 열망을 가지고 있다(교육과학기술부, 2012). 이러한 자연환경에 대한 인지적 지식의 열망을 유아의 발달 수준에 맞추어 긍정적이고 의미 있는 방식으로 채워준다면 유아는 주변의 환경문제뿐 아니라 세계적인 문제로까지 이해의 폭을 확장해갈 수 있다. 이때 단편적이며 분절된 정보 차원의 지식이 아니라 지속가능발전에서 지향하는 상호관계에 대한 인식과 실천으로 연결될 수 있도록 하는 것에 중점을 두어야 한다.

실천의 측면에서 볼 때도 감성, 태도, 지식의 상호 관련성을 찾을 수 있다. 감성, 태도 및 지식이 뒤따르지 못하는 실천이란 단순히 훈련된 결과로서 유아에게 억압으로 작용할 수 있기 때문이다. 환경에 대한 바른 인식과 실천이 유아기에 기본생활습관으로 자리 잡는 것은 매우 중요하지만 유아의 이해 수준에서 벗어나는 것을 반복적으로 훈련하는 것은 오히려 부정적인 태도를 가지게 하여 지속적인 실천을 방해할 수 있다. 예를 들어, 한번도 본 적이 없고 언제 볼 수 있을지도 모르는 북극 지방의 이야기를 들려주고 이를 위해 우리가 해야 할 일들을 선언문으로 작성하여 반복적으로 낭독하는 것이 과연 유아의 지속가능한 삶 실천과 어떤 관계가 있는지 되짚어볼 필요가 있다. 유아가 이해할 수 없고 관심이 없는, 성인이 중요하다고 생각하는 문제를 환경보존이라는 측면에서 반복해서 실천하도록 강요하는 것이 아니라 유아 스스로 일상생활 속에서 문제가 무엇인지 느끼고 이해하며 문제해결을 위해 실천해 나갈 수 있도록 해야 한다. 이때 생태계의 한 구성원인 유아의 역량에 대한 인정과 존중이 중요하다. 이와 같은 존중에 기반을 둔 균형 잡힌 교육경험을 통해, 유아는 점차 지속가능성에 대한 사고의 틀을 형성하고 지속가능한 삶을 실천해가는 환경관련 역량을 함양하게 될 것이다.

이상에서 지속가능발전 지향 유아환경교육의 목적과 목표에 대해 살펴보았다. 이와 연계하여 다음 장에서는 지속가능발전 지향 유아환경교육내용에 대해 구체적으로 제시하고자 한다.

지속가능발전 지향 유아환경교육의 내용

Early Childhood Environmental Education for Sustainable Development

CHAPTER 5

4장에서 우리는 지속가능발전 지향 유아환경교육의 목적과 목표를 살펴보았다. 지속가능발전 지향 유아환경교육은 지속가능한 삶을 실천하기 위한 세계 시민으로서의 환경기초소양을 함양하는 데에 그 목적을 두고 있다. 이를 위해 감성, 지식, 태도, 실천 네 영역의 목표를 균형 있게 교육하는 것을 중요시한다.

이러한 목적과 목표가 제대로 달성되기 위해서는 적절한 교육내용을 구성하는 일이 뒤따라야 한다. 여러분은 이런 교육목적 하에서 어떤 교육내용을 선정하겠는가? 한 가지씩 생각해 보자.

내가 생각하는 지속가능발전 지향 유아환경교육의 내용	
적어 보기:	왜 그것을 선정하였는가?

자, 그럼 구체적으로 지속가능발전 지향 유아환경교육의 목적과 목표에 부합되는 가치 있는 내용은 무엇인지에 대하여 알아보도록 하자. 먼저, 지속가능발전 지향 환경교육내용 구성의 기초로서 환경부와 교육부의 국가 수준 자료를 검토하고자 한다.

1. 지속가능발전 지향 유아환경교육의 내용의 기초

교육내용 선정을 위해 크게 3가지 범주의 자료가 활용되었다. 그것은 지금까지 나온 유아기 지속가능발전교육 관련 문헌들, 공신력 있는 국가 기관에서 나온 학교교육에서의 환경교육 기준, 그리고 유치원 교육과정 제정 당시부터 지금까지 유치원 교육과정에서 강조해 온 환경교육내용이다. 이 모든 자료를 참고하여 현 시점에서 어떤 내용이 들어가는 것이 적합한지 필자들이 종합하여 환경교육내용을 선정하였다. 이 중 유아기 지속가능발전교육 관련 문헌은 1장부터 4장에 걸쳐 부분적으로 소개를 하였기 때문에 여기서는 환경부 국가 수준 환경교육 기준에 제시된 유치원 환경교육기준(환경부·한국환경교육학회, 2014)과 국가 수준 유치원 교육과정에서 제정 당시부터 지금까지 강조해 온 환경교육내용을 제시하고자 한다.

가. 환경부 국가 수준 환경교육 기준에 제시된 유치원 환경교육 기준

환경부 국가 수준 환경교육 기준 개발 연구(환경부, 한국환경교육학회, 2014)에 제시된 유치원 환경교육기준의 영역별 중점지도 분야는 〈표 5-1〉과 같다.

표 5-1 유치원 환경교육 기준의 영역별 중점지도 분야

대영역	중영역	연령(세)		
		3	4	5
환경관과 환경윤리	• 환경관	○	○	○
	• 환경윤리와 환경 정의	○	○	○
	• 전통과 환경 지혜			○
환경의 구성	• 자연환경	⊙	⊙	⊙
	• 생활환경	○	○	○
환경문제	• 공기	○	○	○
	• 물과 바다	○	○	○
	• 흙	○	○	○
	• 폐기물		○	○
	• 소음과 진동	○	○	○
	• 유해화학물질			○
	• 자연재해			○
	• 자원과 에너지	○	○	⊙
인간 활동과 환경	• 시장경제와 환경	○	○	○
	• 사회 활동과 환경		○	○
	• 문화 활동과 환경	○	○	○
	• 건강과 환경	○	○	⊙
	• 복지와 환경	○	○	○
지속가능발전	• 지속가능발전교육			○
	• 거버너스와 공동체			
	• 국제협력			
환경현상탐구	• 관찰 및 발견	○	⊙	⊙
	• 조사 및 분석	○	○	○
환경감수성과 배려	• 환경감수성 기르기	⊙	⊙	⊙
	• 환경에 대한 배려	⊙	⊙	⊙
환경문제해결	• 쟁점탐구			○
	• 대안제시			○
환경보전 실천	• 절약하기	⊙	⊙	⊙
	• 참여하기	⊙	⊙	⊙

표에서 ⊙ 표시는 유치원에서 많이 강조할 필요가 있다는 것이며 ◌ 표시는 보통 정도 그리고 공란은 지도하지 않아도 좋다는 것이다. 구체적으로 살펴보면, 9가지 대영역 중에서 유치원에서는 특히 '환경감수성과 배려', '환경보전 실천' 영역의 전체 내용과 '환경의 구성' 영역의 '자연환경' 관련 내용을 3, 4, 5세 모든 연령에서 중점적으로 지도하도록 하고 있다. 이에 더하여 '환경현상의 탐구' 영역의 '관찰 및 발견' 관련 내용은 4세와 5세에서 다룰 수 있으며, 5세의 경우는 '환경문제' 영역의 '자원과 에너지' 관련 내용과 '인간 활동과 환경' 영역의 '건강과 환경' 관련 내용도 다룰 필요가 있다고 제시하고 있다.

이와 같이 유아기에는 환경교육 전 영역의 내용 중에서 특히 환경을 느끼고 배려하는 정의적인 부분과 직접 행동하고 참여하는 실천적인 부분의 내용이 강조되어야 함을 알 수 있다. 지식 측면에서는 자연환경에 중점을 두되, 개념 그 자체보다는 유아가 스스로 그 의미를 구성해가도록 구체적인 경험을 제공하는 것이 중요하다.

나. 국가 수준 유치원 교육과정과 지도 자료에 포함된 환경교육내용

우리나라 국가 수준 유치원 교육과정은 생활주제 중심 통합적 교육과정으로서 환경교육의 내용을 별도로 제시하고 있지는 않지만 교육과정안에 환경교육의 내용을 포함하고 있음을 볼 수 있다. 국가 수준 유치원 교육과정[1]과 관련 지도 자료에서 환경교육 관련하여 어떤 내용이 다루어져 왔는지 1차 유치원 교육과정부터 정리(지옥정, 2016)[2]해 보면 〈그림 5-1〉과 같다.

1) 국가 수준의 유치원 교육과정은 1차는 1969년(생활 영역별 내용체계), 2차 1979년(발달 영역별 내용체계), 3차 1981년(발달 영역별 내용체계), 4차 1987년(발달 영역별 내용체계), 5차 1992년(생활 영역별 내용체계), 6차 1998년(생활 영역별 내용체계), 2007년 개정 유아교육과정(생활 영역별 내용체계), 2011년 5세 누리과정, 2012년 3~5세 누리과정으로 변화되어 왔다.

2) 이 절의 내용은 지옥정(2016). 누리과정에서 범교육과정의 통합적 운영: 녹색성장교육을 중심으로, 2016년 유치원 컨설팅장학요원 직무연수(기초 2), pp. 65-92.(한국교원대학교 유아교육원)의 내용을 토대로 수정·보완 하였음.

▪ 1차~4차 유치원 교육과정: '환경의 구성'에 관한 것이 대부분

- 1969년 1차: 자연생활 영역–자연과 동식물 관찰, 동식물 기르기, 천체의 여러 모양 관찰하기 등
- 1979년 2차, 1981년 3차, 1987년 4차: 주로 인지발달 영역을 중심으로 자연현상, 동식물의 특성 즉 '환경의 구성'에 관한 것이 환경교육 관련 주 내용

↓

▪ 1992년 5차

'환경의 구성'과 더불어 '환경 문제', '인간 활동과 환경문제' 관련 내용의 비중이 높아짐– '주변 환경보전하기', '경제생활에 관심 가지기' 등에서 쓰레기 줄이는 방법, 물건 재활용, 물이나 전기 절약 등

↓

▪ 1998년 6차

이전 내용에 더하여 '환경문제'가 더 비중 있게 다루어지게 됨. 즉, 건강생활 영역에서 **'환경오염이나 재난에 대비하기' 처음으로 제시**– '오염된 환경에서 안전하게 생활하는 방법을 알아보고 대피 훈련을 해 보는 것'

↓

▪ 2002년 교육부의 『유아를 위한 환경보전 교육활동 자료』

정부 차원에서 유아교육 현장에 제공해 준 첫 번째 환경교육 전문자료. '음식을 중심으로'라는 부제를 달고 있을 만큼 그 내용이 식생활에 한정되어 있음

▪ 2006년 환경부의 『유아환경교육 프로그램』

11개의 환경교육 주제를 중심으로 대 · 소집단 활동과 자유선택 활동 제시. 11개의 주제는 깨끗한 생할, 깨끗한 물의 보전, 깨끗한 공기의 보전, 깨끗한 흙의 보전, 식물보호, 동물보호, 물건절약, 쓰레기 줄이기, 음식, 소음 줄이기, 에너지 절약이다. 이를 보면 환경교육내용을 폭넓게 다루는 한편, 특히 물, 공기, 흙, 동식물 등 자원의 보전을 중요하게 다루고 있음

↓

▪ 2007년 개정

특별한 변화–인간중심 아닌 생태적 관점에서 **'인간과 자연 존중' 강조**, 이 관점을 목표, 내용, 교수 · 학습 방법, 평가에 고루 반영되도록 하고 있음

↓

- **2011, 5세 누리과정, 2012년 3~5세 누리과정**
  - 인간과 자연존중을 지속적으로 강조
  - 지속가능발전교육의 실천방안으로 '녹색성장교육'을 강조함

- **2012년 '유치원 교육과정 운영 지원을 위한 유아녹색성장교육 프로그램'**
  지향하는 바는 지속가능발전이며, 이를 위해 유아들이 자연환경을 이해하고, 환경문제를 인식하며, 그 해결을 위해 지역사회 주민으로서, 더 나아가 지구 시민으로서 어떤 역할을 해야 하는지 알고 실천하도록 하는 내용을 다루고 있음

그림 5-1 국가 수준 유치원 교육과정 및 관련 자료에 나타난 환경교육내용

먼저 유치원 교육과정이 처음 제정된 1969년 1차 유치원 교육과정부터 4차 유치원 교육과정까지에 나타난 환경교육 관련 내용은 '환경의 구성' 그중에서도 자연환경에 관한 것이 대부분이었다. 예를 들어 1차 유치원 교육과정 일반목표 3)에는 '자연과 사회의 제 현상에 관심을 가지도록 하며, 과학적이고 민주적인 사고력이 싹트도록 한다.'라고 되어 있으며 연계된 내용으로는 주로 자연생활 영역에서 자연과 동식물 관찰, 동식물 기르기, 천체의 여러 모양 관찰하기 등을 제시하고 있다. 이어 1979년 2차, 1981년 3차, 1987년 4차 교육과정에 제시하고 있는 것도 주로 인지발달 영역을 중심으로 자연현상, 동식물의 특성, 즉 '환경의 구성'에 관한 것이 환경교육 관련 주 내용이다. 그런데 1992년 5차 교육과정부터는 환경교육 관련 내용으로 '환경의 구성'과 더불어 '환경 문제', '인간 활동과 환경문제' 관련 내용의 비중이 높아졌다. '주변 환경보전하기', '경제생활에 관심 가지기' 등에 나타나 있는 쓰레기 줄이는 방법, 물건 재활용, 물이나 전기 절약 등이 그것이다.

이후 1998년 6차 유치원 교육과정에서는 이전 교육과정에서 다루어 오던 내용에 더하여 건강생활 영역에서 '환경오염이나 재난에 대비하기'가 처음으로 제시되었다. 이것은 우리나라 환경오염 정도가 그만큼 심각한 수준에 이르렀다는 것을 반영하는 결과이기도 하다. 그 세부 내용은 '오염된 환경에서 안전하게 생활하는 방법을 알아보고 대피 훈련을 해 보는 것'이다. 이때부터 환경교육 관련 내용으로서 '환경문제'가 더 비중 있게 다루어진 것을 알 수 있다.

6차 유치원 교육과정에서 다음 교육과정 개정까지는 약 10년 정도의 기간이 있었는데 그동안 교육부(2002)에서는 『유아를 위한 환경보전 교육활동자료』를 내놓았다. 이 자료는 정부 차원에서 유아교육 현장에 제공해 준 첫 번째 환경교육 전문자료라는 의미는 있었으나 '음식을 중심으로'라는 부제를 달고 있을 만큼 그 내용이 식생활에 한정되어 있었다. 2006년에는 환경부에서 특별히 유아들을 대상으로 하는 『유아환경교육 프로그램』을 3세용, 4세용, 5세용으로 나누어 교육 현장에 보급하였다. 이 자료는 11개의 환경교육 주제를 중심으로 대·소집단 활동과 자유선택 활동으로 나누어 편성되어 있는데, 그 주제는 깨끗한 생활, 깨끗한 물의 보전, 깨끗한 공기의 보전, 깨끗한 흙의 보전, 식물보호, 동물보호, 물건절약, 쓰레기 줄이기, 음식, 소음 줄이기, 에너지 절약이다. 이를 보면 환경교육내용을 폭넓게 다루는 한편, 특히 물, 공기, 흙, 동식물 등 자연 자원의 보전을 중요하게 다루고 있음을 알 수 있다.

다음, 2007년 개정 유치원 교육과정은 환경교육과 관련하여 볼 때, 이전의 교육과정과 분명하게 구분되는 특별한 변화가 있었다. 이전까지는 인간중심에서 환경을 바라보는 관점이었다면 2007년 개정 유치원 교육과정부터는 생태적 관점에서 환경을 바라보는 관점으로 확실하게 자리 이동하였기 때문이다. 이는 교육과정의 기본 방향 첫 번째가 "사람과 자연을 존중하고 사랑하는 세계관 강조"이며(교육과학기술부, 2008, 28), 유치원 교육과정 개정의 중점 첫 번째가 "사람-자연 존중의 가치관 강조"(교육과학기술부, 2008, 32)라는 진술에서 잘 드러난다. 이 관점을 목표, 내용, 교수·학습 방법, 평가에 고루 반영되도록 하고 있다는 점에서 2007년 개정 유치원 교육과정은 기존 교육과정에서 환경교육을 바라보던 것과는 근본적인 차이가 있다.

'누리과정'은 유치원의 교육과정과 어린이집의 표준보육과정을 통합하는 교육과정으로서 5세를 위한 누리과정은 2011년에 공포되어 2012년부터, 그리고 2012년에는 3~5세 누리과정이 공포되어 2013년부터 유치원과 어린이집에 공통으로 적용되고 있다. 환경교육 차원에서 누리과정이 이전의 교육과정과 다른 점은 '녹색성장교육'을 강조하고 있다는 점이다. 『5세 누리과정 운영지원을 위한 교수 연수 자료집』(교육과학기술부·육아정책연구소·보건복지부, 2012)에는 '유아교육에서의 녹색성장추진 방향'을 어릴 때부터 녹색생활 실천, 녹색생활의 체화, 녹색환경교육 강화의 3가지로 제시하고 있다.

이상에서 볼 수 있듯이 유치원 교육과정에 포함된 환경교육 관련 내용은 오랫동안 주로 자연환경에 국한되어 있다가 5차부터 환경문제 관련 내용이 부각되기 시작하였으며, 6차에서 환경교육내용의 폭이 넓어짐과 동시에 환경문제의 비중이 높아졌고 자연자원의 보전 또한 중요시하게 되었음을 알 수 있다. 이후 2007년 개정 교육과정부터 지속가능발전과 그 맥을 같이 하는 사람-자연 존중 가치를 전체 교육과정에 반영하도록 하였으며 이는 현재의 2015 개정 유치원 교육과정까지 지속되고 있다. 특히 누리과정 제정부터 환경교육에 지속가능발전 가치가 부각되고 국가 수준 환경교육 기준과 연계하여 유아환경교육의 내용을 구체화하고 있음에 주목할 필요가 있다.

다. 종합

이상에서 살펴본 환경교육내용의 특징적인 점을 종합해 보면, 유아환경교육의 내용은 첫째, 국가 수준의 환경교육체제와 연계하여 구성하되 유아기의 특징을 살리는 내용으로 구성하는 것이 바람직하다. 둘째, 환경교육 전 영역의 내용을 포괄적으로 다루되 감수성이나 자연환경에 좀 더 초점을 두는 것이 적절하다. 셋째, 분절된 내용에 초점을 두기보다는 인간과 자연에 대한 존중의 가치가 내면화될 수 있도록 한다. 넷째, 단편적인 내용이 아니라 관계를 인식할 수 있는 내용을 부각한다. 다섯째, 유아의 생활 속에서 지속적인 실천과 참여가 가능한 내용으로 한다. 여섯째, 유아뿐 아니라 기관, 가정, 지역사회, 나아가 세계가 함께할 수 있는 내용으로 한다.

2. 지속가능발전 지향 유아환경교육의 내용

이 절에서 제시하는 지속가능발전 지향 유아환경교육의 내용은 지속가능발전 지향 환경교육의 가치와 목적 및 목표를 기반으로 하면서, 앞에서 종합한 환경교육의 내용을 반영한 것이다. 지속가능발전 지향 유아환경교육의 내용을 대영역과 중영역 및 세부 교육내용으로 나누어 구체적으로 제시해 보면 다음과 같다.

표 5-2 지속가능발전 지향 유아환경교육의 내용

대영역	중영역
1. 환경감수성과 윤리의식 증진	1-1. 환경에 대한 감수성과 배려
	1-2. 환경윤리
2. 환경구성 이해	2-1. 자연환경과 인간
	2-2. 생활환경과 인간
3. 환경문제인식 및 대처	3-1. 환경오염
	3-2. 기후변화 및 지구 온난화
	3-3. 자원고갈 및 생태계 파괴
	3-4. 환경문제 대처
4. 지속가능발전을 위한 생활실천	4-1. 바른 식생활
	4-2. 자원 · 에너지 절약 및 재활용
	4-3. 주변 환경 정리 및 깨끗한 환경 유지
	4-4. 신재생 에너지 이해 및 이용
5. 지속가능발전을 위한 시민의식 증진	5-1. 지역사회 주민으로서의 역할 참여
	5-2. 세계 시민으로서의 역할 참여

가. 환경감수성과 윤리의식 증진

환경감수성과 윤리의식 증진이란 생활 속에서 환경의 아름다움과 변화를 느끼고 환경에 대해 바른 가치관과 태도를 형성하는 것으로서, '환경에 대한 감수성과 배려' 및 '환경윤리' 증진을 위한 내용을 포함한다.

표 5-3 환경감수성과 윤리의식 증진 관련 환경교육내용

대영역	중영역	세부 교육내용
1. 환경 감수성과 윤리의식 증진	1-1. 환경에 대한 감수성과 배려	• 자연환경의 아름다움과 소중함 느끼기 • 자연환경에 관심 가지기 • 동식물 배려하기
	1-2. 환경윤리	• 환경을 소중히 하는 마음 가지기 • 환경을 지키려는 태도 가지기

1) 환경에 대한 감수성과 배려

'환경에 대한 감수성과 배려'란 주변 환경과 생명체에 대해 관심을 가지고 존중하는 마음으로 바라보면서 그 자체에 공감하는 것을 의미한다. 이는 단순히 환경의 아름다움을 느낄 뿐 아니라 모든 생명체의 소중함을 느끼고 환경이 파괴되거나 오염되어 안타깝게 여기는 마음까지를 포괄한다. 기존의 환경교육이 자연환경에 대한 인식을 형성하기 위해 인지적으로 접근했다면 앞으로의 환경교육은 '책임 있는 환경행동'을 기르기 위해 정의적 측면을 주목할 필요가 있다는 관점에서 환경에 대한 감수성과 배려의 중요성이 강조된다. 특히 환경감수성과 배려 관련 내용은 지식과 기술 습득 관련 내용보다 환경에 대한 긍정적인 인식을 통해 행동과 태도의 변화를 이끄는 유아기에 중요하다.

'환경에 대한 감수성과 배려'에서는 '자연환경의 아름다움과 소중함 느끼기', '자연환경에 관심 가지기', '동식물 배려하기' 등과 같은 세부 교육내용을 구성할 수 있다. 이를 위해 유아교육기관에서 유아들에게 가능한 한 자연에 나가서 활동하

는 시간을 충분히 가질 수 있도록 하는 것이 도움된다. 그러나 먼 곳으로 이동해야만 할 수 있는 특별한 자연체험 활동보다는 일상생활 속에서 자연을 느낄 수 있는 간단한 활동을 지속적으로 계획하고 실천하는 것이 보다 바람직하다. 유아교육기관 운동장이나 가까운 공원에서 봄, 여름, 가을, 겨울 계절의 아름다움과 변화를 느낄 수 있는 간단한 활동을 하는 것이다. 예를 들어, 봄에 '목련 꽃 풍선 불기' 활동을 할 수 있다. 아래의 그림은 경남의 한 유치원에서 바깥놀이 시간에 이 활동을 하는 장면이다. 이 활동은 목련 꽃잎을 풍선처럼 후~ 불어보는 활동으로서, 먼저 나무 밑에 떨어진, 상처가 없는 싱싱한 꽃잎을 골라 가위로 꽃잎 윗부분을 자르고 다음으로 자른 곳에 틈이 생기도록 손으로 살살 문질러 벌린 뒤 마지막으로 벌어진 꽃잎 부분에 입을 대고 불어서 부풀리는 것이다. 매우 단순한 것처럼 보이는 활동이지만 섬세함을 요하는 활동이어서 부는 사람의 집중이 필요하다. 자연스럽게 목련 꽃 풍선 불기를 하면서 목련 꽃의 촉감이나 향기, 꽃잎의 모양 등을 느끼게 되며 이러한 과정을 통해 유아는 물론 교사 또한 자연스럽게 환경 감수성을 기르게 된다.

후~~ 목련 꽃 풍선 불기

목련 꽃 날리기

그림 5-2 목련 꽃 풍선 불기

이 활동에서 반드시 기억해야 할 점은 단순히 잘 부는 활동에 초점을 두어서는 안 된다는 것이다. 목련이 핀 나무를 보고 아름다움을 느끼며, 목련 꽃과 주변의 다른 꽃들이 각기 독특한 모양과 색을 가지고 있다는 점 그리고 그 주변에서 볼 수 있는 아주 작은 개미나 풀잎 하나도 소중한 존재라는 점을 연계해야 한다. 이를 통해 우리 모두도 각기 다르며 아름다운 존재라는 점을 인식하고 생명의 소중함을 느낄 수 있도록 해야 지속가능발전교육의 핵심 가치 중 하나인 '생태적 다양성 존중'과 '어린이 지구헌장(Little Earth Charter)'의 제1원리인 '생명'을 느낄 수 있는 환경교육 활동이 될 수 있다.

2) 환경윤리

'환경윤리'란 환경에 대한 바른 태도와 가치관을 형성하는 것으로서 주위의 환경과 환경문제에 관심을 가지고 환경을 소중히 하는 마음을 가지는 것이다. 어린 시절에 형성된 가치와 태도는 성인기까지 지속되는 특성이 있기 때문에 유아기에 바르게 사고할 수 있는 역량을 기르는 것이 필요하다.

'환경윤리'와 관련해서는 '환경을 소중히 하는 마음 가지기'와 '환경을 지키려는 태도 가지기' 등과 같은 세부 교육내용을 구성할 수 있다. 이러한 교육내용은 생활 속에서 풀 한 포기, 작은 곤충 하나도 함부로 하지 않는다거나 종이 한 장, 물 한 컵이라도 적절하게 사용하는 것, 견학을 갔을 때 돌이나 흙 등 자연물을 들고 오지 않는 것과 같은 생활 속 활동을 통해 실천될 수 있다. 여기서 무엇보다 중요한 점은 분리된 단편적인 활동을 통해 환경윤리를 가르치는 것이 아니라 유아교육기관 전체 활동 속에 환경윤리가 녹아 있도록 해야 한다는 것이다. 즉, 지속가능발전 지향 환경교육의 기본 가치인 '존중'과 그 맥을 같이하도록 윤리의식 활동이 이루어져야 한다.

자연과 환경을 소중히 여기고 지키는 사고를 바르게 형성하도록 돕기 위해서는 활동과정 속에서 무의식적으로 가치와 상치되는 일이 벌어지지 않도록 유념해야 한다. 앞의 예로 제시했던, '목련 꽃 풍선 불기' 활동을 할 경우 목련 꽃을 불면서 자연의 아름다움을 느끼게 한다고 하면서 목련 꽃을 함부로 따는 행동을 한다면 이는 가치와 상치되는 것이므로 적절하지 않다. 또 다른 예로 '맑은 물'이라는 주제를 다룬다고 할 때 유아들에게 환경오염의 영향을 알려준다고 하면서 교사가 화초에 독한 세제를 넣은 물을 부어 화초가 점점 죽어가는 것을 유아들에게 경험해 보게 하는 것은 다양한 생명공동체 존중에 위배되는 활동임과 동시에 환경을 소중히 하고 지키려는 마음과 태도 형성이라는 윤리의식에 위배된다. 이와 같이 윤리의식 증진을 위해서는 계획한 활동내용뿐 아니라 잠재되어 있는 교육내용까지 지속가능발전교육에서 추구하는 가치인 인권 존중, 미래 세대 존중, 문화적 다양성 존중, 생태적 다양성 존중에 위배되지 않는지 살펴보아야 할 것이다.

나. 환경구성 이해

환경구성 이해란 인간을 둘러싸고 있는 자연환경과 생활환경의 특성과 관계에 대해 이해하는 것으로서, '자연환경과 인간'과 '생활환경과 인간' 관련 내용을 포함한다.

표 5-4 환경구성 이해 관련 환경교육내용

대영역	중영역	세부 내용
2. 환경구성 이해	2-1. 자연환경과 인간	• 생물의 특성 알아보기 • 무생물의 특성 알아보기 • 생태계 관계 알아보기 • 계절의 변화와 기후 알아보기
	2-2. 생활환경과 인간	• 우리 집, 유치원, 동네의 환경 알아보기 • 다양한 교통기관과 환경과의 관계 알아보기

1) 자연환경과 인간

'자연환경과 인간'이란 인간을 둘러싼 자연환경과 생태구성원의 특성을 파악하고 상호관련성을 인식하는 것이다. 지속가능발전 지향 유아환경교육에서는 인간과 환경 간, 생명체 구성원 간, 우리나라와 세계 등 상호관계를 중요시한다. 즉, 모든 개체가 독자적으로 존재할 수 없고 상호 유기적인 관계 속에서 지속적으로 발전해간다는 것을 인식하고 이를 실천할 수 있는 역량을 기르는 것에 초점을 둔다. 따라서 자연환경과 인간에 대한 이해에서도 이러한 '관계'에 대한 이해의 폭을 넓혀갈 수 있는 기초를 쌓도록 해야 한다. 단순히 생물과 무생물이나 계절의 특성을 알아가는 것이 아니라 인간과 자연환경과의 관계성에 초점을 둔다.

'자연환경과 인간' 영역에서는 '생물의 특성 알아보기', '무생물의 특성 알아보기', '생태계 관계 알아보기', '계절의 변화와 기후 알아보기' 등의 세부 내용을 다룰 수 있다. 이를 위하여 유아교육기관에서 할 수 있는 활동은 3~5세 연령별 누리과정 교사용 지도서의 생활주제『동식물과 자연』과『환경과 생활』에서 쉽게 찾아볼 수 있다. 따라서 여기서는 활동을 소개하기보다는 유아교육기관에서 흔히 하는 동식물 기르기 활동을 예로 들어 지속가능발전 지향 환경교육이라는 점에서 어떠한 점을 유념해야 할지에 대해 언급하고자 한다.

생명체를 직접 길러보는 활동은 유아들에게 그 생물의 특성을 이해하게 할 뿐 아니라 서로 교감하면서 감수성을 기를 수 있게 하는 매우 가치 있는 활동이다. 단, 여기서 두 가지 점에 유의하여야 하는데, 첫 번째는 앞에서 언급하였듯이 단순히 동식물의 특성에 대한 지식을 알게 하는 것에 초점을 두는 것이 아니라 관계를 중요시해야 한다는 점이다. 예를 들어, 씨앗의 특성이라 할지라도 씨앗의 이름이나 단단함의 정도, 색깔 등과 같은 단편적인 지식 그 자체보다는 씨앗이 여무는 것이 자연생태계 안에서 어떠한 의미가 있는지, 씨앗은 어떻게 퍼져 나가며 여기서 영향을 미치는 생태계 다른 구성원들과의 관계는 무엇인지 알아보고 느끼는 것에 초점을 둔다. 물론 이때 유아의 발달 수준에 맞는 내용으로 접근하는 것이 중요하며, 이를 위해 아래 제시된『씨앗들의 이야기』와 같은 상호관련성이 부각되는 동화를 활용할 수 있다.

표 5-5 『씨앗들의 이야기』 동화

<table>
<tr><th colspan="2">씨앗들의 이야기
지옥정 글</th></tr>
<tr><th>동화 내용</th><th>동화장면</th></tr>
<tr><td colspan="2">씨앗이 엄마 나무 곁을 떠나 다른 곳에 뿌리를 내리려고 해요. 어떤 방법으로 씨앗은 다른 곳에 갈 수 있을까요? 씨앗은 다리도 없는데요. 비밀을 알려줄게요. 씨앗은 저절로 땅에 떨어져 싹을 틔우기도 하지만 주변에서 도움을 받기도 한답니다. 어떤 도움을 받느냐고요? 잘 들어 보세요.</td></tr>
<tr><td>(감): 우린 사람이 심어 주지요. 땅에 떨어진 열매에 흙이 덮여 저절로 싹이 나기도 하고요. 내 사촌인 사과도 나와 똑같답니다.</td><td></td></tr>
<tr><td>(할미꽃): 호호호, 우리는요. 바람님의 도움을 받아요. 씨앗에 날개를 달아준 다음 바람이 많이 부는 날, 둥실둥실 바람에 날려 보낸답니다. 바람님, 고마워요.</td><td></td></tr>
<tr><td>(찔레꽃): 헤헤~ 우린 좀 비밀인데, 살짝 말해 줄게요. 사실은요. 새들이 우릴 먹고 멀리 날아가서 똥으로 누면요. 양분을 잔뜩 가지고 싹을 잘 틔울 수가 있답니다. 더 좋은 것은 새의 몸을 통과하는 동안 씨앗 껍질이 얇아져 있어 씨앗 틔우기가 쉽다는 거예요.</td><td>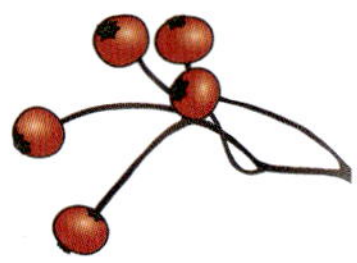</td></tr>
<tr><td>(도깨비바늘): 우리 이름 무섭지요? 히히~. 이름만 무서운 게 아니랍니다. 우리 씨앗에는 작은 갈고리가 붙어 있답니다. 그 갈고리로요. 사람이나 동물이 지나가면 착 붙거든요. 그러면 갈고리 때문에 떨어지지 않고 멀리까지 갈 수가 있답니다. 우리들 정말 기술이 좋지요?</td><td></td></tr>
<tr><td>(콩): 팡 톡톡 토도톡. 이게 무슨 소리냐 하면요. 바로 오늘 콩알들이 튀어나온 소리예요. 우리들 씩씩하지요? 콩알이 다 여물고 햇빛이 쨍쨍하게 나온 날 '하나, 둘, 셋' 한 다음에 일제히 밖으로 튀어나온답니다. 잘 튀어나와서 굴러갈 수 있도록 몸도 동그랗답니다. 어때요? 우리들 귀엽지요?!</td><td></td></tr>
<tr><td colspan="2">이렇게 해서 씨앗들은 멀리멀리 퍼져 나갈 수 있게 되었답니다.</td></tr>
</table>

두 번째로 동식물 기르기는 반드시 생명체에 대한 배려와 존중을 기반으로 해야 한다는 점이다. 누리과정에서 사람-자연 존중가치를 강조하면서 유치원 교실에서 작은 화분을 기르거나 개미, 올챙이, 거북이, 장수풍뎅이 등 여러 작은 동물을 기르는 경우가 많아졌다. 그러나 과연 이러한 활동이 동식물에 대한 존중을 기반으로 이루어지고 있는지에 대해서는 의문이 가는 경우가 종종 있다. 교실 안에서 제대로 자라지 못하고 죽어가는 화분이나 처음에 반짝 유아들이 관심을 가지다가 한구석에 방치된 개미집을 쉽게 볼 수 있는데, 이는 오히려 작은 생명체는 함부로 해도 된다는 잘못된 인식을 유아에게 심어줄 수 있다. 특히 지속가능발전 지향 환경교육에서는 존중에 대한 가치가 기반이 되지 않은 단순 기르기 활동이 되지 않도록 특히 유의해야 한다.

2) 생활환경과 인간

'생활환경과 인간'이란 주거, 산업, 교통 등 인간생활환경 전반의 특징을 알아보고 상호관계성을 인식하는 것이다. 앞서 언급하였듯이 지속가능발전 지향 환경교육에서는 관계를 중요시하므로 자연환경과 마찬가지로 생활환경에서도 생활환경의 여러 특성 그 자체보다는 이러한 특성과 우리 생활이 어떠한 관련성을 가지는지 파악하게 하는 것이 중요하다.

'생활환경과 인간' 영역에서는 '우리 집, 유치원, 동네의 환경 알아보기', '다양한 교통기관과 환경과의 관계 알아보기' 등의 세부 내용을 다룰 수 있다. 이를 위해 유아교육기관이나 가정에서 생활하기 위해 필요한 물건을 찾아보고 이것이 꼭 필요한지, 많으면 좋은지, 없어도 되는 물건은 없는지, 만일 그것이 없다면 어떠한지 등과 같이 가까이에서 늘 사용하고 있는 간단한 생활 속 물건의 특성과 생활의 관련성을 알아보는 활동을 할 수 있다. 여기서 중요한 점은 성인의 생활이 아니라 유아의 생활을 중심으로 해야 한다는 점이다. 하나의 예로 유아들이 좋아하는 놀잇감을 중심으로 하여 이 놀잇감이 꼭 필요한지, 이것이 없다면 놀 수 없는지, 이 놀잇감이 많으면 좋은지, 모든 방이 놀잇감으로 가득 찬다면 어떻게 될지 등과 같은 활동을 해 볼 수 있다. 실제로 한 유치원에서 방과 후 과정 시간에 놀잇감이 없는 일주일을 정해 놀이하게 한 경우 긍정적인 결과가 나타났다. 이 활동을 통해 유아들은 놀잇감이 없어도 놀 수 있다, 그러나 더 재미있게 놀기 위해서는 놀잇감이 필요하다, 놀잇감을 사려면 돈이 든다, 놀잇감이 있다면 이를 정리해야 하는 수고가 따른다, 너무 많을 경우 다 가지고 놀 수 없고 정리가 되지 않아 오히려 놀이에 방해가 된다… 등과 같은 것을 직접 경험으로 깨달을 수 있었다.

또 자유선택 활동에 유아들이 직접 교실 안과 밖이나 동네를 둘러보며 관심이 가는 부분을 사진으로 찍고 이를 다시 보며 이야기 나누는 활동을 할 수 있다. 교사와 유아가 함께 아름다운 길이나 장소 또는 그 반대의 사진을 보면서 어떠한 느낌과 생각이 드는지, 이러한 환경이 우리에게 어떠한 이로움과 불편함을 주는지, 우리가 해야 할 일은 무엇인지 등에 대해 함께 공유함으로써 생활환경과 인간의 관계성을 인식하고 이러한 인식이 실천으로 이어질 수 있는 기반을 마련할 수 있다.

유아교육과정 자체가 생활중심 교육과정이며 여기서의 생활이란 유아의 생활을 의미하는 것에도 불구하고 우리는 종종 생활의 범위를 유아가 아닌 성인의 생활로 지나치게 확장하는 오류를 종종 범한다. 지속가능발전 지향 유아환경교육에서는 성인이 아닌 '유아의 생활환경'에 초점을 둠으로써 유아기부터 자신에게 직접적으로 영향을 미치는 생활환경에 대해 바르게 인식하여 유아의 삶 속에서 지속가능한 삶을 실천하고 이것이 지속될 수 있도록 하는 것이 중요하다.

다. 환경문제 인식 및 대처

환경문제 인식 및 대처란 물, 공기, 흙, 소음, 쓰레기 등과 같은 환경의 주요쟁점 문제를 파악하고 해결책을 탐색하는 것으로서, '환경오염', '기후변화 및 지구온난화', '자원고갈 및 생태계 파괴', '환경문제 대처' 관련 내용을 포함한다.

표 5-6 환경문제 인식 및 대처 관련 환경교육내용

대영역	중영역	세부 교육내용
3. 환경문제 인식 및 대처	3-1. 환경오염	• 환경오염 현상 및 원인에 관심 가지기 • 환경오염이 인간생활과 생태계에 미치는 영향에 관심 가지기
	3-2. 기후변화 및 지구 온난화	• 지구 온난화로 인한 기후 변화에 관심 가지기 • 지구 온난화가 인간생활과 생태계에 미치는 영향에 관심 가지기
	3-3. 자원고갈 및 생태계 파괴	• 환경문제로 어려움에 처한 동식물 알아보기
	3-4. 환경문제 대처	• 환경오염 및 재해를 막는 방법 알아보기 • 환경오염 및 재해에 대처하는 방법 알아보기

1) 환경오염

'환경오염'이란 인간생활 및 생태계와 밀접히 연관되어 있는 물이나 공기, 흙 등이 오염되어 있는 상황과 그 원인 및 영향에 대해 관심을 가지는 것이다. 지속가능발전 지향 환경교육에서는 지식과 이해만이 아니라 이것을 실천으로 연결하는 것이 중요하다. 따라서 환경오염의 내용은 분리되어 다루어지기보다는 이에 대한 대처방법을 알아보고 실천하는 것과 연계하여 확장하는 것이 바람직하다.

'환경오염'에서는 '환경오염 현상 및 원인에 관심 가지기', '환경오염이 인간생활과 생태계에 미치는 영향에 관심 가지기'와 같은 세부 내용을 다룰 수 있다. 이를 위한 활동의 한 예로 봄에 황사가 올 때 왜 이러한 일이 일어나는지, 우리에게 어떠한 영향을 주는지, 생활에 어떠한 문제를 가져오는지, 어떻게 대처해야 하는지, 이러한 현상을 막기 위해 우리가 할 수 있는 것은 무엇인지 등에 대한 활동을 할 수 있다. 여기서 중요한 점은 황사가 무엇이고 왜 생기는지에 대한 단편적인 지식에 초점을 두는 것이 아니라 이것이 우리의 건강에 어떠한 문제를 일으키고 어떠한 불편을 주며 그 손실이 어떠한지 다양한 측면에서 관심을 가지도록 해야 한다는 것이다. 예전의 환경교육에서는 환경관리적인 측면이 강했다면 지속가능발전 지향 환경교육에서는 환경이 오염됨으로써 야기되는 다양한 사회적, 경제적, 환경적 문제들 간의 관계를 이해하고 생활 속에서 유아들이 스스로 실천해 볼 수 있도록 하는 데 중점을 둔다.

2) 기후변화 및 지구 온난화

'기후변화 및 지구 온난화'란 환경이 오염됨으로써 나타나는 지구의 기후변화가 생태계와 그 구성원에게 어떠한 영향을 미치는지에 관심을 가지는 것이다. 여기에서는 '지구 온난화로 인한 기후 변화에 관심 가지기'와 '지구 온난화가 인간생활과 생태계에 미치는 영향에 관심 가지기'와 같은 세부 내용을 다룰 수 있다.

앞에서도 언급했듯이 유아기 환경교육은 유아의 발달특성을 고려하여 생활 속에서 구체적인 경험이 가능하도록 하는 것이 바람직하다. 따라서 기후변화나 지구 온난화의 문제도 유아의 생활과 밀접한 것에서부터 시작하는 것이 적절하다. 유아교육기관에서 기후변화, 지구 온난화의 문제라고 할 경우 흔히 북극곰 관련 활동을 계획하는 교사를 볼 수 있다. 북극곰 이야기는 유아용 그림책에도 소재로 다루고 있으며 최근 여러 방송에서도 다큐멘터리가 방영되어 일반인들의 관심도 높아지는 주제로서 유아교육기관에서 여러 가지 방식으로 전개할 수 있다. 특히 유아교육기관의 활동을 가정에서 부모들과 함께 공유할 수 있는 활동으로 확장할 수 있다는 점에서도 긍정적인 측면이 있다. 그러나 이러한 활동에서 유념해야 할 점은 유아들이 북극곰을 직접 볼 수 있는 기회를 가지는 것이 쉽지 않으며 유아 생활과의 관련성이 직접적이지 않다는 것이다. 그러므로 이러한 내용은 유아들의 생활과 좀 더 밀접하게 연관되어 있는 내용관련 활동 후에 이루어지는 것이 바람직하다. 예를 들어, 여름에 에어컨 없이는 생활하기 어려운 날씨 이야기를 중심으로 점점 더워지는 지구 문제에 대해 관심을 가지고 이를 지구 온난화로 빙하가 녹아 멸종위기가 된 북극곰 이야기로 확장해가는 방식으로 접근할 수 있다.

3) 자원고갈 및 생태계 파괴

'자원고갈 및 생태계 파괴'란 인간과 모든 생명체가 살아가는 데 필요한 자원이 점차 없어지고 있다는 것을 인식하고 이로 인한 피해에 대해 알아보는 것이다. 자원이 없어지면서 생태계가 파괴되고 있다는 내용은 유아의 발달 특성상 쉽게 이해하기 어려울 수 있다. 왜냐하면 자원고갈과 관련된 일이 유아들의 생활 속에서 직접 가시적으로 드러나지 않기 때문이다. 따라서 '환경문제로 어려움에 처한 동식물 알아보기'와 같은 세부 내용을 중심으로 한다.

환경문제로 어려움에 처한 동식물 중에서도 식물보다는 동물에 대한 내용이 좀 더 쉽게 접근할 수 있다. 왜냐하면 유아들은 움직임과 변화를 직접적으로 볼 수 있어야 지속적인 관심을 가지게 되고 이러한 관심을 바탕으로 보다 쉽게 이해하고 행동할 수 있기 때문이다. 따라서 멸종위기에 처해 있거나 어려움에 처한 동물을 중심으로 시작하여 식물로 연결하는 것이 식물을 중심으로 시작하여 동물로 확장하는 것보다 좀 더 적절할 수 있다. 이 경우에도 중요한 것은 가능한 한 유아들이 생활 속에서 직접 경험할 수 있는 주제를 중심으로 하여야 유아의 관심이 지속되고 이것이 실천으로 연결되어 지속가능발전 지향 환경교육이 될 수 있다는 점이다.

한 예로서 청주의 한 유치원에서는 인근 지역사회에 있는 한국교원대 유아환경교육관과 연계하여 '황새' 프로젝트를 하였다. 처음에 유아들은 황새에 대해 궁금해하기는 하였으나 멸종위기에 대한 개념은 물론, 황새를 잘 돌보고자 하는 마음도 거의 없었다. 그러나 프로젝트를 전개하면서 점차 황새와 그 먹이 등에 대한 궁금증이 커지고 관심이 지속되었으며, 결과적으로 유아들은 멸종위기에 처한 황새를 보호하기 위해 적극적으로 캠페인을 벌이고 모금하는 활동으로까지 확장해 갔다(자세한 내용은 9장 참조).

여기서 주목할 점은 어떻게 황새 프로젝트가 성공할 수 있었는가 하는 점이다. 그 주요 이유로 생각해 볼 수 있는 것은 직접적인 경험과 협력이다. 유아들은 유아환경교육관에 가서 황새를 직접 보고 다양하게 계획된 체험프로그램에 참여하였으며 전문가를 만나는 경험을 지속할 수 있었다. 이러한 과정을 통해 유아들은 왜 황새가 멸종위기에 처하게 되었는지, 환경의 어떠한 문제가 황새에게 심각한 영향을 주었는지, 이 문제를 해결하기 위한 방안은 무엇이며 우리가 할 수 있는 일은 무엇인지, 이를 위한 단계적 실천방안은 무엇인지 등 궁금증이 지속되었으며 이를 하나씩 풀면서 황새의 어려움에 대해 감정이입을 하게 되고 보호하고자 하는 참여의식이 싹텄으며 이것이 실천으로 확대될 수 있었다. 즉, 유치원과 유아환경교육관의 교사와 유아의 협력과 직접 경험을 통해서 유아들은 멸종위기 동물들과 멸종위기 원인 등을 알게 되면서 환경보호의 필요성을 느끼고 환경 보호에 앞장서서 환경보호를 실천하는 환경지킴이로 성장하게 되었다. 이와 같이 지속가능발전 지향 환경교육에서는 자원고갈과 생태계파괴의 내용 역시 유아의 생활과 관련된 문제를 중심으로 함께 협력하고 참여하도록 이끄는 것이 중요함에 유념해야 한다.

그림 5-3 황새의 키는 얼마나 클까?/황새야 우리가 지켜줄게.

4) 환경문제 대처

'환경문제 대처'란 인간에 의해 환경이 오염되고 자연재해가 확대되고 있다는 데에 관심을 가지고 필요한 대처방법을 알고 실천에 참여하는 것이다. 지속가능발전 지향 유아환경교육에서는 관계에 대한 이해와 실천이 중요하기 때문에 환경

문제 대처와 관련한 내용 또한 유아의 수준을 넘는 어려운 문제의 원인과 해결책을 단순히 전달하는 식이 되어서는 안 된다. 즉, 환경의 모든 문제를 다루는 것이 아니라 유아의 일상생활과 매우 밀접한 문제를 중심으로 접근하는 것이 바람직하며, 때문에 유아교육기관과 유아의 상황에 따라 서로 다른 내용이 전개될 수 있다.

'환경문제 대처'에서는 '환경오염 및 재해를 막는 방법 알아보기', '환경오염 및 재해에 대처하는 방법 알아보기' 등의 세부 내용이 포함되어 있다. 유아들이 생활 속에서 쉽게 접하는 문제와 관련된 활동의 한 예로 쓰레기 관련 활동을 생각해 볼 수 있다. 물자가 풍부해지면서 우리는 언제부터인지 다시 쓰고 고쳐 쓰기보다는 쉽게 버리는 생활에 익숙해졌다. 자연스레 쓰레기는 늘어나고 쓰레기를 소각하거나 매립하는 데 따른 비용 및 에너지 사용량이 늘어가면서 대기오염, 환경오염, 에너지 고갈로 인한 심각성이 높아지고 있다. 이 문제를 해결하기 위해서 한 유치원에서는 환경부 5세 누리과정 환경교구 중 하나인『내가 왕이야』동화를 중심으로 환경교육 활동을 확장하였다.

또 다른 한 유치원의 사례에서는 유아, 교사, 교직원이 함께 원내 쓰레기 문제를 함께 인식하고 적극적으로 해결한 것을 볼 수 있다. 이 유치원에서는 급간식의 음식물 찌꺼기, 교실에서 배출되는 종이 쓰레기, 신학기 환경정비과정에서 나온 플라스틱 바구니 등이 모두 일반 쓰레기봉투에 섞여 버려져 하루 1,000리터의 봉투가 한 개씩 소모되고 있었다. 이러한 문제점을 개선하기 위해 교사는 유아와 함께 직원의 도움을 받으며 분리배출이 되지 않는 원인을 알아보았고 주원인은 분리수거함이 제대로 구분되어 비치되어 있지 않고 그러다 보니 분리수거 후 재활용품 처리에도 어려움이 있음을 알게 되었다. 해결법으로 군청 환경보호과 자원순환계로부터 분리수거함을 받았고, 재활용업체와 연락을 하여 재활용품을 처리하게 되었다. 이와 같이 지속가능발전 지향 유아환경교육에서는 직접적으로 유아의 생활과 관련된 환경의 문제를 인식하고 공동의 노력을 통해 해결책을 찾고 해결하는 경험이 중요하다.

라. 지속가능발전을 위한 실천

지속가능발전을 위한 생활실천이란 유아가 생활 속에서 환경보전을 실천할 수 있는 방법에 관심을 가지고 적극적으로 참여, 실천하는 것으로서, '바른 식생활', '자원·에너지 절약 및 재활용', '주변 환경 정리 및 깨끗한 환경 유지', '신재생 에너지 이해 및 이용' 관련 내용으로 구성된다.

표 5-7 지속가능발전을 위한 생활실천 관련 환경교육내용

대영역	중영역	세부 교육내용
4. 지속가능 발전을 위한 생활실천	4-1. 바른 식생활	• 우리 몸에 좋은 먹거리 알아보기 • 먹거리의 생산과정 알아보기 • 우리 고장에서 나는 제철 음식 먹기 • 음식물 쓰레기 줄이기
	4-2. 자원· 에너지 절약 및 재활용	• 다시 쓰고, 줄여 쓰고, 재활용하기를 생활 속에서 실천하기 • 자원 및 에너지 절약을 생활 속에서 실천하기 • 쓰레기 분리배출하기
	4-3. 주변 환경 정리 및 깨끗한 환경 유지	• 깨끗한 자연환경 유지를 위한 생활 실천하기 • 깨끗한 생활환경 유지를 위한 생활 실천하기
	4-4. 신재생 에너지 이해 및 이용	• 신재생에너지(햇빛, 물, 지열, 바람 등)에 관심 가지기 • 생활 속에서 신재생 에너지 이용하기

1) 바른 식생활

'바른 식생활'이란 우리 몸에 도움이 되는 음식에 대해 바르게 이해하고 먹는 습관을 형성하는 것이다. 무엇을 어떻게 먹는가는 건강한 삶을 지속하는 데에 지대한 영향을 미치며, 한번 형성된 음식에 대한 선호도나 식습관은 바꾸기 어렵기 때문에 유아기에 바른 식생활이 체화될 수 있도록 하는 것은 매우 중요하다.

'바른 식생활'을 위해서 '우리 몸에 좋은 먹거리 알아보기', '먹거리의 생산과정 알아보기', '우리 고장에서 나는 제철 음식 먹기', '음식물 쓰레기 줄이기' 등과 같은 세부 내용을 구성할 수 있다. 이를 위하여 유아교육기관에서 관련 내용이 포함된 간단한 게임이나 정보책자 및 인터넷을 활용한 조사 활동 등을 할 수 있다. 그러나 이러한 분절된 지식중심의 활동보다 더 중요한 것은 간식이나 점심시간에 바른 먹거리를 바르게 먹는 일상을 통해 이러한 생활이 유아들에게 습관화되도록 하는 것이다.

최근 들어 맞벌이 가정의 증가로 유아들이 유아교육기관에 머무는 시간이 길어지고 가정의 식탁 또한 즉석식품으로 위협받고 있기 때문에 바른 먹거리 습관형성에 대한 기관의 역할과 책임은 더욱 크다. 도시지역 유아의 경우 고장에서 나는 음식을 접한다는 것이 어려울 수 있지만 유아교육기관에 작게라도 조성된 텃밭이나 교실에서 콩나물이나 무순, 새싹을 길러서 비빔밥과 같이 간단한 음식을 만들어 먹는 활동을 해 볼 수 있다. 또한 주변 자연에서 봄에 나는 쑥으로 유아들과 함께 떡을 만든다든지 진달래꽃 화전을 만드는 등의 계절에 맞는 활동도 가능하다. 이러한 활동을 통해 유아들은 계절에 대한 감수성과 계절 음식에 대한 인식 및 음식을 바르게 먹는 습관을 형성할 수 있으며, 음식을 먹기까지 기다림의 시간이 필요함과 음식의 소중함을 인식하게 된다. 무엇보다 바른 먹거리 활동에 유아가 직접적으로 참여하여 역할을 하게 됨으로써, 어떻게 먹거리가 만들어지며 얼마나 많은 자연적 요인이 작용하고 또 많은 사람이 수고하는지 경험하고, 지속가능발전 지향 유아환경교육에서 중요하게 여기는 유아의 주도성과 참여의식을 증진할 수 있다.

2) 자원·에너지 절약 및 재활용

'자원·에너지 절약 및 재활용'이란 생활 속에서 자원과 에너지의 소중함을 인식하고 바르게 활용할 수 있도록 하는 것이다. 지속가능발전이란 지금 세대뿐 아니라 앞으로 올 미래세대까지도 생각하며 함께 지속적으로 잘 살아갈 수 있도록 하기 위한 것이므로 유아기부터 우리가 살아가는 데 필요한 자원과 에너지의 중요성을 인식하고 이를 낭비하지 않는 습관이 형성되도록 해야 한다.

'자원·에너지 절약 및 재활용'을 위해서 '다시 쓰고, 줄여 쓰고, 재활용하기', '자원 및 에너지 절약을 생활 속에서 실천하기', '쓰레기 분리배출하기' 등과 같은 세부 내용을 구성할 수 있다. 지속가능발전 지향 환경교육에서는 다양한 사회적, 경제적, 환경적 문제들 간의 관계를 이해하고 생활 속에서 스스로 함께 실천하는 것을 중요시하기 때문에 가정과 지역사회와 연계하는 점을 강조한다. 한 사례로 경남의 한 유치원에서는 유치원에서 유아와 함께 물을 더럽히지 말고, 물을 아껴 써야 된다는 내용의 활동을 한 후 가정과 연계하여 우리 가족 물 지킴이 활동을 했다. 이를 위해 가정에서 온 가족이 유아와 함께 물 지킴이가 되어 활동해 보도록 안내하였다. 구체적으로 가정에서 물을 아껴 쓸 수 있는 약속을 한 가지씩 정하여 1주일간 실천해 보고 그 모습을 사진으로 찍어 카카오톡에 올리고 약속표를 유치원에 가져오는 활동으로 하였다. 결과적으로 유아들은 적극적인 지구 물 지킴이가 되었고, 부모 또한 지속적으로 물을 지켜나가겠다는 결심을 소감록에서 아래와 같이 밝혔다. 이처럼 이러한 활동을 통해 유아만이 아니라 가족 전체가 변화되는 모습을 볼 수 있다.

♣ **우리 가족이 달라진 모습의 학부모들 소감**

- 수빈이와 아빠는 전부터 양치컵에 물을 받아 양치질을 했지만 엄마는 흐르는 물로 양치질을 했는데 지금은 엄마도 물을 받아 양치질을 하게 되었습니다.
- 그동안은 물을 많이 낭비했습니다. 절약은 엄마만 했는데 이제는 계속은 아니지만 물 절약에 대해 신경 쓰고 있는 모습을 보니 뿌듯합니다.
- 철수 덕분에 물의 소중함을 알았으며 아껴 써야 되겠다고 생각했습니다.
- 낭비하고 버렸던 물을 아껴쓰고 컵을 사용하는 것이 습관되는 것 같습니다.
- 세수할 때 물을 받아 조금씩 사용하게 되었고, 물을 아끼는 또 다른 방법을 찾아 도전해 보기로 하였습니다. 특히 동생들도 따라 하기 시작했습니다.
- 물을 틀어 놓은 상태에서 설거지를 했는데 이제는 물을 잠그고 합니다.
- 항상 정욱이는 대야에 물을 받아서 씻는 물 지킴이 소년이랍니다.
- 물의 소중함을 알았으며 아껴 써야 되겠다고 생각했습니다.
- 아빠 엄마는 계속 노력 중이고 민경이는 양치질할 때 물장난을 하지 않고 컵을 사용합니다.

3) 주변 환경 정리 및 깨끗한 환경 유지

'주변 환경 정리 및 깨끗한 환경 유지'란 주변의 생활환경을 깨끗하게 함으로써 생활환경뿐 아니라 자연환경이 보전될 수 있음을 인식하고 깨끗이 하는 습관을 형성하는 것이다. 여기서도 인간과 자연의 관계성에 초점을 두는 지속가능발전 지향 환경교육의 방향에 따라 자기 주변을 깨끗하게 하지 않을 경우 이것이 자신의 문제만이 아니라 다른 사람에게 불편함을 주고 나아가 자연환경을 훼손하는 문제로 연결된다는 인식을 하게 하는 것이 중요하다.

'주변 환경 정리 및 깨끗한 환경 유지'는 '깨끗한 자연환경 유지를 위한 생활실천하기, '깨끗한 생활환경을 위한 생활실천하기' 등과 같은 세부 내용으로 구성할 수 있다. 이를 위하여 유아교육기관에서 할 수 있는 활동의 한 예로 견학장소에서 쓰레기를 함부로 버리지 않고 뒷마무리를 잘하고 오는 것을 들 수 있다. 여기서 중요한 두 가지 점을 생각해 보고자 한다. 먼저 생각해 볼 점은 뒤처리를 깨끗하게 하는 것이 너무 과도해서 유아에게 힘들고 귀찮은 일이 되지 않도록 해야 한다는 점이다. 뒷정리가 유아의 힘에 부치는 과한 일이 될 경우 이에 대해 부정적 인식이 싹터 유아는 결국 이를 회피하게 된다. 청소하기란 세수하기, 옷 입기와 같이 생활 속에서 누구나 늘 해야 하는 일임에도 많은 사람은 청소를 불편해하고 하기 싫어한다. 이에는 여러 가지 원인이 있겠으나 어린 시절에 가정이나 특히 학교에서 벌로 과한 청소를 한 영향이 상당히 작용하였다고 볼 수 있다. 유아의 발달에 적합한 정리정돈은 유아에게 하나의 놀이로서 즐거운 일이 되어야 한다. 즉, 어린 시절부터 주변 환경을 정리하고 깨끗이 하는 것은 우리 생활의 일부로서 누구나 각자의 역량에 맞게 기꺼이 동참하는 즐거운 일이라는 인식을 가지게 해야 할 것이다. 얼마 전 태풍이 휩쓸고 간 후 엉망이 된 부산의 아파트 앞 바닷가에 외국인 모녀가 쓰레기를 줍는 장면이 보도되어 화제가 된 바 있다. 우리 국민 대부분은 정부의 피해복구 지연을 탓하고 있는데 외국인이 그것도 어린아이와 함께 쓰레기를 치우고 있는 TV 보도를 보면서, 우리 자신에 대한 반성과 생활 속 실천의 습관형성이 중요함을 다시 생각해 보게 된다.

다음으로 생각해 볼 점은 치우는 일을 하기 전에 어지르지 않는 습관을 기르는 데에 초점을 두어야 한다는 것이다. 깨끗이 정돈된 환경에서의 생활에 익숙한 유아는 물건을 아무렇게나 어지르지 않는다. 물론 놀이를 하기 위한 어지러움은 바람직한 것으로서 격려해야 한다. 그러나 사용한 물건을 아무렇게나 던져놓는다든지, 쓰레기를 생각 없이 여기저기 버린다든지 하는 행동은 결국 정리할 수 없는 상황을 야기하여 정리정돈에 대한 부정적인 인식으로 연결된다. 따라서 교사가 미리 '유아 스스로 통제할 수 있는 상황'을 마련해 주는 것이 필요하다. 예를 들어, 견학을 갔을 때 쓰레기는 쓰레기통에 꼭 버리게 하고 쓰레기통이 없을 경우 유아 각자가 소지한 후 나중에 적합한 곳에 버리게 한다든지, 점심시간에 먼저 점심을 먹은 유아들이 다른 친구를 기다리는 짧은 시간 동안에는 가지고 놀 수 있는 교구를 쉽게 정리할 수 있는 책이나 간단한 수·조작 판게임으로 한정한다든지 하는 것과 같은 예가 이에 해당된다고 하겠다.

4) 신재생 에너지 이해 및 이용

'신재생 에너지 이해 및 이용'이란 친환경 에너지의 종류와 그 특징에 관심을 가지고 생활 속에서 사용해 보는 경험을 하는 것이다. 신재생 에너지라고 할 때 자칫 어려운 개념으로 인식할 수 있는데, 유아기에는 어려운 개념으로 접근하는 것이 아니라 유아가 생활 속에서 늘 접하는 햇빛이나 비, 바람 등의 자연을 에너지로 활용하면서 인간과 자연의 조화로움 삶을 살아갈 수 있도록 하는 것에 초점을 두는 것이다.

'신재생 에너지 이해 및 이용'에서는 '신재생에너지(햇빛, 물, 지열, 바람 등)에 관심 가지기', '생활 속에서 신재생 에너지 이용하기' 등의 세부 내용을 다룰 수 있다. 이를 위한 활동으로는 빗물 저금통이나 태양열 조리기 활용을 들 수 있다. 아래의 그림은 한국과 일본의 한 유아교육기관에 설치된 태양열 조리기와 빗물 저금통이다. 태양열 조리기의 경우 햇빛이 강할 때 실외에 두어 물을 끓여 차 마시기, 메추리알 삶기와 같은 간단한 활동으로 연결할 수 있다. 빗물저금통은 비가 올 때 빗물을 모아서 이 물로 식물에 물을 주는 활동으로 연결하여 물의 소중함을 경험하고 신재생 에너지가 특별한 것이 아니라 자연에서 얻을 수 있고 자연과 함께 조화를 이루는 것이라는 것을 인식하게 할 수 있다.

그림 5-4 태양열 조리기(아이림유치원), 빗물 저금통(미야마유치원)

마. 지속가능발전을 위한 시민의식 증진

지속가능발전을 위한 시민의식 증진이란 지속적으로 발전하는 사회를 이루기 위해서 주인의식을 가지고 상호협력과 실천에 참여하는 것으로서, '지역사회 주민으로서의 역할 참여'와 '세계 시민으로서의 역할 참여' 관련 내용이 포함된다.

표 5-8 지속가능발전을 위한 시민의식 증진 관련 환경교육내용

대영역	중영역	세부 교육내용
5. 지속가능 발전을 위한 시민의식 증진	5-1. 지역사회 주민으로서의 역할 참여	• 지역사회 주민의식 가지기 • 지역사회 문제 해결에 동참하기
	5-2. 세계 시민으로서의 역할 참여	• 세계 시민으로서의 역할 알기 • 세계 시민으로서 세계적 환경기념일에 참여하기

1) 지역사회 주민으로서의 역할 참여

'지역사회 주민으로서의 역할 참여'란 유아라 할지라도 지역사회 한 구성원으로서 중요한 역할을 할 수 있음을 인식하고 할 수 있는 일에 적극적으로 참여하는 것이다. 지속가능발전을 위한 시민의식증진을 위해서는 유아기부터 주체적으로 인근지역사회의 환경 문제를 바라보고 함께 그 문제를 해결하는 데 참여하고 더불어 생활 속에서 지속가능한 삶을 실천해 나가도록 이끌어 주어야 한다.

'지역사회 주민으로서의 역할 참여'는 '지역사회 주민의식 가지기'와 '지역사회 문제 해결에 동참하기'의 세부 내용으로 구성할 수 있다. 하나의 예로서 청주의 한 유치원에서 실천한 사례를 들 수 있다[3]. 이 유치원의 교사와 유아들은 인근 하천주변을 산책하다가 쓰레기로 지저분한 것을 보고 더 나아가 이 쓰레기로 물이 오염되면 물고기도 살 수 없게 될 것임을 알게 되었다. 유아들은 더 이상 이대로 둘 수 없다는 인식을 하고 쓰레기가 나오지 않도록 하기 위한 방법을 찾기로 하였다. 그 과정에서 근원지가 상가라는 것을 알게 되었으며 이를 해결하기 위해 직접 상인을 방문해서 부탁하고 구청에 쓰레기 처리를 도와달라는 편지도 썼다. 또한 가정과 기관에서 물을 잘 사용하기 위한 약속과 실천은 물론 지역사회 비영리 민간단체인 환경협회 회원들과 함께 날을 정해 하천주변 청소도 하였다. 이와 같이 지속가능발전 환경교육에서는 유아들이 단순히 환경문제를 인식하는 것뿐 아니라 직접 주인의식을 가지고 복합적으로 얽혀 있는 문제의 해결책을 하나씩 찾고 가정 및 지역사회가 함께 실천하는 것으로까지 확장해가야 한다.

2) 세계 시민으로서의 역할 참여

'세계 시민으로서의 역할 참여'란 유아라 할지라도 세계 시민의 한 구성원으로서 중요한 역할이 있음을 인식하고 할 수 있는 일에 적극 참여하는 것이다. 환경

3) 이 사례의 구체적인 내용은 지옥정(2014) 『환경기념일로 풀어본 유아환경교육』(창지사)에 자세히 실려 있으니 참고하기 바람.

과 환경문제는 어느 한 지역이나 국가에 국한되어 있는 것이 아니라 서로 연결되어 있기 때문에 지속가능한 발전을 위해서는 이러한 세계적인 관계성에 대해 인식하는 것이 매우 중요하다. 그러나 유아는 발달특성상 직접적인 경험을 토대로 학습할 수 있기 때문에 세계의 문제란 자칫 유아에게 이해하기 어려운 문제일 수 있다. 인터넷 등 과학기술발전으로 인하여 이미 세계의 물리적 거리감은 없어졌다고 볼 수 있지만 세계관련 문제는 유아의 생활과 연결하여 실천할 수 있는 부분으로 구성하는 것이 바람직하다.

'세계 시민으로서의 역할 참여'를 위해서 '세계 시민으로서의 역할 알기'와 '세계 시민으로서 세계적 환경기념일에 참여하기' 등의 세부 내용을 구성할 수 있다. 구체적인 예로서, '지구를 위한 한 시간(Earth Hour)' 캠페인에 유아도 동참할 수 있도록 하는 것이다. 이 캠페인은 2007년 호주 시드니에서 기후변화에 대한 인식을 높이고 이산화탄소 배출량을 줄이자는 취지로 시작된 것으로서 매월 3월 마지막 주 토요일, 20시 30분~21시 30분까지 60분 동안 전등을 끄는 글로벌 캠페인이며, 우리나라는 2009년부터 동참하게 되었다. 이는 단순히 전기를 아끼자는 측면을 넘어서 이산화탄소 배출량을 줄여 온실가스 감축 효과는 물론 모든 국민이 한마음으로 지속가능한 생활을 실천할 수 있는 행사이다.

한 예로 청주의 수안들어린이집[4]에서는 이 시기에 이와 관련한 활동을 하였다. 먼저 불 끄는 날에 대한 유아들의 여러 가지 생각과 궁금증 및 해결방안을 정리한 뒤 다음으로 전기와 우리 생활과의 관련성에 대한 조사탐구, 불 끄는 날을 알고 있는지에 대한 부모와 지역주민 대상 인터뷰 활동, 그리고 전기절약의 필요성 및 모두가 함께 참여해야 하는 이유 등을 알아보는 활동을 하였다. 그 후 이렇게 알고 느낀 바를 주변과 공유하고 변화를 실천하기 위한 다양한 활동을 지속하였다. 구체적으로 불 끄는 날 홍보를 위해 포스터 및 절약스티커를 만들고 주민 센

4) 이 사례는 청주의 근로복지공단 수안들어린이집에서 2014년 3월 10일~3월 29일까지 이루어진 것이며, 조부경, 지옥정, 서윤희, 정애경(2015). 『유아교사 환경교육프로그램 연수』(환경부, 한국교원대학교 유아교육원)의 내용을 바탕으로 하였음.

터를 방문(지역사회 연계)하여 포스터 게시 협조를 부탁하였다. 또한 부모의 직장을 방문하여 캠페인을 하였으며, 가정이 함께 불 끄는 날에 참여하도록(가정 연계) 하였다.

그림 5-5 부모의 직장을 방문하여 불 끄는 날 캠페인(근로복지공단 수안들어린이집)

유아들은 여기서 머무르지 않고 지속가능한 세계 시민으로서의 삶을 보다 적극적으로 실천하기 위하여 '전기 없는 나라 친구를 도와요(바깥놀이 활동)' 활동에서 여러 가지 아이디어를 냈으며 '전기 없는 나라 친구에서 편지를 써요(언어 활동)' 활동을 통해서는 우체국에 직접 가서 후원단체에 편지 보내기를 하였다. 이러한 활동을 통해 지역사회의 관심이 확대되어 후원금 모금 운동이 이어져 전기 없는 나라에 희망 랜턴 33개를 보낼 수 있었다.

그림 5-6 희망랜턴 보내기

여기서 유의해 볼 점은 이러한 활동을 통해 유아, 교사, 학부모 모두 환경적인 측면뿐 아니라 사회, 경제적인 측면의 시각을 함께 넓힐 수 있게 되었다는 것이다. 이 과정에서 기관과 가족 구성원들이 불 끄는 날에 참여하고 전기를 절약하는 태도가 형성되는 등 환경적인 측면은 물론 전기 없이 사는 나라 사람들을 생각하고 도울 수 있는 구체적인 방법을 알고 실천하며, 함께 더불어 사는 삶의 태도를 형성하는 사회적인 측면으로 시각이 확대되었다. 또한 실제로 매일 오후 1~2시에 이루어지는 소등으로 인한 경제 절감 효과와 더불어 절감된 이익의 일부를 전기 없는 나라에 위한 후원하는 나눔의 실천도 하게 되었다. 이와 같은 사례를 통해 알 수 있듯이 지속가능발전 지향 유아환경교육은 환경뿐 아니라 사회, 경제적인 측면이 함께 발전하는 효과가 커지며 이러한 경험을 통해 유아는 성숙한 세계 시민으로서 성장하게 된다.

CHAPTER 6

지속가능발전 지향 유아환경교육의 교수·학습 원리

Early Childhood Environmental Education for Sustainable Development

5장에서 지속가능발전 지향 유아환경교육의 목적과 목표, 내용을 살펴보았다. 이제 다음 단계로 우리가 관심을 기울여야 할 부분은 과연 어떤 교수·학습 원리로 이런 목적과 목표, 내용을 유아들에게 교육할 것인가 하는 문제이다. 이를 위해 먼저 다음의 교사 기록을 보며 이런 상황은 교수·학습 측면에서 무엇이 문제인지 한번 생각해 보자.

유아들과 공원을 산책하다 벚나무 밑과 둥치에 개미들이 많이 모여 있는 것을 보았다. 이때다 싶어 유아들에게 이 나무가 벚나무라는 것과 벚나무와 개미는 서로 돕고 사는 공생관계라는 사실을 알려 주었다. '공생관계'라는 말이 유아들에게 좀 어려운 것 같아 서로 돕고 산다는 말을 몇 번이고 강조해서 설명해 주었다. 그런데 유아들은 내 말보다는 개미의 움직임에만 관심을 보이는 것 같다. 원으로 돌아오자마자 '벚나무 임금과 여왕개미'(교육과학기술부, 2012, 61) 애니메이션 동화를 보여 주어야겠다.

	조별 토의 전 나의 생각	조별 토의 후 알게 된 점
교수 · 학습 면에서 문제라고 보는 점		

문제점을 생각해 보았는가? 여러 가지 이야기가 나올 수 있겠으나 가장 먼저 눈에 들어오는 문제점은 유아들이 알고 싶어 하지도 않았는데 교사가 먼저 나서서 나무의 정확한 명칭을 자꾸 알려주고 있는 점이다. 거기다 유아 수준에서는 어려운 단어로 생각되는 '공생 관계'를 강조해서 설명해 주는 것도 역시 문제로 보인다. 이런저런 문제점들을 종합해 보면 유아들을 그저 피동적인 학습자로 취급하고 있다는 점이다. 자, 그렇다면 어떻게 하는 것이 지속가능발전 지향 유아환경교육을 해 나가는 바람직한 교수·학습 원리일까? 이를 5가지로 나누어 살펴보기로 하자.

1. 학습자의 능동적 참여

지속가능발전 지향 유아환경교육에서는 무엇보다도 교육의 전 과정에서 학습자의 능동적 참여와 교사와 유아, 유아와 유아 간의 상호협력이 이루어지도록 해야 한다. 교육목표에서도 강조한 바 있듯이 환경교육을 통해 지향하는 바가 지속가능발전이며 이는 학습자 스스로 '지속가능발전하려면 무엇을 왜, 어떻게 해야 하는가?'에 대해 주체적으로 사고하고 나아가 스스로 행동하고 실천할 수 있을 때에 가능한 일이기 때문이다. 학습자가 유아인 경우에도 마찬가지이다. 따라서 교사가 환경교육을 위한 연간교육계획안을 사전에 구성해 놓고 교육하는 경우이건, 또는 학습자의 요구와 흥미, 상황적 맥락을 반영하여 새로운 교육내용으로 심화, 확장시켜 나가는 프로젝트의 경우이건 교사는 이 원리를 우선적으로 유념할 필요가 있다. 학습자의 능동적 참여와 협조를 보다 구체적으로 살펴보자.

먼저, 학습자의 능동적 참여는 유아교육기관의 환경구성, 활동내용 선정 및 활동과정 등 활동 전반에 걸쳐 학습자들이 활발하게 참여하는 것을 의미한다. 환경구성부터 하나씩 살펴보도록 하자.

환경구성의 경우, 교사가 환경구성의 전체적인 틀은 구성하되, 유아들이 참여할 수 있는 범위를 점점 넓혀가도록 하는 것이 바람직하다. 예를 들어 게시판이나 벽면구성을 할 때 어떤 생활주제, 어떤 게시판, 벽면의 어디서부터 어디까지라는 기본 틀은 교사가 정해 주되 이때 누가, 무엇을, 어떻게 꾸밀까에 대해서는 유아들의 발달 정도에 따라 교사와 유아들이 함께 협의해서 해 나가는 것이다. 처음에는 유아들의 참여가 적을 수밖에 없지만 점차 그 정도를 넓혀 나갈 수 있다. 예를 들어 『동식물과 자연』 생활주제의 경우 교사가 게시판에 풀밭과 하늘처럼 구분하여 다른 색의 부직포를 붙여 놓으면 유아들이 각자 자기가 알고 있는 동식물을 표현하여 붙이는 식이다. 나중에는 게시판의 기본구성까지도 유아들과 함께 협의하여 할 수 있다.

도서 영역에 놓을 책들을 고르거나 교환할 때도 교사가 자기 판단대로 혼자 하는 것이 아닌, 도서 선정 기준을 알려주고 유아들과 함께하는 것이다. 예를 들어 '집에서 키울 수 있는 동물'이라는 기준을 교사가 정해 주고 유아들이 그런 책들을 골라 진열하는 식이다. 이때 반 친구들 의견을 조사하면서 어떤 책을 다 읽었는지, 어떤 책은 더 놓아두기를 원하는지 조사해 보는 표를 만들어 볼 수도 있을 것이다. 이런 과정은 학습자의 자율성 신장과 능동적 참여 측면에서뿐 아니라 자신들이 보는 책을 스스로 관리한다는 측면에서도 의미가 있다. 이렇게 하여 도서 영역에 대한 유아들 스스로의 관리가 가능해진다면 역할 영역이나 과학 영역 등 다른 영역의 관리까지도 확장해 갈 수 있게 될 것이며 결과적으로 유아들이 책임감과 자부심을 느끼면서 유아교육기관의 환경 관리에 능동적으로 참여하게 될 것이다. 이런 환경구성 활동을 통해 환경교육내용으로 제시되어 있는 '환경구성의 이해' 중 '생활환경과 이해'와 '지속가능발전을 위한 생활실천' 중 '주변 환경 정리 및 깨끗한 환경 유지'를 간접적으로 교육하는 효과도 얻을 수 있다.

다음으로, 활동내용 선정 및 활동과정에서 학습자의 능동적 참여이다. 이는 아무래도 프로젝트 학습일 때 보다 더 활발하게 이루어질 수 있으나 교사가 사전에 계획하여 활동하는 경우라 할지라도 얼마든지 학습자의 능동적 참여가 이끌어 낼 수 있다. 예를 들어 『봄, 여름, 가을, 겨울』의 '봄'과 『동식물과 자연』에서 '식물' 주제를 엮어 '봄의 식물'이란 주제로 한 주의 활동을 계획한다고 할 때 자연관찰 후의 확장 활동내용은 유아들의 반응과 흥미, 맥락을 반영하여 해 나갈 수 있도록 비워두는 것이다. 다음은 그런 경우를 가정하여 작성해 본 것이다.

3월 셋째 주 화요일 오전 활동으로 J 교사는 유아들과 '봄의 색을 찾아라.' 바깥놀이를 계획해 놓았다. 그리고 오후 활동은 확장 활동 시간으로 1시간을 배정해 놓기만 하고 구체적인 활동내용은 비워 두었다. 결과적으로, 그날 확장 활동시간에는 봄 햇살과 봄비를 받아들여 부드러워진 흙과 그 흙을 힘겹게 뚫고 나온 새싹에 대한 이야기 꾸미기와 신체로 표현해 보는 활동을 하게 되었다. 유아들이 바깥에서 봄의 색을 찾는 활동을 하던 중 막 올라온 새싹들을 발견하면서 흙의 상태, 새싹의 모양에 대해 많은 관심을 기울였기 때문이다. 이 시간에 교사는 유아들과 '흙과 새싹의 대화'를 상상하여 이야기로 만들어 보고 이어 유아들 의견대로 창의적 신체표현을 해 보았다. 함께 지은 이야기를 교사가 들려주면 유아들은 그 이야기를 들으며 흙과 새싹 중 자신이 맡은 역할을 창의적으로 신체 표현해 보는 식이다. 학습내용 및 방법 선정에 유아들의 능동적 참여가 이루어진 것이다. 참고로, 확장 활동시간에 창의적 표현 활동으로까지 연결된 교사와 유아의 이야기 짓기 내용은 다음과 같다.

해설: 봄이 왔어요. 우리 흙과 새싹의 대화를 들어볼까요?!
흙: 아유~! 기분 좋아. 따뜻하고 물도 충분히 먹고…
새싹: (옴찔옴찔)
흙: 응? 그런데 왜 이렇게 간질간질하지?
새싹: 흙아. 엉덩이 좀 치워. 나 좀 올라가게…
흙: 어? 어? 작은 새싹이네. 그래, 그래. 요 쪽으로 올라와.
새싹: 영차, 영차, 쏘옥~! 하나 더 쏘옥.
흙: 우와~! 너 참 대단하다. 이렇게 밖으로 나오고…
새싹: 응, 고마워. 흙아.
해설: 흙과 새싹은 기분이 좋아 함께 노래를 불렀답니다.

(해설은 교사가 맡아 하였고, 새싹과 흙은 유아들이 반씩 나누어 하였다. 이때 역할을 바꾸어 해 봄으로써 흙과 새싹의 기분을 각각 느껴보도록 하였다.)

2. 상호협력

상호협력은 두 가지 차원에서 생각해 볼 수 있다. 하나는 사고의 상호협력이며, 또 다른 하나는 활동과정에서의 상호협력이다. 먼저, 사고의 상호협력은 교사와 유아, 유아와 유아 간에 모두 이루어질 수 있다. 즉, 교사가 유아에게 또는 유아들 간에 서로 더 높은 수준의, 또는 고정된 사고의 틀을 깨고 다른 각도에서 사고해 볼 수 있도록 서로서로 도움을 주는 것이다. 이를 위해 교사는 유아의 사고를 자극하는 질문을 던지고 적합한 때에 필요한 자원을 제공하며, 다른 친구들과 함께 아이디어나 의견을 모을 수 있도록 조별 토의 활동으로 이끌어 주기도 한다.

이때 특별히 유의할 점은 조별 활동을 하게 한다고 해서 이것이 곧 유아들 간의 사고협력으로 연결되지는 않는다는 사실이다. 유아들에게 조별 활동을 하도록 할 때에는 무엇보다도 조별 활동의 내용 수준이나 방법이 유아들 수준에 적합해야 한다. 예를 들어 처음 조별 활동을 하는 4세반의 경우라면 유아 4명씩 하는 조별 활동이라도 낮은 수준의 사고 협력(예: 각자 새싹을 그린 후 그 새싹들을 공동의 종이에 각자 붙이기)을 경험하도록 하여야 한다. 이런 경험들을 여러 차례 하여 조별 활동에 익숙해지면 5세반의 경우 보다 높은 수준의 사고 협력을 할 수 있는데 이때 함께 아이디어를 모으고 의견을 조율하며 그래서 공통의 합의점을 끌어내는 활동(예: 유아교육 기관 마당의 새싹을 보호하는 방법)이 가능해진다. 이런 과정을 통해 구성원 간에 서로의 생각과 주장을 귀 기울여 듣는 기회, 협력하는 기회를 갖는다면 지속가능발전 지향 교육에서 추구하는 '다른 사람의 인권 존중', '공동체와 문화 다양성 존중'과 같은 핵심 가치들을 내재화시킬 수 있을 것이다.

다음은 활동과정에서의 상호협력이다. 예를 들어 앞에서 '유아교육기관 마당의 새싹을 보호하는 방법'에 대한 토의를 통해 그 방법이 나왔다면 이번에는 그것을 여럿이 상호협력하면서 실천해 보는 것이다. 이때 누가 무슨 일을 맡을 것인지 효과적으로 역할을 나누어 이행하는 것이 활동과정에서의 상호협력이다. 또 다른 예로 『내가 왕이야』(땅속 쓰레기들이 서로 자기 나이가 가장 많으니 왕이라고 우기는 동화) 동극을 한다고 할 때 누가 동극에 필요한 소품을 만들 것인지, 누가 어느 역할을 맡을 것인지를 정해 동극으로 완성해 가는 것도 활동과정에서의 상호협력이다. 물론 사고의 상호협력과 활동과정에서의 상호협력을 뚜렷하게 구분할 수 있는 것은 아니다. 활동과정에서의 상호협력 과정 중 사고의 상호협력이 이루어지기도 하고, 사고의 상호협력에 기초한 활동이 상호협력적으로 이루어지는 중 다시 사고의 상호협력으로 연결되기도 하기 때문이다. 이와 같이 긴밀하게 연결되면서 활동이 이루어지는 것이 가장 바람직한 상호협력이라고 할 수 있다.

3. 가정, 지역사회와의 연계

모든 교육이 다 그러하겠으나 특히 환경교육에서는 가정 및 지역사회와의 연계가 중요하다. 환경교육에서는 알고 느낀 바를 생활 속에서 실천하는 것이 중요하고 따라서 가정과 지역사회에서도 함께 협력해야 효과를 거둘 수 있기 때문이다. 그런 측면에서 2003년 12월에 일본의 니시노미아시가 일본 최초로 환경학습도시를 선언하고 민관산학의 파트너십을 강조한 것은 매우 바람직한 사례라 할 수 있다. 당시 환경학습도시 선언문을 보면, 현재의 환경을 미래의 다음 세대에게 물려주기 위해서는 지속가능한 삶을 위한 방식으로 변화하지 않으면 안 된다는 점이 강조되어 있고, 이를 위해 교육기관뿐 아니라 가정, 지역사회 전체가 함께하면서 우리의 삶과 자연과의 관계에 대해 학습하도록 할 것을 다짐하고 있다(안산환경재단, 2015).

관련하여 유엔지속가능발전교육 10년 최종보고서(UNESCO, 2014b)에서도 영유아기 지속가능발전교육 실행에서 중시해야 할 점 중 하나는 '지역사회에 기반한 접근(Community based approach)'이라고 하면서 그 바람직한 사례로 한국에서 진행된 '무심천 프로젝트'를 소개하고 있다. 무심천 프로젝트는 청주의 주요 하천인 무심천에 '수달이 아직도 살고 있는가?'를 중심으로 M 원의 만 5세반의 교사와 유아들이 진행한 프로젝트이다. 이 프로젝트 진행과정에서 유아들은 물론 그 가족들도 시간이 지날수록 점차 더욱 크게 관심을 기울이면서 자원협조, 정서적 지원, 행사 참여 등으로 함께하였다. 또한 가족뿐 아니라 지역사회 비영리 민간단체들인 시니어 생태 클럽의 자원봉사자 할아버지, 할머니들이 수달에 대해 유아들에게 설명을 해 주었고, 수달을 연구하는 마을 공동체 연구소의 연구원은 유아들과 수달의 배설물을 찾아 수달이 아직 살고 있음을 유아들에게 확인해 주었다. 그런가 하면 동사무소 및 시청 관계자들은 유아들의 요청(예: 수달이 무심천 생태지도에 빠져 있으니 수달을 꼭 넣어 주세요.)에 답신(다시 조사해 보고 확인되면 넣겠다.)을 공문으로 보내주기도 하였다. 이런 과정을 거쳐 프로젝트 마무리 행사로 유아들은 청주 시민이 많이 모이는 상당공원에 가서 시민을 대상으로 수달에 대한 퀴즈대회 하기, 수달에 대한 노래 부르기, 자신들이 만든 '수달 지키기 위한 생활'을 나누어 주기도 하였다(Ji & Stuhmcke, 2015). 이 행사는 지역신문에 게재되었으며 결과적으로 유아들의 부모는 물론이고 지역사회의 많은 사람에게 수달을 지키기 위해서는 무심천 수질이 깨끗하게 유지될 수 있도록 지역사회 주민 모두가 함께 노력해야 한다는 사실을 각성시켰다.

그런가 하면 I 원에서 이루어진 '종이 안 쓰는 날' 프로젝트(지옥정, 2014) 중에는 시청의 자원정책과 직원이 전문가로서 유아들에게 종이팩 분리배출에 대해 설명해 주고자 유치원을 방문한 적이 있었다. 유아들을 대상으로 하여 자원정책과 직원이 쓰레기 분리배출 설명과 시범을 보였는데 이때 유아들이 보인 열성적인 태도와 이후 열심히 원과 가정에서 종이팩을 따로 모으는 것을 확인하게 된 시청의 자원정책과에서는 지역사회 유아교육기관을 위한 특별 지원을 하기로 하였다. 즉, 시청 관계자들이 환경교육의 가장 효과적 대상은 유아라는 사실을 인지하고 특별 예산을 추가로 편성(오백만 원)하여 쓰레기 분리배출 내용이 담긴 CD 500개를 제작하여 지역사회 유아교육기관에 배부한 것이다. 이 CD에는 '분리배출 생활백화 애니메이션 동영상 2편(환경부, 한국환경공단의 승인), 종이팩 분리배출 애니메이션 동영상((사)한국종이팩자원순환협회–2014년부터 한국순환자원유통지원센터에 통합–의 승인)등이 담겨 있다. 이런 사실은 2014년 6월 시청 자원정책과에서 작성된 "– 세 살 버릇 백 살까지 생활습관 형성을 위한 – 어린이 재활용품 분리배출 체험교육 결과 보고"에도 나타나 있다. 여기서 더 나아가 시청에서는 보다 적극적인 유아 환경교육 시행을 위해 2015년부터 현재까지 '유아대상 재활용 선별센터 견학 프로그램'을 운영하고 있다. 한 유치원에서 시청 자원정책과 직원을 전문가로 모신 일이 이렇게 지역사회 전체 유아교육기관에 파급 효과를 가져 오게 된 것이다.

한편, I 원에서 시작된 종이팩 따로 모으기는 충북 자연사랑 유아교육연구회 8개 원으로 퍼져 나갔고 이것이 계기가 되어 두 달 후 청주 YWCA와 8개 원 공동으로 아나바다 장을 개최하게 되었다. 시청은 아나바다 장에 대해 일부 재정적 지원을 하였다. 이 아나바다 장에서는 8개 유아교육기관의 유아들과 부모들, 일반

시민들이 참여하여 각 가정에서 한 달 이상 모은 종이팩을 휴지로 바꾸기, 사용하지 않는 물건들을 교환하거나 싸게 팔기, 바른 먹을거리인 콩 버거 시식하기 등이 이루어졌다. 한 유아교육기관뿐만이 여러 기관이, 부모들만이 아닌 지역사회 비영리 단체 관계자들이, 더 나아가 일반시민들까지 함께하면서 지속가능한 지역사회로 만들어 나가는 모델을 보인 것이다.

전술한 두 사례를 통해 가정 및 지역사회와의 연계 방법을 정리해 보면 다음과 같다. 가장 단순하고 일반적인 방법은 교육기관에서 하는 환경교육관련 내용이 가정 및 지역사회에서도 실천되도록 장려하는 것이다. 예를 들어 유아교육기관에서 '음식은 먹을 만큼 덜고, 남기지 않기'를 교육하고 있다면 같은 방식으로 가정에서도, 또는 식당에서도 그렇게 할 수 있도록 다양한 방식(예: 가정통신문, 홈페이지, SNS)을 활용하는 것이다. 전술한 니시노미아시의 경우 유아들에게 '잘했어요. 환경실행표(예: 엄마와 슈퍼에 장바구니를 들고 온 경우 주인이 도장 하나 찍어 주기)'를 주어 지역사회와 연계하는 환경교육이 되도록 한 바 있다.

그림 6-1 '환경지킴이' 표(뒷면은 도장받는 난)와 잘 관리되는 동네

두 번째 방법은 부모 및 지역사회 내 관련된 사람들이 유아들의 환경교육에 도움을 주는, 일종의 '전문가'로서 역할을 하거나 현장견학의 장소를 제공하는 것이다. 전술한 M 원의 수달 프로젝트에서는 시니어 생태클럽 노인 분들이나 마을 공동체 연구소 연구원 등이 전문가로서 도움을 준 경우이고, I 원의 '종이 안 쓰는 날' 프로젝트에서 종이팩을 휴지로 바꾸어 준 YWCA 회관, 재활용센터 등은 현

장견학 장소로서의 역할을 해 준 것이다. 세 번째 방법이면서 가장 고차원적인 가정 및 지역사회와의 협력 방법은 유아교육기관과 가정, 지역사회 기관이 함께 환경 살리기 활동을 함께 협력하여 하는 것이다. 전술한 YWCA와 8개 유아교육기관이 공동으로 아나바다 장을 개최한 것은 그런 경우이다.

이렇게 교육기관, 가정, 지역사회가 함께 해 나갈 때 교육기관은 가정 및 지역사회로부터 교육 활동을 보다 원활하게 해 나갈 수 있는 자원(전문가, 현장견학 장소, 실물 등)을 조달받을 수 있을 뿐 아니라 부모나 지역사회 주민들에게 환경보호에 대한 인식, 더 나아가 지속가능한 삶에 대한 인식을 하도록 이끌 수 있다. 특히 부모들의 경우 효과적인 환경교육은 자녀를 통하는 것임을 확인할 수 있었다. "우리 아이 때문에 무심천 수달에 대해 알게 되고 이후 물을 쓰는 자세가 달라졌어요." "커피 전문점에 가는 경우가 있으면 꼭 빈 우유팩을 달라고 해서 가져다가 따로 모아 배출해요."와 같은 부모의 전언은 그 실증이다.

4. 총체적 기관 접근

총체적 기관 접근(whole school approach)이란 말 그대로 가르치는 것뿐 아니라 생활, 자원이용, 기관의 정신과 문화, 시설 설비에 이르기까지 전체적으로 지속가능한 삶이 되도록 노력하여야 한다는 것이다. 즉, 자유선택 활동, 이야기 나누기 시간 등 수업시간뿐 아니라 교육기관에서의 식사 시간, 화장실 가는 시간 등에 이루어지는 모든 활동, 교육대상으로서의 유아뿐 아니고 교사, 원장, 주방에서 일하는 사람, 기사 등에 이르기까지 모든 사람, 종이 또는 풀 등 학용품 아껴 쓰기, 물이나 전기 아끼기 등 생활 속 실천, 빗물저장 탱크, 태양광 패널 설치 등 시설이나 설비에 이르기까지 총체적 기관 접근이란 단어 속에 모두 포함되는 것이다.

먼저 수업부터 살펴보자. 이를 위해 존 버닝햄이 지은 유명한 환경동화 『야, 우리 기차에서 내려!』의 후속편인 『나, 이제 기차에서 내릴래』(교육과학기술부, 2012)를 인용해 본다.

존 버닝햄 글/박상희 역/비룡소(1995)

환경동화: 존 버닝햄의 『야, 우리 기차에서 내려!』

■ 동화 내용

주인공 아이가 꿈에 강아지와 함께 기차를 몰고 가다가 환경악화와 사람들의 괴롭힘으로 원래 살던 곳을 떠나고자 하는 코끼리, 물개, 두루미, 호랑이, 곰을 차례로 기차에 태워준다는 내용

'나, 이제 기차에서 내릴래'[1)]

교사: 동물들이 모두 떠나자 사람들은 놀랐고 또 슬퍼졌지요. 그래서 동물들을 꼭 다시 돌아오게 해야겠다고 결심했어요. 그런 후 어떻게 했냐고요? 북극곰을 잡지 않았고요. 숲의 나무도 함부로 베지 않았대요. 그뿐이 아니에요. 늪도, 바다도 깨끗하게 잘 관리했대요. 아~! 한 가지 더, 눈을 크게 뜨고 코끼리 상아를 마구 잘라내는 사람들이 없나 지키기도 했대요. 그랬더니 기차에 타고 떠났던 동물 친구들이 어떻게 했을까요?

북극곰: 나는 사실 북극이 좋아. 사람들이 우리를 안 잡아가니까 엄마, 아빠, 형제들과 재미있게 살 수 있을 거야. 나, 이제 기차에서 내릴래.

교사: 이제 사람들은 숲에 있는 나무들을 베어 가지 않는다고 했지요? 그래서 호랑이는…

호랑이: 어흥~! 나무가 많아지니까 먹을 것도 많아지고… 난 숲이 제일 좋아. 나, 이제 기차에서 내릴래.

교사: 사람들은 늪의 물을 마구 떠 가지 않게 되었잖아요? 그러니까 두루미는…

두루미: 우리 두루미들은 늪을 너무너무 좋아한단다. 나, 이제 기차에서 내릴래.

교사: 사람들은 바다에 더러운 물을 흘려보내지 않게 되고 또 물고기도 마구 잡아가지 않게 되었어요. 그러니까 물개…

물개: 와~! 이제 바다가 깨끗해졌다. 먹을 것도 많고… 바다가 좋아. 나, 이제 기차에서 내릴래.

교사: 앗~! 한 친구가 아직도 남았네요. 사람들은 코끼리에게서 상아를 잘라내지 않게 되었어요. 자, 코끼리는…

코끼리: 휴우~! 난 안심하고 돌아다닐 수 있게 되었어. 사람들이 내 상아를 잘라가지 않으니까…. 나, 이제 기차에서 내릴래.

교사: 이래서 기차를 몰던 친구와 강아지는 뭐라고 했을까요?

기차를 몰던 친구: 와~! 친구들이 모두 기차에서 내렸네.

강아지: 맞아, 우리도 이제 그만 집에 가자.

교사: 그래서 모두 행복하게 집으로 돌아갔대요.

(동극은 뚜렷한 목적을 갖는 하나의 프로젝트이다. 동극을 하기 위해 계획단계부터 유아들과 함께하면서 무엇을 준비하면 좋을지, 어떻게 무대를 꾸밀 것인지, 누가 어떤 역할을 맡을 것인지를 정하고, 실행하면서 부딪히는 문제를 해결하면서 동극이라는 하나의 결과물을 만들어 내기 때문이다.)

『야, 우리 기차에서 내려!』의 후속편 격인 이 동화는 매우 분명한 교육적 의도를 담고 있다. 왜 동물들이 멸종되어 가는지를 알고 그렇게 되지 않도록 하기 위해서 우리 인간들이 무엇을 어떻게 해야 하는가를 보여주고 있기 때문이다. 이 동화는 이어 기차놀이와 동극을 합친 활동으로 연결되면서(끈으로 만든 기차에 동물들이 하나씩 탔다가 탔던 순서대로 내리는 식) 유아들에게 멸종위기동물과 사람들의 생활이 깊이 관련되어 있음을 알게 해 주었다.

이후 활동은 유아들이 점점 사라져 가는 동물들을 위해 생활 속에서 무엇을 주의하고 또 실천해야 하는지를 알고 실천하는 활동으로 전개되었다. 즉, 호랑이가 숲을 떠난 이유는 나무를 베어냈기 때문이고 이렇게 베어낸 나무들로 종이, 연필, 의자 등을 만드니 그런 것들을 원에서나 가정에서 아껴 쓰고 소중히 쓰기로 하고 구체적인 실천 방법 정하기 및 실천하기, 두루미나 물개가 마음 놓고 살아가도록 하기 위해 물 아껴 쓰기, 샴푸나 손 비누 등 세제 조금씩만 쓰기 등을 생활 속에서 실천하는 것이다.

한편, 이렇게 교육 의도가 분명한 활동들이 수없이 이루어진다고 해도 교사나 기타 원의 다른 구성원들의 일상생활 모습이나 문화가 지속가능한 삶을 지향하지 못할 때에는 교육의 효과가 일시적으로 나타날지는 몰라도 오래가지는 못한다. 반짝 효과로 끝나고 마는 것이다. 즉, 가르치는 것만큼, 아니 그보다 더 중요한 것은 원장과 교사, 주방일을 하는 사람, 운전기사 등 원의 모든 구성원이 생활 자체로

1) 『야, 우리 기차에서 내려!』와 반대되는 상황으로, 사람들의 노력에 의해 환경이 동물들 살기 좋게 바뀌자 기차를 타고 자기 살던 곳을 떠났던 동물들이 각자 자기가 살던 곳으로 다시 돌아가기 위해 기차에서 내린다는 내용으로 지옥정이 지은 것임.

유아들에게 보여주어야 하는 것이다. 그런 의미에서 쓰레기 안 나오는 식사를 유아들과 함께 매일매일 삶 속에서 실천하기, 부모 모임 등 행사 때에도 종이컵 사용 안 하기, 사용 안 하는 전기 코드를 뽑기, 재활용하기, 줄여 쓰기, 재사용하기 등을 기관 전체가 일상화시키고 지속해 나가야 한다.

또, 하나 중요한 것은 태양 에너지나 빗물 사용을 위해 보다 적극적으로 방안을 찾고 노력할 필요가 있다. 그것이 가능하려면 필요한 시설, 설비가 보완되어야 한다. 이는 각 기관 자체적으로도 할 수 있겠으나 지자체의 지원이 있다면 보다 효과적으로 이루어질 수 있다. 예를 들어, 퀸즐랜드 주 정부에서는 2010년부터 2012년까지 3년에 걸친 사업으로 퀸즐랜드 주 내 모든 유치원에 태양에너지를 사용할 수 있는 시설을 설치해 주었다. 그런가 하면, 청주의 몇몇 유아교육기관은 청주시 농촌기술센터의 지원으로 빗물저금통을 설치하여 모인 빗물로 텃밭 가꾸기, 청소하기 등에 활용하고 있다. 이와 같은 빗물저금통 활용은 우리나라뿐 아니라 이미 지속가능한 삶을 표방하고 있는 세계 여러 나라 유치원에서 시행되고 있는 일이다.

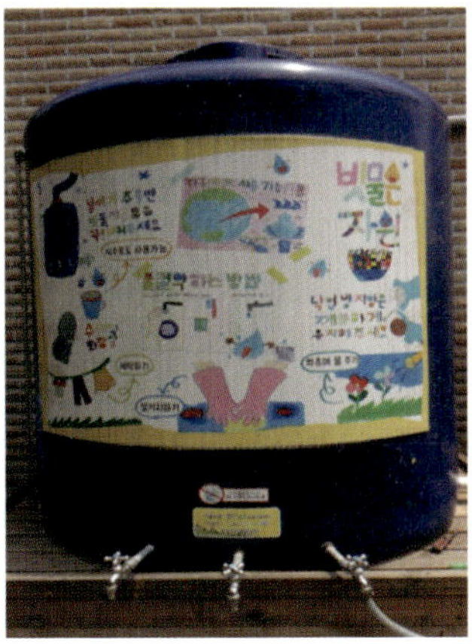

그림 6-2 농촌기술센터 지원으로 설치된 빗물저금통(아이림유치원)

5. 다양한 교수 기법 활용

지속가능발전 지향 유아 환경교육의 목표는 우리 주변 환경이 얼마나 아름답고 소중한 것인지 마음으로 깊이 느끼고, 자연을 비롯한 주변 환경에 대해 바르게 알고, 그래서 그 소중하고 아름다운 자연을 지켜나가기 위해 생활 속에서 실천하고 다른 사람을 비롯한 생태계 구성원과 더불어 살 수 있는 사람을 길러내고자 하는 것이다. 이런 목표 달성을 위해서는 다양한 교수 기법이 활용되어야 하는데 그중에서도 우선되어야 할 것은 유아들이 자연의 아름다움을 깊이 느끼면서 생태적 감수성을 키울 수 있도록 하는 자연에서의 놀이이다. 유엔지속가능발전교육 최종보고서(UNESCO, 2014b)에서도 영유아기 지속가능발전교육의 실행에 있어 가장 본질적인 요인은 바깥에서의 놀이를 포함한 놀이가 되어야 한다고 하였다. 여기서 바깥에서의 놀이가 바로 자연을 오감으로 느끼고 즐길 수 있어야 한다는 의미이다. 계절에 따라 변해가는 꽃과 나무, 꽃이 나서 자라고 열매 맺는 과정, 새들의 지저귐, 거미줄, 개미 등 자연에서 볼 수 있는 모든 것은 유아들에게 좋은 교육 소재가 된다. 이런 체험이 이루어지는 곳이 자연 그대로의 안전한 숲이라면 더할 나위 없이 좋겠으나 그런 숲이 가까이 없는 경우 공원이나 하천변도 훌륭한 장소가 될 수 있다.

자연에서의 놀이가 중요한 요인이긴 하나 이외에도 다양한 교수 기법이 활용될 수 있다. 즉, 이야기 나누기, 신체표현 활동, 실험, 현장견학, 음률 활동, 동화 및 동극 등 다양한 방법들이 적절하게 활용될 필요가 있다. 물론 이것은 유아환경교육에 국한된 것은 아니며 유아교육 전반에 해당되는 이야기이기도 하다. 그런데 지속가능발전 지향 유아환경교육의 경우 특별히 주의해야 할 점이 있다. 그것은 자연에 관한 색다른 지식이나 활동을 숲 해설사, 자연안내자 등으로부터 교사가 배운 경우에 이를 유아들에게 전달할 때 그 내용이나 교수 기법 측면에서 충분한 주의를 기울여야 한다는 사실이다.

유아교사들은 대체로 자연이나 환경 관련 지식에 약한 편이다. 특히 도시에서 나고 자란 교사들의 경우에는 더욱 그렇다. 그러다 보니 자연을 통한 교육에 관심을 기울이는 원에서는 자연안내자나 숲 해설가 등을 통해 교사 대상 자연생태교육 또는 숲 교육을 행하는 경우가 많다. 그렇게 한 경우 확실히 그런 교육을 받지 않은 교사보다 자연에 대해 훨씬 풍성한 내용을 알고 교육에 임할 수 있다. 예를 들어 벽을 타고 올라가는 이렇게 생긴 식물은 줄사철이고, 애기똥풀이나 원추리에는 독이 있는 식물이고, 철쭉과 영산홍은 비슷하게 보이지만 다른 꽃이고, 봄에 공원 바닥에 많이 떨어져 있는 것이 바로 메타세쿼이아 꽃이라는 것, 메타세쿼이아 열매와 솔방울은 크기가 확연히 다르다는 것 등이다. 그런가 하면 자연물로 할 수 있는 흥미로운 작업이나 게임도 이것저것 많이 알게 된다. 냉이 씨방으로 소리 듣기, 갈퀴덩굴로 꾸미기, 냉이꽃(하트 모양)과 꽃다지(음표 모양) 모양 비교하기, 목련 꽃잎에 비눗방울 묻혀 불어보기, 회양목 잎으로 애벌레 만들기 등이다.

문제는 이렇게 교사교육을 받고 유아들과 활동해 보고자 할 때는 필히 '유아교육'이라는 체에 걸러내고 유아 수준에 맞도록 창의적으로 변형시킬 필요가 있다는 것이다. 예를 들어 어느 원에서는 교사들이 자연안내자로부터 재미있게 배운 대로 보라색이 섞여 있는 냉이에 함유되어 있는 안토시아닌 색소 검출 실험을 유아들과 하였다. 안토시아닌 색소가 우리 몸에 매우 좋다는 사실을 알려주는 것까지 곁들여서 말이다. 그러나 이 활동은 유아들에게 잠깐 흥미를 끌고는 더 확장되지 못한 채 끝나버렸다. 교사 자신도 이 활동내용을 유아기 지속가능발전교육 차원에서 어떻게 연결시키면 좋을지 별다른 아이디어 없이 진행하였고, 무엇보다도 유아가 이해하기에는 너무 어려운 내용이었기 때문이다. 다음은 2016년 4월의 어느 봄날 그런 실험을 하고 난 후 한 교사가 작성한 반성적 일지 중 일부이다.

"보라색이 섞인 냉이의 색을 변신시키는 '마술'을 할 거라고 말해 주었다. 마술이라니까 아이들이 모두 흥미 있어 한다. 준비물은 식초, 소다, 사이다, 그리고 M 공원에서 캐 온 보랏빛이 감도는 냉이이다. 마술이니까 주문이 필요하다고 하고 아이들과 기를 모은 뒤 "냉이야 변해라 얍~!" 하고 주문을 외워주었다.

… 〈중략〉 …

10~15분 정도 각각의 물에 담가두었더니 식초물에 있는 냉이는 분홍색이 약간 보였고, 사이다는 약간 불그스름해지는 것을 눈으로 확인할 수 있었다. 아쉽게도 소다 물에서는 큰 변화를 보지 못했다."

여기서 보면 유아들과 일견 흥미 있어 보이는 것 같은 실험을 하였으나 그것은 유아들에게 지속가능발전 지향 환경교육에서 지향하는 어떤 목표하고도 연결되지 못한 활동으로 의미 없이 끝나버리고 말았다. 그런가 하면 새들의 도시락 만들기(솔방울 사이에 식빵을 잘라 끼우고, 꿀을 묻혀 조나 쌀 등 곡식에 찍으면 됨) 같은 경우 봄이고 새들의 먹을거리가 많은 때라면 굳이 유아들과 해야 할 이유가 없다. 오히려 문제를 일으킬 뿐이기 때문이다.

교사가 외부에서 배워 온 어떤 것을 그대로 유아에게 전달할 때 나타나는 또 한 가지 중요한 문제점은 그런 방식은 유아의 창의적 사고를 자극하거나 자연물들 간의 상호연관성에 대해 능동적으로 사고하도록 이끌기가 어렵다는 점이다. 교사가 사전에 이를 유아교육적으로 충분히 소화시키지 못한 채로 전달하고 있기 때문이다. 반면 자연안내자로부터 배운 것은 메타세쿼이아 열매를 가지고 팔찌 만드는 것이었지만 교사가 유아교육적으로 충분히 숙고한 뒤라면 매우 바람직한 활동이 될 수 있다. 먼저 유아들과 메타세쿼이아 열매를 다양하게 탐색하기, 메타세쿼이아 열매를 큰 원 안에 던져 넣기, 점차 원의 크기를 줄여가면서 던져 넣기, 그런 과정을 거쳐 충분히 탐색이 이루어지고 난 후 각자 창의적인 아이디어로 작품 만들기에 활용하는 식이다. 즉, 다양한 교수기법을 사용하는 데 있어 동시에 점검하여야 할 것은 지금 현재 이 교육내용과 방법이 과연 현재 유아들에게 적절한 것인가 하는 점이다.

이상에서 교수·학습 원리를 5가지로 나누어 정리해 보았다. 이제 다음 장에서는 4~6장까지 다룬 환경교육의 목적 및 목표, 내용, 교수·학습 원리에 근거하여 어떤 식으로 실제 환경교육을 계획하고 실행해 나갈 수 있을 것인지를 다루고자 한다.

PART III

지속가능발전 지향 유아환경교육의 적용

CHAPTER 7

지속가능발전 지향 유아환경교육의 계획 및 운영

Early Childhood Environmental Education for Sustainable Development

4장을 통해 우리는 지속가능발전 지향 유아환경교육의 목적은 존중의 가치를 기반으로 지속가능한 삶을 실천하기 위한 세계 시민으로서의 환경기초소양을 함양하는 것이며, 이는 감성, 지식, 태도, 실천의 네 가지 목표 영역으로 연결될 수 있음을 살펴보았다. 이어 5장에서 이러한 지속가능발전 지향 유아환경교육의 목적과 목표 달성을 위한 유아환경교육내용 영역, 6장에서 교수·학습원리를 살펴보았다. 이제 7장에서는 전술한 목적 및 목표, 내용 영역, 교수·학습원리에 기초해서 과연 유아교육현장에서 구체적으로 어떻게 지속가능발전 지향 유아환경교육을 계획하고 운영해 나갈 것인지 살펴보기로 하자.

지속가능발전 지향 유아환경교육의 계획과 운영 방법은 교사가 누리과정 생활주제마다 적합한 환경교육내용을 연결시켜 주간교육계획안, 일일교육계획안을 사전에 구성하여 실행하는 방법과 교사와 유아가 함께 교육내용과 활동방법을 계속 조정해나가는 프로젝트를 통한 방법으로 나누어 살펴볼 수 있다. 먼저 생활주제와 연계한 환경교육 계획 및 운영 방법부터 구체적으로 살펴보기로 하자.

1. 생활주제와 연계한 환경교육의 계획 및 운영

지속가능발전 지향 유아환경교육을 교사가 계획한다고 할 때 가장 먼저 떠올리는 것은 누리과정 생활주제와의 연계성일 것이다. 그런 점에서 다음을 생각해 보자.

지속가능발전 지향 유아환경교육의 내용을 떠올리면서 본인이 가장 흥미를 느끼는 내용은 무엇인지, 그 내용을 유아들에게 교육한다고 할 때 누리과정의 어떤 생활주제와 가장 잘 어울릴 것 같은지 생각해 보고 옆 사람과 비교해 보자.

흥미 느끼는 것	바른 식생활	자연환경의 아름다움 느끼기	동식물 배려하기
누리과정 생활주제	(　　　　)	(　　　　)	동식물과 자연

위에서 제시된 지속가능발전 지향 유아환경교육의 내용 중 '바른 식생활'의 경우 교육이 효과적으로 이루어지기 위해서는 교육기관에서뿐 아니라 가정과 연계하여 계속적인 생활실천이 이루어지도록 해야 할 것이다. 소재 면에서는 우리 몸에 좋은 바른 먹거리가 어떤 것인가 하는 것뿐 아니라 먹거리를 사고파는 소비 행위, 먹거리가 우리에게 오기까지 환경에 미치는 영향, 음식 만들기 등 폭넓게 접근할 필요가 있다. 그렇기 때문에 '바른 식생활'의 경우 『건강과 안전』이나 『환경과 생활』과 같은 생활주제에서도 일부 연계하여 다루어볼 수 있겠으나 생활주제 『나와 가족』에서 보다 다양한 활동이 가능할 것이다. 또 다른 예로, '자연환경의 아름다움 느끼기'의 경우 일단 자연에 자주 나가 보아야 한다, 다양한 동식물을 접할 필요가 있다, 자연친화적 감성을 키우는 데 중점을 둘 필요가 있다는 점을 염두에 둔다면 『봄, 여름, 가을, 겨울』이나 『동식물과 자연』과 같은 생활주제에서 보다 수월하게 다룰 수 있을 것이다. 마찬가지로 '동식물 배려하기'는 당연히 동식물을 바르게 돌보는 지식이나 방법, 실천 관련 내용이라고 볼 때 다른 어떤 생활주제보다도 『동식물과 자연』 생활주제에서 다양하게 연계시켜 다루는 것이 가능하리라

고 본다. 이런 점을 전제하면서 여기서는 생활주제 중심의 통합교육과정 운영에서 환경교육내용을 어떻게 풀어나갈 수 있을지 보다 구체적으로 살펴볼 것이다. 생활주제와 연계한 계획 및 운영 과정은 다음과 같다.

가. 지속가능발전 지향 '유아환경교육의 내용'과 '생활주제'의 연계

유아환경교육은 1년 동안의 연중 생활주제 안에서 지속적으로 운영되는 것이 바람직하다. 따라서 지속가능발전 지향 환경교육을 계획하기 위해서는 먼저 유아환경교육내용과 생활주제를 연계시켜 볼 필요가 있다. 5가지 환경교육내용범주는 모든 생활주제에서 다룰 수 있는데 특히 생활주제의 내용적 특성을 고려하여 어떤 생활주제에서 좀 더 비중 있게 다룰 것인지 가늠해 볼 수 있다. 이와 같이 유아환경교육내용범주와 생활주제의 연계가능성을 모색해 보는 과정은 1년 동안 운영되는 생활주제와 연계된 환경교육의 전체적인 그림을 그릴 수 있게 해 준다. 예를 들어 '환경감수성과 윤리의식 증진'과 같은 내용은 특히 자연에서의 활동이나 동식물을 접할 기회가 많은 생활주제 『동식물과 자연』이나 계절의 변화를 느끼고 관련 활동을 많이 하게 되는 생활주제 『봄, 여름, 가을, 겨울』과 같은 생활주제에서 좀 더 비중 있게 다룰 수 있을 것이다. 또한 '지속가능발전을 위한 시민의식 증진' 역시 모든 생활주제에서 다루는 것이 가능하나 내용 구성상 특히 『우리 동네』, 『우리나라』, 『세계 여러 나라』, 『환경과 생활』과 같은 생활주제와 연계시키기 용이하므로 이러한 생활주제에서 좀 더 비중 있게 다루는 것이 바람직하다.

이와 같은 방법으로 〈표 7-1〉에서는 지속가능발전 지향 환경교육내용과 누리과정 생활주제를 연계시켜 본 예를 제시하였다. ◎표는 연계 정도가 높아 그 환경교육내용을 좀 더 비중 있게 다룰 수 있다는 의미이며, ○표는 보통 정도를 의미한다. 이러한 연계 가능성 모색은 각 유아교육기관의 상황과 교사들의 판단에 따라 다르게 구성될 수 있다.

표 7-1 지속가능발전 지향 유아환경교육의 내용과 생활주제 연계

유아환경교육내용	생활주제										
대영역	유치원과 친구	나와 가족	우리 동네	동식물과 자연	건강과 안전	생활 도구	교통 기관	우리 나라	세계 여러 나라	환경과 생활	봄 여름 가을 겨울
1. 환경감수성과 윤리의식 증진	○	○	○	◎	○	○	○	○	○	○	◎
2. 환경구성 이해	◎	○	○	○	○	○	○	○	○	◎	◎
3. 환경문제인식 및 대처	○	○	○	○	○	○	◎	◎	○	◎	○
4. 지속가능발전을 위한 생활실천	○	◎	◎	○	◎	◎	◎	○	○	◎	○
5. 지속가능발전을 위한 시민의식 증진	○	○	◎	○	○	○	○	◎	◎	◎	○
○ 환경교육내용을 보통으로 다룸, ◎ 좀 더 비중 두어 다룸											

나. 지속가능발전 지향 '유아환경교육의 내용'과 '주제'의 연계

〈표 7-2〉에서 생활주제 『나와 가족』의 경우 환경교육내용 중 특히 '지속가능발전을 위한 생활실천'이 비중 있게 다루어질 수 있으며, 그 밖에 '환경감수성과 윤리의식 증진', '환경구성 이해', '환경문제인식 및 대처', '지속가능발전을 위한 생활실천', '지속가능발전을 위한 시민의식 증진'은 보통 정도로 다루어질 수 있음을 살펴보았다. 여기서 한 걸음 더 나아가 생활주제에 속한 한 주의 주제별로 환경교육내용과의 연계해 보는 것이 필요하다. 이 과정을 거치면 주간교육계획안 작성 시 환경교육 활동 선정이 용이해진다. 예를 들어 〈표 7-2〉는 생활주제 『나와 가족』의 주제 '나의 몸과 마음', '소중한 나', '소중한 가족', '가족의 생활과 문화'별로 환경교육내용과 연계해 본 것이다.

표 7-2 지속가능발전 지향 유아환경교육의 내용과 주제의 연계

유아환경교육내용		생활주제: 나와 가족			
		주 제			
대영역	중영역	나의 몸과 마음	소중한 나	소중한 가족	가족의 생활과 문화
1. 환경감수성과 윤리의식 증진	1-1. 환경에 대한 감수성과 배려	○	○		
	1-2. 환경윤리			○	
2. 환경구성 이해	2-1. 자연환경과 인간				
	2-2. 생활환경과 인간	○		○	
3. 환경문제 인식 및 대처	3-1. 환경오염				
	3-2. 기후변화 및 지구 온난화				
	3-3. 자원고갈 및 생태계 파괴				
	3-4. 환경문제 대처			○	
4. 지속가능발전을 위한 생활실천	4-1. 바른 식생활	◎	◎		
	4-2. 자원 · 에너지 절약 및 재활용				◎
	4-3. 주변 환경 정리 및 깨끗한 환경 유지		◎		◎
	4-4. 신재생 에너지 이해 및 이용				◎
5. 지속가능발전을 위한 시민의식 증진	5-1. 지역사회 주민으로서의 역할 참여				○
	5-2. 세계 시민으로서의 역할 참여				

〈표 7-2〉를 살펴보면 생활주제 『나와 가족』에서는 '지속가능발전생활을 위한 생활실천'이 좀 더 비중 있게 다루어질 수 있는데, 그중 '소중한 나' 주제에서는 환경교육내용 중 '바른 식생활', '주변 환경 정리 및 깨끗한 환경유지'를 좀 더 강조해서 다룰 수 있으며 '환경에 대한 감수성과 배려'도 다룰 수 있다고 본 것이다. 이런 판단은 각 유아교육기관, 더 구체적으로는 각 반을 맡은 교사의 판단에 따라 어느 정도 달라질 수 있다. 예를 들어 어떤 교사는 주제 '소중한 나'에서 '환경문제 대처', '환경윤리'를 좀 더 비중 있게 다루어야 할 것으로 선택할 수도 있기 때문이다. 이와 같이 교사는 주제와 환경교육내용의 연계가능성을 모색해 보는 과정을 통해 주제의 특성에 따라 환경교육내용 중 어떤 부분을 좀 더 강조해서 다룰 수 있을지 가늠해 볼 수 있다.

다. 주제와 연계한 환경교육내용을 '활동'으로 전환

주제와 어떠한 지속가능발전 지향 유아환경교육내용이 연계될 수 있는지 살펴보았다면 다음으로는 주제와 연계한 환경교육내용을 구체화해 보고 이를 환경교육 활동으로 전환하는 작업, 즉 지속가능발전 지향 환경교육 활동을 선정해야 한다. 〈표 7-3〉을 살펴보면 지속가능발전 지향 '유아환경교육의 내용'과 주제 '소중한 나'와 연계한 환경교육내용을 구체화해 보고 이를 환경교육 활동으로 전환한 것을 볼 수 있다. 이때 주제와 연계한 환경교육내용은 그 자체로 유아들에게 전달하는 것이 아니라 이러한 내용을 반영한 활동으로 풀어내야 하며, 활동의 형태는 자유선택 활동, 이야기 나누기, 동화, 게임, 실험 등 유아교육기관에서 실행하는 다양한 대·소집단 활동 모두가 포함될 수 있다.

표 7-3 주제 '소중한 나'와 연계한 환경교육내용을 토대로 한 환경교육 활동 선정

유아환경교육내용		
대영역	중영역	세부교육내용
1. 환경 감수성과 윤리의식 증진	1-1. 환경에 대한 감수성과 배려	• 자연환경의 아름다움과 소중함 느끼기 • 자연환경에 관심 가지기 • 동식물 배려하기
4. 지속가능 발전을 위한 생활실천	4-1. 바른 식생활	• 우리 몸에 좋은 먹거리 알아보기 • 먹거리의 생산과정 알아보기 • 우리 고장에서 나는 제철 음식 먹기 • 음식물 쓰레기 줄이기
	4-3. 주변 환경 정리 및 깨끗한 환경 유지	• 깨끗한 자연환경 유지를 위한 생활 실천하기 • 깨끗한 생활환경 유지를 위한 생활 실천하기

+

주제: 소중한 나	
소주제	주요내용
나의 몸 소중히 여기기	• 나와 다른 사람의 몸을 소중히 여긴다. • 건강의 중요성을 알고 건강하게 생활하는 습관을 기른다. • 위험한 상황에서 안전하게 대처하는 방법을 안다.
나의 특별함을 알고 사랑하기	• 가족 및 사회 구성원으로서 소중함을 안다. • 내가 잘할 수 있는 것을 찾아보고, 미래에 하고 싶은 일에 관심을 갖는다. • 나와 다른 사람은 같은 점과 다른 점이 있음을 안다.
나의 일 스스로 하기	• 내가 할 수 있는 일이 있음을 안다. • 내가 할 수 있는 일을 계획하고 실천한다. • 내가 하는 일에 자신감을 갖는다.

⇩

주제 '소중한 나'와 연계한 환경교육내용의 구체화
• 주변 동식물 바르게 돌보기 • 우리 몸에 좋은 지역농산물 먹기 • 건강한 식습관 기르기 • 쓰레기를 최소화하는 식사하기 • 깨끗한 환경을 지키기 위해 내가 할 일 계획하고 실천하기

⇩

⇩

'환경교육 활동'으로 전환

[자유선택 활동: 역할놀이 영역] 건강밥상 차리기
[이야기 나누기] 우리 몸에 좋은 지역농산물 알아보기
[동화] 과자마녀를 조심해
[동영상 동화] 구리구리 왕자
[요리] 천연 색소로 건강과자 만들기
[노래] 냠냠 싹싹 먹어요.
[바깥놀이: 텃밭 활동] 잘 자라라, 상추야

라. 전환된 환경교육 활동을 주간교육계획안에 안배

위의 절차에서 환경교육내용을 반영하여 전환된 환경교육 활동들을 주제 '소중한 나'의 주간교육계획안에 안배한 예를 들면 〈표 7-4〉와 같다.

표 7-4 주제 '소중한 나' 교육계획안에 반영된 환경교육활동

<table>
<tr><th colspan="2">반 이름</th><td colspan="2">○○반</td><th>시기</th><td colspan="2">20○○년 4월 둘째 주</td></tr>
<tr><th colspan="2">생활주제</th><td colspan="2">나와 가족</td><th>주제</th><td colspan="2">소중한 나</td></tr>
<tr><th colspan="2">목표</th><td colspan="5">• 나의 소중함을 알고 자신을 보호할 수 있는 능력을 기른다.
• 우리 몸을 건강하게 해 주는 좋은 먹거리에 대해 알고 건강한 식생활을 실천한다.
• 나의 특별함을 알고 사랑한다.</td></tr>
<tr><th colspan="2">날짜/요일
활동</th><th>8(월)</th><th>9(화)</th><th>10(수)</th><th>11(목)</th><th>12(금)</th></tr>
<tr><th colspan="2">소주제</th><th colspan="2">나의 몸 소중히 여기기</th><th colspan="2">나의 특별함을 알고 사랑하기</th><th>나의 일 스스로 하기</th></tr>
<tr><th rowspan="3">자유선택활동</th><td>쌓기놀이 영역</td><td colspan="2">몸속 뼈대 만들기</td><td colspan="3">내가 일하고 싶은 곳 만들기</td></tr>
<tr><td>역할놀이 영역</td><td>신체검사 놀이</td><td colspan="2">건강밥상 차리기</td><td colspan="2">여러 가지 직업놀이</td></tr>
<tr><td>언어 영역</td><td colspan="2">나의 소중한 보물</td><td>오늘의 점심 메뉴 소개하기</td><td colspan="2">나는 잘할 수 있어요</td></tr>
</table>

<table>
<tr><th colspan="2">날짜/요일
활동</th><th>8(월)</th><th>9(화)</th><th>10(수)</th><th>11(목)</th><th>12(금)</th></tr>
<tr><th colspan="2">소주제</th><th colspan="2">나의 몸 소중히 여기기</th><th colspan="2">나의 특별함을 알고 사랑하기</th><th>나의 일 스스로 하기</th></tr>
<tr><td rowspan="4">자유선택활동</td><td>수 · 조작 놀이 영역</td><td colspan="3">나를 숫자로 소개해요</td><td colspan="2">직업 퍼즐</td></tr>
<tr><td>과학 영역</td><td>나의 잔디인형</td><td colspan="2">내 몸의 여러 기관 탐색</td><td colspan="2">옷을 입어요</td></tr>
<tr><td>미술 영역</td><td></td><td colspan="3">사랑스러운 까마귀 동극자료 만들기</td><td>내가 되고 싶은 것</td></tr>
<tr><td>음률 영역</td><td colspan="2">'나는 특별해' 노래 감상하기</td><td colspan="3">내가 만든 악기로 연주하기</td></tr>
<tr><td rowspan="7">대 · 소 집단활동</td><td>이야기 나누기</td><td>내 몸은 소중해요</td><td>우리 몸에 좋은 지역 농산물 알아보기</td><td>나에게는 자랑거리가 있어요</td><td>내 이름 삼행시</td><td>나에게는 꿈이 있어요</td></tr>
<tr><td>동화 · 동시 · 동극</td><td>동화) 과자 마녀를 조심해</td><td>동화) 내 몸을 지키는 소중한 약속</td><td>동화) 구리구리 왕자</td><td>동화) 그루터기야 생일 축하해</td><td>동극) 사랑스러운 까마귀</td></tr>
<tr><td>음률</td><td>노래) 나는 특별해</td><td></td><td>노래) 냠냠 싹싹 먹어요</td><td></td><td>나는 연주 왕</td></tr>
<tr><td>신체</td><td></td><td></td><td>어떤 표정일까요?</td><td></td><td>스트레칭 체조</td></tr>
<tr><td>게임</td><td>소리를 들으며 따라가요</td><td></td><td></td><td></td><td></td></tr>
<tr><td>요리</td><td></td><td></td><td></td><td></td><td>천연 색소로 건강과자 만들기</td></tr>
<tr><td>미술</td><td></td><td></td><td>행복카드 만들기</td><td>나는 할 수 있어요</td><td></td></tr>
<tr><td colspan="2">바깥놀이 활동</td><td></td><td>잘 자라라, 상추야</td><td>줄 아래로 빠져나가기</td><td></td><td>고정된 줄 뛰어넘기</td></tr>
</table>

〈표 7-4〉의 환경교육 활동들을 반영하여 안배한 주간교육계획안 작성 및 운영 시 고려할 점은 다음과 같다.

첫째, 주제의 시작 단계에서는 동화, 산책, 동영상이나 교구 등 다양한 매체를 활용한 도입 활동을 통해 환경교육 활동에 호기심을 가지고 친숙하게 접근할 수 있도록 한다. 〈표 7-4〉를 살펴보면 동화 '과자 마녀를 조심해' 활동을 월요일에 배치하여 유아들이 친숙한 동화를 통해 바른 식생활에 관심을 가질 수 있도록 환경교육 활동을 도입하고 있다.

둘째, 주제의 전개 과정에서는 도입 활동과 연계한 본 활동을 통해 유아들이 호기심을 가지고 궁금해하는 환경관련 내용을 좀 더 심화시켜 알아볼 수 있도록 한다. 이때 유아들이 관심을 가지고 있는 내용을 자유선택 활동 흥미 영역 활동이나 바깥놀이 활동, 대집단 활동 등 다양한 활동 형태로 확장해 볼 수 있다. 〈표 7-4〉를 살펴보면 동화 '과자 마녀를 조심해' 활동을 통해 형성된 건강한 먹거리에 대한 유아들의 관심을 심화하여 주제 전개과정에서는 '우리 몸에 좋은 지역농산물'에 대한 이야기 나누기를 하여 건강한 먹거리에 새로운 지식을 습득하고, 실제로 건강 밥상을 차려보는 역할놀이를 해 볼 수 있도록 활동을 연계할 수 있다. 또한 동화 『구리구리 왕자』와 노래 '냠냠 싹싹 먹어요'를 통해 바른 식생활에 대한 지식과 태도를 형성할 수 있도록 도울 수 있다.

셋째, 주제의 마무리 단계에서는 확장 활동을 통해 유아들이 흥미를 가지고 탐구했던 환경관련 내용을 직접 실천해 볼 수 있도록 한다. 〈표 7-4〉를 살펴보면 건강한 먹거리를 키워보는 '상추 기르기' 활동과 '천연 색소로 건강과자 만들기' 활동을 통해 건강한 먹거리에 대한 지식과 태도를 기초로 유아들이 직접 바른 먹거리를 키워보고 만들어보는 실천 활동을 계획하였다.

마. 지속가능발전 지향 환경교육 활동 계획안 작성

주간교육계획안에 활동 안배가 어느 정도 되었다면 각 환경교육 활동에 대한 계획안을 작성해 본다. 앞에서 선정한 환경교육 활동 중 2가지 계획안을 예시해 보면 〈표 7-5〉와 같다.

표 7-5 환경교육 활동 계획안 예시

활동명	[동화] 과자 마녀를 조심해	[바깥놀이: 텃밭 활동] 잘 자라라, 상추야
활동목표	• 우리가 좋아하는 과자에도 몸에 나쁜 성분이 있음을 안다. • 건강한 먹거리에 관심을 갖는다.	• 상추의 성장에 도움을 주는 물과 햇빛, 흙, 벌레 등의 역할과 상호연관성을 인식한다. • 상추의 재배과정에 관심을 갖는다.
환경교육 내용범주 관련요소	• 지속가능발전을 위한 생활실천–바른 식생활	• 환경구성 이해–자연환경과 인간 • 환경감수성과 윤리의식 증진–환경에 대한 감수성과 배려
활동자료	• 동화책 『과자 마녀를 조심해』, 과자 마녀 막대인형	• 상추씨, 흙, 유기질 비료, 삽, 물 조리개, 상추 심는 과정 PPT 자료
활동방법	1. 과자 마녀 막대 인형으로 동기유발을 한다. 2. 『과자 마녀를 조심해』 동화를 들려준다. 3. 동화의 내용을 회상한다. 4. 과자 대신에 먹을 수 있는 건강한 간식에 대해 이야기 나눈다.	1. 상추 심는 과정에 대한 PPT 자료를 보며 어떻게 심는지 이야기 나눈다. 2. 상추씨의 성장에 도움을 주는 자연환경에 대해 이야기 나눈다. 3. 텃밭으로 나와 상추씨를 심어 본다. 4. 상추씨를 심은 뒤 흙을 덮고, 물을 준다.
활동 시 유의점	• 과자 마녀를 왜 조심해야 하는지 유아들이 이해하도록 하는 데 중점을 둔다. • 동화를 회상하면서 과자 대신 몸에 건강하고 맛있는 간식은 무엇이 있을지 생각해 보도록 한다.	• 상추씨를 한곳에 너무 많이 심지 않고 적절한 간격을 유지하며 심도록 한다. • 상추를 길러보는 과정에서 흙, 벌레, 햇빛, 물 등의 다양한 자연환경을 함께 탐색할 수 있도록 격려한다.

이상과 같이 교사가 생활주제 및 주제와 환경교육내용을 연계하여 사전에 교육계획안을 구성하여 실행하는 방법에 대해 살펴보았다. 다음으로는 교사가 역시 큰 틀은 계획하되, 세부적인 내용 전개와 교수·학습 과정은 유아들과 함께 만들어나가는 프로젝트를 통한 환경교육 계획 및 운영에 대해 살펴보기로 한다.

2. 프로젝트를 통한 환경교육의 계획 및 운영

여기서 소개하는 것은 프로젝트 접근법(The Project Approach)에 의한 프로젝트이다. 프로젝트의 중심 특성은 '특정 주제에 대한 깊이 있는 탐구'(Katz, Chard & Kogan, 2014)로 프로젝트 과정 중 교수학습 내용이나 방법을 교사와 유아가 공동으로 주도해 간다는 점에서 교사계획안에 의해 수업을 끌어가는 방식과 차이가 난다. 교사와 유아의 공동 주도라고 해서 교사의 사전 계획이 없다는 말은 물론 아니다. 그렇다면 지속가능발전 지향 유아환경교육을 프로젝트로 해 나가는 데 있어서 교사의 계획은 어떤 부분에서 왜 필요하며, 이와 같은 교사의 계획은 프로젝트 진행과정에서 어떤 역할을 하는 것인지, 또 이때 유아의 주도적 참여는 어떤 식으로 이루어질 수 있을지를 주제 선정 과정에서부터 살펴보기로 하자.[1)]

가. 지속가능발전 지향 유아환경교육 관련 주제 선정

1) 주제 선정 기준

프로젝트에 들어가기 전 우선 중요한 문제는 지속가능발전 지향 유아환경교육에 적합한 주제를 선정하는 일이다. 이때 프로젝트 주제 선정 준거는 일반적 준거

1) 이하 내용은 지옥정(2017) 『유아교육현장에서의 프로젝트 접근법(제4판)』(창지사) 내용을 기초로 요약한 것임.

외에 지속가능발전 지향 유아환경교육을 위한 가능성도 가지고 있어야 한다. 주제 선정 기준을 구체적으로 살펴보면 〈표 7-6〉과 같다.

표 7-6 지속가능발전 지향 유아환경교육을 위한 프로젝트 주제 선정 기준

프로젝트 주제 선정 준거		지속가능발전 지향 유아환경교육 소재 가능성		주제
① 실생활에서 유아들의 직접적인 관찰이 가능하다. ② 대부분의 유아들이 경험한 바 있다. ③ 위험하지 않게 직접적인 조사가 가능하다. ④ 지역자원(현장, 전문가)을 얻기에 용이하고 쉽게 접근 가능하다. ⑤ 다양한 표상 활동(역할 놀이, 구성, 그림, 입체물 등)이 가능하다. ⑥ 부모가 쉽게 참여하고 기여할 수 있다. ⑦ 일반적인 문화 차원에서뿐 아니라 지역 문화 차원에서도 잘 맞는다. ⑧ 많은 유아가 흥미를 가지고 있거나 교사 판단에 흥미를 발달시킬 만한 가치가 있다. ⑨ 학교, 지역구(우리나라의 경우 국가수준 교육과정) 교육과정의 목적과 잘 연계된다. ⑩ 기초 기능(어린이의 연령에 따라 필요한)을 적용할 수 있는 충분한 기회를 제공한다. ⑪ 주제가 너무 세부적이거나(예: 어떤 특정인의 개) 너무 광범위(예: 계절)하지 않고 적절하게 구체적이다. 가끔 세부적인 주제는 작은 프로젝트(mini projects)로 연결할 수 있다.	+	① 환경적인 면을 중심으로 사회적인 면, 경제적인 면을 더불어 다룰 수 있는 가능성이 있다. ② 지속가능발전교육에서 추구하는 가치인 인권 존중, 미래 세대 존중, 문화적 다양성 존중, 생태적 다양성 존중을 다룰 수 있는 가능성이 있다. ③ 지속가능발전 지향 유아환경교육내용을 다룰 수 있는 가능성이 있다.	=	예) '공원' '종이' '음식' '물의 날' '불 끄는 날'

물론 가능성 있는 주제를 선정했다고 해서 그것이 바로 바람직한 '지속가능발전 지향 유아환경교육'을 보장해 주는 것은 아니다. 이런 주제를 가지고 교사가 유

아들과 프로젝트 의미를 잘 살릴 수 있도록 노력해 나가야 한다.

2) 주제 선정 방법

주제 선정 준거를 살펴보았으니 다음으로 주제 선정 방법을 보다 구체적으로 살펴보자. 주제 선정 방법은 일반적인 주제 선정 기준에 비추어 교사협의회가 선정, 동화 듣기, 교구활용, 노래 배우기 과정 중 주제 발현, 특정 환경기념일에 따른 주제 선정 방법 등 다양하다. 그 각각을 살펴보면 다음과 같다.

가) 일반적인 주제 선정 기준에 비추어 교사협의회가 선정

전술한 주제선정 기준에 기초하여 교사협의회가 여러 가지 원의 여건을 고려하여 주제를 선정하는 방법이다. 즉, 원의 여건과 상황에 따라 누리과정 생활주제를 다루는 중 특별하게 다룰 필요가 있다고 본 특정 주제를 택해 어느 정도의 기간을 정해 프로젝트로 운영할 수도 있는가 하면, 생활주제 여러 개를 연계시켜 4~6주 정도의 장기 프로젝트로 진행할 수도 있다.

예를 들어 『동식물과 자연』 생활주제를 다루는 중 '개미'라는 주제를 택해 일주일 정도 프로젝트로 해 나가면서 개미와 벚나무의 공생적 관계, 개미 집, 흙, 개미집 주변의 담배꽁초 등의 문제까지 유아들과 함께 탐구해 나가는 식이다. 그러면서 자연환경 문제를 중심으로 더불어 살기, 평화와 같은 사회적 문제를 다루는 것이다.

그런가 하면 『봄, 여름, 가을, 겨울』의 '가을', 『우리 동네』, 『환경과 생활』 등과 같은 여러 개의 생활주제를 연계하여 가을에 '우리 동네 공원' 프로젝트를 약 4~5주 정도 장기 프로젝트로 다룰 수도 있다. '공원'이란 주제를 프로젝트 주제 선정에 비추어 보면 유아들의 직접적 관찰이 가능한 곳, 대부분의 유아들이 경험한 곳 등과 같은 주제 선정 기준을 충족시키는 것을 알 수 있다. 이러한 주제는 지속가능발전 지향 유아환경교육 소재 가능성으로서의 기준도 충족한다. 즉, 원에 가까이 위치하고 있어 환경적인 측면에서 교사와 유아들이 쉽게 갈 수 있을 뿐만 아니라 나무, 꽃, 곤충, 흙 등 자연환경과 운동 기구, 벤치, 화장실 등 인공 환경을 접할 수 있다. 가을의 공원은 단풍으로 물든 나뭇잎, 바람에 흔들리는 가을꽃들, 풀벌레 소리 등 가을의 정취를 통해 환경감수성 증진에도 크게 도움이 된다. 또, 여러 종류의 나무, 꽃, 거기 살고 있는 다양한 곤충들을 통해 생태적 다양성도 어느 정도 경험이 가능하다. 사회적인 측면에서 볼 때는 지역사회 주민들을 만날 수 있고, 그 주민들이 공공시설을 이용하는 자세나 태도 등을 보고 느끼며 여러 가지를 배울 수 있다. 연계하여 환경구성 이해, 환경 윤리의식과 같은 환경교육내용과의 연계가 가능하다. 또한 공원에서 활동하는 중 문제가 있는 곳을 발견하면 관리부서에 연락하고, 쓰레기도 줍는 등 유아들이 지역사회 주민으로서 주체적으로 활동할 수 있다는 점에서도 의미가 있다. 뿐만 아니라 지속가능한 삶의 실천, 지역사회 주민의식 증진과 같은 환경교육내용을 다룰 수 있다. 경제적인 측면에서 유아들은 공원이 주민들의 세금에 의해 조성되었고 운영되는 곳이라는 점과 그러므로 유아들도 지역사회 주민으로서 공원을 바르게 사용해야 한다는 점을 학습할 수 있다. 연계하여 환경문제 인식 및 대처와 같은 환경교육내용을 다룰 수 있는 것이다.

나) 동화 듣기, 교구활용, 노래배우기 과정 중 주제 선정

일반적으로 원에서 이루어지는 활동인 동화 듣기, 교구 활용, 노래 배우기 과정 중 프로젝트 주제가 선정되는 경우이다. 예를 들어 『나무도둑』(올리버 제퍼스, 2011)이라는 동화책이나 『종이 만드는 곰 아저씨』(지옥정, 2014)를 읽고 '종이는 어떻게 만드는 걸까?'라는 주제 하에 프로젝트를 진행하는 식이다.

그런가 하면 『바람은 보이지 않아』(안 에르보, 2015)[2]라는 동화책에서 출발하여 바람에 대한 프로젝트가 이루어질 수도 있다. 이 동화는 눈이 보이지 않는 한 소년이 "바람은 무슨 색일까?"를 궁금해하면서 늙은 개에게, 코끼리에게, 비에게,

2) 『바람은 보이지 않아』는 시력이 정상인 유아나 시각 장애인인 유아 모두 읽을 수 있도록 제작된 동화이다. 표지에 뽕뽕 뚫린 것처럼 보이는 점자는 프랑스어로 '바람'을 뜻하는 것이다.

개울에게, 사과나무에게 물어보는 동화이다. 그러면 그 각각은 자기가 생각하는 바람의 색을 소년에게 말해 준다. 예를 들면 개울은 바람이 "물속에 빠진 하늘의 색이지."라고 답해 주고, 사과는 "빨간색"이라고 답해 준다. 동화책의 한 장면을 살펴보면 다음과 같다.

바람은 보이지 않아

안 에르보 글/김벼리 역/
한울림어린이(2015)

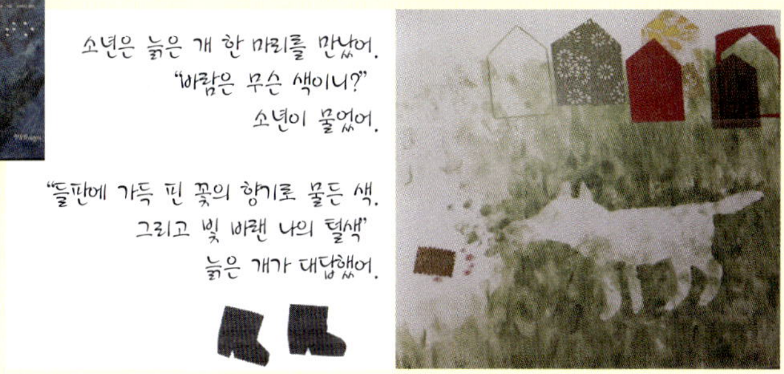

이 동화를 읽다 보면 자연스럽게 '바람의 색이 있나?', '있다면 무슨 색일까?', '왜 개는 바람의 색을 "들판에 가득 핀 꽃의 향기로 물든 색, 그리고 빛바랜 나의 털색"이라고 답했을까?', '왜 개울은 "물속에 빠진 하늘의 색이지."라고 답했을까?' 등 여러 가지 질문이 나올 수 있다. 그러면서 연계하여 어떤 바람들이 있는지, 바람이 하는 일은 무엇인지, 바람은 다 좋은 것인지 등 조사 탐구 활동, 바람을 직접 느껴보기, 그런 느낌에 기초한 바람의 색 묘사해 보기 등의 활동들로 확산될 수 있는 프로젝트가 이루어질 수 있다. 이때 이 동화책 자체가 시각장애를 가진 유아도 촉감으로 느끼면서 이해하도록 제작되어 있기 때문에 동화책 자체에 대한 탐구 활동을 하다 보면 시력이 좋지 않은 친구들의 어려움을 이해하고 그들을 바르게 대하는 마음가짐이나 태도도 익힐 수 있다. 이런 식으로 '바람' 프로젝

트를 하면서 환경적인 측면뿐 아니라 사회적 측면에서 더불어 살기, 다른 사람에 대한 존중 등을 학습할 수 있게 되는 것이다.

동화뿐 아니라 교구(특히 환경교육에 목적을 가지고 제작된 교구) 활용 중에도 프로젝트 주제가 발현될 수 있다. 예를 들어 '내가 왕이야' 교구.[3] 를 보자.

그림 7-1 환경부 교구 중 하나인 '내가 왕이야' 교구

이 교구는 땅속에 묻힌 쓰레기들이 서로 자신이 땅속에 들어온 지 가장 오래되었으니 자기야말로 왕이라고 주장하는 내용을 동극으로 해 볼 수 있도록 고안된 교구로, 유아들에게 쓰레기들이 썩는 데 얼마나 오래 걸리는가를 알려주는 데 목표를 두고 개발되었다(초록지팡이: www.keep.go.kr). 이와 같은 동극 활동을 하다가 '쓰레기들은 어디로 가는지?'에 대한 프로젝트로 발전되기도 하는 것이다.

3) '내가 왕이야' 교구는 환경부에서 개발한 동극자료 중 하나로 환경부에서 제시한 '5세 누리과정 환경교구' 10종의 대여방법 및 교구목록은 부록 3을 참조하기 바람.

또 다른 예로 노래 배우기에서 프로젝트 주제가 발현되기도 한다. 예를 들어 '오늘은 새 종이 안 쓰는 날'(교육과학기술부, 2012) 새 노래 배우기를 하면서 '종이 안 쓰는 날'에 대한 프로젝트로 연결되기도 하는 것이다.

오늘은 새 종이 안 쓰는 날

작사 장정애
작곡 이기영

그림 7-2 오늘은 새 종이 안 쓰는 날 악보

그 밖에 현장견학이나 바깥놀이 중 프로젝트 주제가 발현되기도 한다. 예를 들어 봄에 공원으로 산책을 나가 여러 가지 색의 꽃을 보면서 '봄의 색깔 찾기' 프로젝트로 연결될 수 있는 것이다. 이런 프로젝트를 통해 꽃과 나무, 벌, 나비들의 생태적 관계까지 확장하여 이해할 수 있다. '봄의 색깔 찾기' 프로젝트 한 장면을 제시하면 다음과 같다.

그림 7-3 봄의 색을 찾는 유아들(아이림유치원)

"공원에 가서 색상표에 있는 색을 찾아보는 활동을 했는데 그 과정에서 식물의 색을 자세히 관찰할 수 있었다. 검정색도 있냐고 걱정하던 유아들도 아카시아 나무의 씨앗을 보고는 드디어 검정색을 찾았다며 좋아했다."

출처: 2016년 4월 8일. 윤미라 교사의 저널 중.

그런가 하면 공원에 나가 나무에 붙어 있는 좀사마귀 알집을 발견한 것이 계기가 되어 '좀사마귀' 프로젝트로 발전될 수 있다. 청주 수림유치원에서는 그렇게 하여 유아들이 좀사마귀의 생태적 특성, 좀사마귀의 일생과 나무, 돌 등과의 생태적 관계에 대해 이해할 수 있게 되었으며 자연을 소중히 여기는 자세와 태도를 기를 수 있었다. 또한 좀사마귀 동화책 만들기를 하면서 환경감수성과 윤리의식이 증진되었다.

이 모든 경우에 중요하게 고려할 요인 역시 무엇보다도 유아들이 그 주제에 흥미를 가지고 있는지, 주제 관련 자원이 많은지, 부모들도 참여할 수 있는지, 지속가능발전 지향 유아환경교육 소재로서 가능성을 가지고 있는지 등이다. 프로젝트의 진행 기간이나 과정은 교사의 교육적 의도, 사용할 수 있는 자원의 정도, 지역사회와의 연계 정도, 유아들의 연령이나 발달 정도 등에 따라 차이가 난다.

나. 프로젝트 진행과정

장기 프로젝트를 하건, 단기 프로젝트를 하건 프로젝트 진행 과정은 대체로 비슷하다. 단, 단기 프로젝트에 비해 장기 프로젝트의 경우 준비단계를 좀 더 철저히 거칠 필요가 있다. 그렇게 준비단계를 잘해 놓아야 이런저런 상황에 맞게 대처가 가능하기 때문이다. 활동 중 발현된 단기 프로젝트의 경우 유아들의 흥미가 중요 요인이기 때문에 그런 흥미가 높을 때 속히 진행되어야 하고, 또 기간 상으로도 보통 일주일 정도면 끝나므로 준비 기간도 짧고 준비도 간단하게 마치게 된다. 자세한 사항은 9장 '유아환경교육관과 연계한 프로젝트를 통한 환경교육의 실제'와 10장 '환경동화 프로젝트를 통한 환경교육의 실제'를 참고하기 바란다. 이제 프로젝트 진행과정을 준비단계부터 개괄적으로 살펴보면 다음과 같다.

1) 프로젝트 준비단계

장기 프로젝트의 경우 일단 주제가 선정되고 나면, 교사 협의회는 그 주제에 대한 주제망을 작성해 본다. 그러면서 교사들 스스로 그 주제에 대한 이해와 흥미 정도를 파악해 본다. 다음으로는 지속가능발전 지향 환경교육으로서의 목표를 설정해 본다. 예를 들어 '불 끄는 날'을 3주 정도의 장기 프로젝트로 실시해 볼 계획이라면 다음과 같은 목표를 설정해 볼 수 있을 것이다.

지식:
- 불 끄는 날이 어떤 날인지 안다.
- 언제, 누가, 왜, 어디서, 어떻게 불을 꺼야 하는지 안다.

감성:
- 불을 끄지 않을 때 동물들이나 나무들은 어떤 마음일지 느껴본다.
- 전기 없이 살아가는 다른 나라 친구들을 돕고자 하는 마음을 갖는다.

태도:
- 전기를 아껴 쓰는 태도를 갖는다.

실천:
- 원과 가정에서 사용하지 않는 전기 코드를 뽑는다.
- 원과 가정에서 사용하지 않는 곳의 전깃불을 끈다.
- 전기를 절약한 돈으로 전기 없이 사는 친구들을 돕는다.

그런가 하면 '바람은 장난꾸러기' 노래에서 발현된 '바람'을 약 일주 정도 단기 프로젝트로 진행할 예정이라면 목표를 좀 더 간단하게 설정할 수 있을 것이다.

지식 – 바람이 할 수 있는 일에 관심을 가진다. – 바람에는 여러 종류가 있음을 이해한다. – 자연에 대해 경이로운 마음을 갖는다. 감성 – 바람을 느낀다. – 바람이 불 때 주변 자연물의 기분을 느껴 본다.

이렇게 목표를 설정한 후에는 프로젝트 과정 중 어떤 활동들이 이루어질 수 있을지 예상해 본다. 장기 프로젝트라면 활동예상안 전에 교육과정 조직안을 작성해 보는 것이 바람직하다. 활동예상안 작성 시는 환경교육내용을 옆에 놓고 어떤 활동을 할 때 환경교육내용 중 어느 부분이 다루어질 수 있을지 점검해 본다. '만일 불 끄는 날'이라면 당연히 '불 끄는 날이 어떤 날인지 이야기 나누기'(환경구성 이해), '끄자, 끄자 전등' 노래 부르기(지속가능발전을 위한 생활실천), '전기도둑 잡기' 게임하기(지속가능발전을 위한 생활실천), 전기 없는 나라 친구들에게 태양광 랜턴 보내기 활동(지속가능발전을 위한 시민의식 증진) 등(지옥정, 2014)을 예상해 볼 수 있을 것이다.

또, 만일 '바람'이 주제라면 '바람은 장난꾸러기' 노래 부르기(환경감수성과 윤리의식 증진), 밖으로 나가 바람 느껴보기, 바람맞으며 뛰어보기(환경구성 이해), 바람이 만져줄 때 나뭇잎들의 기분을 말로, 그림으로 표현해 보기, 바람과 바람을 맞이하는 자연물 되어 창의적 신체 표현해 보기(환경감수성과 윤리의식 증진) 등의 활동을 예상해 보면서 환경교육내용과의 연계성을 고려해 본다. 이와 같이 활동을 예상해 보고 나면 필요한 자원을 준비한다.

자원은 직접적 경험이 가능한 1차적 자원 즉, 보고 듣고 만지고, 만나고 갈 수 있는 실물, 사람, 현장견학 장소와 간접적 경험이 가능한 2차적 자원 즉, 책, 동영상, 사진, 기타 인터넷 자료 등이 포함된다. 최근에는 직접 보기 힘든 동영상 자료들을 인터넷에서 찾아 유용하게 활용할 수 있다. 예를 들어 '불 끄는 날'의 경우 세계 여러 나라 사람들이 그날(대체로 매해 3월 마지막 주 토요일 8시 반~9시 반) 어떤 행사를 하는지 보여주는 동영상이 유용한 2차적 자원이 된다. 이런 동영상은 불 끄는 날에 세계 여러 나라 사람들이 다양하게 노력한다는 것을 유아들에게 효과적으로 이해시킬 수 있기 때문이다.

여기까지 준비되고 나면 원의 물리적 환경을 구성하고 부모들에게도 그 주제에 대해 공지하고 나면 프로젝트 준비는 어느 정도 마무리된다.

2) 프로젝트 시작단계

프로젝트 시작단계에서는 크게 두 가지 일이 중요하다. 하나는 유아들이 그 주제에 대해 어느 정도의 이해를 하고 있는지 파악하는 일과 주제에 대한 유아들의 흥미를 고취시키는 일이다. 어떤 활동 과정 중 프로젝트가 발현된 경우라면 따로 유아들의 흥미를 따로 고취시킬 일이 없겠으나 교사협의회에서 주제 선정 준거에 의해 주제를 선정한 경우라면 시작단계에서 그 주제에 대해 유아들의 흥미를 끄는 일은 중요한 과제이다.

먼저, 그 주제에 대한 이해를 어느 정도 하고 있는가를 파악하기 위해서는 주제망 구성과 질문거리 모으기를 하는 것이 일반적 방법이다. 그런데 이때 유의할 점은 주제망을 구성하는 것 자체, 질문거리를 만들어 내는 것 자체가 목적이 아니라는 것이다. 목적은 그런 활동을 통해 유아들이 어느 정도로 지금 하려고 하는 프로젝트 주제에 대해 알고 있는가, 이해하고 있는가, 잘못 알고 있는 것은 무엇인가를 파악하는 것이다. 따라서 무리하게 글로 쓰는 주제망을 만들어 내려고 노력할 것이 아니라 유아들의 성숙 정도에 따라 주제망 구성 정도를 조정할 필요가 있다. 예를 들어 유아들이 유목화를 이해하지 못한다면 브레인스토밍(생각 모으기)까지만 해 보고 유목화는 교사가 해서 보여주는 변형 적용도 가능하다. 이에 대한 자세한 내용은 지옥정(2017)의 『유아교육현장에서의 프로젝트 접근법』을 참조하기 바란다.

다음은 유아들의 흥미를 고취하는 일이다. 흥미 고취의 방법에는 여러 가지가 있겠으나 유아들이 흔히 보지 못하던 물건, 예를 들면 '불 끄는 날'이라면 태양광 랜턴이나 '불 끄는 날 관련 행사 동영상' 등이 활용될 수 있다. 그런 것을 경험하는 과정 중 자연스럽게 그것이 무엇인지, 왜 필요한지 질문이 생기고 프로젝트 전개단계로 넘어가게 되는 것이다.

3) 프로젝트 전개단계

프로젝트 전개단계에서는 교사가 사전에 준비해 놓은 활동예상안을 참고하면서 유아들의 흥미, 관심, 충원되는 자원, 지역사회와의 연계, 상황 변화 등 변수의 영향에 따라 어떤 활동은 심화, 확장시켜 나가게도 되고 또 전혀 새로운 활동이 발현되기도 한다. 예를 들어 '불 끄는 날'의 경우, 교사가 주고받은 '태양광 랜턴 보내기 운동본부'와의 전자우편을 유아들에게 보여준 것이 유아들의 흥미를 강하게 자극하여 태양광 랜턴에 대한 조사 활동, 그곳에 편지 보내기, 가정과 연계하여 전기 절약 막대그래프 만들기, 태양광 랜턴 보내기를 위한 모금 운동하기, 태양광 랜턴 보내는 사업을 다른 원에도 알려 주기까지로 확산되기도 한다.

전개단계에서 교사가 유의할 점은 '주제 관련하여 이런저런 활동들을 이렇게, 저렇게 많이 했다.'가 아닌 그 활동들이 지속가능발전 지향 환경교육에서 추구하고 있는 가치에 맞닿아 있는지를 지속적으로 점검하는 것이다. 즉, 이런 활동들이 인권 존중, 미래 세대 존중, 생태적 다양성 존중, 문화적 다양성 존중을 지향하고 있는지 하는 점과 더불어 이 활동들이 환경교육내용으로서 의미 있게 진행되고 있는가를 점검해 보는 것이다. 예를 들어 '끄자, 끄자 전등~!'(지옥정, 2014, 157) 노래 부르기가 그저 재미있는 노래 부르기로 끝나버린다면 '지속가능발전을 위한 생활실천'이라는 환경교육내용을 제대로 실현하지 못하는 것이다. 노래 부르기 후 그 가사의 뜻을 되새기면서 그럼 우리가 무엇을 실천할 수 있을까 같이 생각해 보고 구체적인 방법을 정해 원과 가정에서 실천해 볼 때 비로소 환경교육내용이 구현되는 것이기 때문이다.

4) 프로젝트 마무리 단계

프로젝트 마무리 단계는 장기 프로젝트의 경우 전시회 및 발표회로, 단기 프로젝트의 경우 처음에 목표한 바가 잘 성취되었는지 함께 점검해 보는 일이 이루어진다. 먼저, 장기 프로젝트에서 전시회 및 발표회는 프로젝트에 직접 참여한 교사와 유아들, 자원 충원과 아이디어 보완 또는 자원봉사 등으로 함께 참여한 부모들, 현장견학의 장 및 전문가로서 도움을 준 전문가 등 모든 사람에게 의미 있는 자리가 된다.

먼저 교사와 유아들에게 전시회 및 발표회는 자신들의 프로젝트 전 과정을 음미해 보면서 다른 사람들에게 그동안 알고 느낀 것, 작업한 결과물들을 효과적으로 전시하고 보여주기 위한 재창조 작업으로서의 의미가 있다. 즉, 전시회 및 발표회 준비 및 실행이 그 자체로 하나의 프로젝트로서의 역할을 하는 것이다. 그런가 하면 부모들에게는 원에서 무엇을 어떤 식으로 학습하는지, 이때 부모들의 참여가 어떤 의미를 갖는지 확인하고 학습하는 자리가 된다. 또한 원과 가정의 보다 가까운 동반관계가 형성될 수 있다. 지역사회 인사들 역시 자신의 참여가 프로젝트에 어떤 영향을 주었는지, 유아교육은 단지 원이나 가정의 책임으로 한정되는 것이 아닌 지역사회 주민 모두가 함께해야 하는 일임을 새롭게 깨닫도록 하는 자리가 될 수 있다.

단기 프로젝트의 경우 프로젝트가 발현되면서 목표한 것들을 유아들과 확인하는 정도로 마무리된다. 단, 이때 교사는 프로젝트가 환경교육목표나 내용과 잘 연계되어 실행되었는지를 점검하면서 부족했던 부분을 다음 활동에 반영하도록 노력해야 한다.

이 장에서는 지속가능발전 지향 유아환경교육 계획 및 운영을 어떻게 할 것인지에 대해 생활주제와 연계하여 교사가 사전 교육계획안을 작성하여 하는 방법과 프로젝트를 통해 하는 방법을 제시하였다. 다음 8장부터는 그 실제 사례들을 제시할 것이다. 즉, 8장에서는 교사가 사전 교육계획안을 작성하여 하는 사례로서 생활주제 『동식물과 자연』과 연계한 환경교육 실제를 제시하고, 9장과 10장에서는 프로젝트 사례들을 제시할 것이다.

CHAPTER 8

생활주제와 연계한 환경교육의 실제

7장을 통해 우리는 지속가능발전 지향 유아환경교육의 계획 및 운영방법으로, 생활주제와 연계한 방법과 프로젝트를 통한 방법을 살펴보았다. 이 중 생활주제와 연계한 환경교육 계획 및 운영과 관련해서는 생활주제에 적합한 환경교육내용을 연결시켜 교육계획안을 구성하고 실행할 수 있는 기초적인 원리를 살펴보았다. 이에 생활주제와 연계한 환경교육 계획을 실행하기 위해서는 앞에서 다룬 생활주제 및 주제와 지속가능발전 지향 유아 환경교육내용 간의 연계 절차를 다시 회상해 볼 필요가 있다. 그런 의미에서 7장을 통해 생활주제 및 주제와 연계하여 지속가능발전 지향 환경교육을 계획하기 위한 절차를 떠올려 보자. 그 절차 중 제일 처음은 무엇이었나?

지속가능발전 지향 환경교육 활동을 선정하기 위한 처음 절차는?

이 장에서는 생활주제『동식물과 자연』 중 주제 '자연과 더불어 사는 우리'를 중심으로 한 지속가능발전 지향 환경교육 활동의 실제를 살펴보고자 한다. 특히 '자연과 더불어 사는 우리'는 주제 자체가 지속가능발전 지향 환경교육과 많은 관련성을 가지고 있다. 이에 이 장에서는 생활주제『동식물과 자연』 중 주제 '자연과 더불어 사는 우리'의 경우, 지속가능발전 지향 환경교육 활동을 어떻게 계획하고 실행할 수 있는지 그 실제를 제시해 보고자 한다.

1. 주제 '자연과 더불어 사는 우리'의 지속가능발전 지향 환경교육 활동계획

가. '유아환경교육의 내용'과 생활주제『동식물과 자연』의 연계

지속가능발전 지향 환경교육을 계획하기 위해서는 먼저 유아환경교육내용과 생활주제를 연계해 보는 과정이 필요하다. 생활주제『동식물과 자연』은 인간이 동식물과 자연 속에서 더불어 살아가는 관계를 알아가고 이를 실천해가는 삶의 태도를 기르는 것이 핵심 내용이기 때문에 유아 환경교육내용 중 '환경 감수성과 윤리의식 증진'의 내용과 연계성이 높다고 볼 수 있다(7장 참조).

표 8-1 유아환경교육의 내용과 생활주제 『동식물과 자연』의 연계

유아환경 교육내용	생활주제										
대영역	유치원과 친구	나와 가족	우리 동네	동식물과 자연	건강과 안전	생활 도구	교통 기관	우리 나라	세계 여러 나라	환경과 생활	봄 여름 가을 겨울
1. 환경 감수성과 윤리의식 증진	○	○	○	◎	○	○	○	○	○	○	◎
2. 환경구성 이해	◎	○	○	○	○	○	○	○	○	◎	◎
3. 환경문제 인식 및 대처	○	○	○	○	○	○	◎	◎	○	◎	○
4. 지속가능 발전을 위한 생활실천	○	◎	◎	○	◎	◎	◎	○	○	◎	○
5. 지속가능 발전을 위한 시민의식 증진	○	○	◎	○	○	○	○	◎	◎	◎	○

○ 환경교육내용을 보통으로 다룸, ◎ 좀 더 비중 두어 다룸

나. '유아환경교육의 내용'과 주제 '자연과 더불어 사는 우리'의 연계

다음으로 생활주제에 속한 주제별로 환경교육내용과 연계해 볼 수 있다. 누리과정에 따르면 생활주제 『동식물과 자연』은 '궁금한 동식물', '동물과 우리의 생활', '식물과 우리의 생활', '자연과 더불어 사는 우리'의 4가지 주제로 구분되어 있다. 이 중 주제 '자연과 더불어 사는 우리'에서는 〈표 8-2〉와 같이 '환경에 대한 감수성과 배려', '환경윤리'를 강조해서 다룰 수 있으며, '자연환경과 인간', '환경오염', '주변 환경 정리 및 깨끗한 환경 유지', '지역사회 주민으로서의 역할 참여'와 같은 내용과도 연계 가능성을 모색해 볼 수 있다.

표 8-2 '유아환경교육내용'과 주제 '자연과 더불어 사는 우리'의 연계

유아환경교육내용		생활주제: 동식물과 자연			
		주 제			
대영역	중영역	궁금한 동식물	동물과 우리의 생활	식물과 우리의 생활	자연과 더불어 사는 우리
1. 환경감수성과 윤리의식 증진	1-1. 환경에 대한 감수성과 배려	◎	◎	◎	◎
	1-2. 환경윤리		◎	◎	◎
2. 환경구성 이해	2-1. 자연환경과 인간	○	○	○	○
	2-2. 생활환경과 인간	○			
3. 환경문제 인식 및 대처	3-1. 환경오염				○
	3-2. 기후변화 및 지구 온난화		○	○	
	3-3. 자원고갈 및 생태계 파괴		○	○	
	3-4. 환경문제 대처				
4. 지속가능 발전을 위한 생활실천	4-1. 바른 식생활				
	4-2. 자원 · 에너지 절약 및 재활용				
	4-3. 주변 환경 정리 및 깨끗한 환경 유지				○
	4-4. 신재생 에너지 이해 및 이용				
5. 지속가능 발전을 위한 시민의식 증진	5-1. 지역사회 주민으로서의 역할 참여				○
	5-2. 세계 시민으로서의 역할 참여				

다. 주제와 연계한 '환경교육내용'을 '활동'으로 전환

앞에서 주제와 연계한 환경교육내용을 기초로 '자연과 더불어 사는 우리'의 환경교육 활동을 선정할 수 있다. 이를 위해 〈표 8-3〉과 같이 지속가능발전 지향 '유아환경교육의 내용'과 주제 '자연과 더불어 사는 우리'를 연계하여 주제 '자연과 더불어 사는 우리'와 연계한 환경교육내용을 구체화해 보고 이를 환경교육 활동으로 전환할 수 있다.

표 8-3 주제 '자연과 더불어 사는 우리'의 환경교육 활동 선정

유아 환경교육내용		
대영역	**중영역**	**세부 교육내용**
1. 환경 감수성과 윤리 의식 증진	1-1. 환경에 대한 감수성과 배려	• 자연환경의 아름다움과 소중함 느끼기 • 자연환경에 관심 가지기 • 동식물 배려하기
2. 환경 구성 이해	2-1. 자연 환경과 인간	• 생물의 특성 알아보기 • 무생물의 특성 알아보기 • 생태계 관계 알아보기 • 계절의 변화와 기후 알아보기
3. 환경 문제 인식 및 대처	3-1. 환경 오염	• 환경오염 현상 및 원인에 관심 가지기 • 환경오염이 인간생활과 생태계에 미치는 영향에 관심 가지기
4. 지속 가능 발전을 위한 생활 실천	4-3. 주변 환경 정리 및 깨끗한 환경 유지	• 깨끗한 자연환경 유지를 위한 생활 실천하기 • 깨끗한 생활환경 유지를 위한 생활 실천하기

+

주제: 자연과 더불어 사는 우리	
소주제	**주요 내용**
동식물의 서식지에 관심 가지기	• 동식물마다 살아가기에 좋은 환경이 있음을 안다. • 관심 있는 동식물의 서식지를 알아본다. • 파괴되어 가는 동식물의 서식지를 알아본다. • 동식물의 서식지를 지켜줄 수 있는 방법을 알아본다.
사라져 가는 동식물에 관심 가지기	• 현재 사라져 가는 동식물이 있음을 안다. • 동식물이 사라져 가는 이유를 알아본다. • 사라져 가는 동식물로 인해 생기는 일에 관심을 가진다. • 사라져 가는 동식물을 지키기 위해 우리가 해야 할 일을 알아본다.
자연과 더불어 살아가기	• 동식물과 사람은 자연 속에서 서로 관계를 맺고 살아감을 안다. • 아름다운 자연을 느끼고 감사하는 마음을 가진다. • 아름다운 자연과 더불어 살아가기 위해 우리가 해야 할 일을 알아본다.

⇩

⇩

주제 '자연과 더불어 사는 우리'와 연계한 환경교육내용의 구체화
• 동식물이 사람에게 주는 유익함에 대해 감사하는 마음 갖기 • 동식물과 사람은 서로 관계를 맺고 살아감을 알기 • 자연생태계에 도움을 주는 생물에 관심 갖기 • 주변의 다양한 환경오염에 관심 갖기 • 깨끗한 환경을 지키기 위해 내가 할 일을 알고 실천하기

⇩

'환경교육 활동'으로 전환
[과학 영역] 다슬기 기르기 [언어 영역] 지렁이, 버섯, 다슬기에게 편지쓰기 [바깥놀이: 과학 활동] 비 온 후 지렁이 똥 관찰하기 [동화] 꼬꼬마과학자 우리는 지구 청소부 [이야기 나누기] 서로 돕는 자연 [수 · 조작놀이 영역] 지구를 청소해요 [게임] 청소하러 왔단다 게임 [역할놀이 영역] 환경 지킴이가 되어 보아요. [바깥놀이: 캠페인 활동] 우리도 지구를 청소해요

〈표 8-3〉과 같이 주제 '자연과 더불어 사는 우리'에서는 동식물이 사람에게 주는 유익함에 대해 감사하는 마음을 갖도록 과학 영역에서 다슬기 기르기 활동을 하고, 언어 영역에서 지렁이, 버섯, 다슬기에게 고마운 마음을 편지로 표현해 보고, 비 온 후 지렁이 똥을 관찰해 보는 활동을 계획할 수 있다. 또한 동식물과 사람의 관계와 자연생태계에 도움을 주는 생물을 알도록 하는 내용을 반영하기 위해 동화 『꼬꼬마과학자 우리는 지구 청소부』와 '서로 돕는 자연에 대한 이야기 나누기'를 하고, 수·조작 놀이 영역에서 '지구를 청소해요' 게임판 활동을 계획할 수 있다. 깨끗한 환경을 지키기 위해 내가 할 일을 알고 실천해 보는 내용과 관련해서는 수·조작놀이 영역의 '지구를 청소해요' 게임을 대집단 편게임으로 확장하여 '청소하러 왔단다.' 활동을 해 보고, 유아들이 직접 유치원 '환경 지킴이가 되어 보는 캠페인 활동'을 통해 깨끗한 환경을 지키기 위한 실천 활동을 계획할 수 있다.

라. 주제 '자연과 더불어 사는 우리'의 주간교육계획안 작성

주제 '자연과 더불어 사는 우리'의 주간교육계획안에 위의 과정에서 선정한 지속가능발전 지향 환경교육 활동을 반영하여 계획하면 〈표 8-4〉와 같다.

표 8-4 주간교육계획안

<table>
<tr><th colspan="2">반 이름</th><td colspan="2">ㅇㅇ반</td><th>시기</th><td colspan="2">20ㅇㅇ년 ㅇ월 ㅇ주</td></tr>
<tr><th colspan="2">생활주제</th><td colspan="2">동식물과 자연</td><th>주제</th><td colspan="2">자연과 더불어 사는 우리</td></tr>
<tr><th colspan="2">목표</th><td colspan="5">• 동식물과 사람은 서로 관계를 맺고 살아감을 안다.
• 지구를 지키는 동식물에 관심을 갖는다.
• 깨끗한 환경을 지키기 위해 내가 할 일을 알고 실천한다.</td></tr>
<tr><th colspan="2">날짜/요일
활동</th><th>22(월)</th><th>23(화)</th><th>24(수)</th><th>25(목)</th><th>26(금)</th></tr>
<tr><th colspan="2">소주제</th><th>동식물의 서식지에 관심 가지기</th><th colspan="2">지구를 지키는 동식물</th><th colspan="2">자연과 더불어 살아가기</th></tr>
<tr><th rowspan="7">자유선택활동</th><td>쌓기 놀이 영역</td><td colspan="2">동물의 서식지 꾸미기</td><td colspan="3">독도 꾸미기</td></tr>
<tr><td>역할 놀이 영역</td><td></td><td colspan="2">독도수비대 놀이</td><td colspan="2">환경 지킴이가 되어 보아요</td></tr>
<tr><td>언어 영역</td><td>동물의 서식지 책 만들기</td><td>독도 강치 이야기</td><td>지렁이, 버섯, 다슬기에게 편지쓰기</td><td></td><td>'나는 ㅇㅇ해요.' 책 만들기</td></tr>
<tr><td>수·조작 놀이 영역</td><td>조작) 동물의 집 찾기</td><td>지구를 청소해요</td><td></td><td></td><td></td></tr>
<tr><td>과학 영역</td><td>사는 곳이 달라요</td><td></td><td>다슬기 기르기</td><td></td><td></td></tr>
<tr><td>미술 영역</td><td></td><td>강치 그림책 만들기</td><td></td><td></td><td>자연물로 꾸미기</td></tr>
<tr><td>음률 영역</td><td></td><td></td><td>'갯벌에는' 악기연주</td><td>'숲속의 아기 다람쥐' 음악여행</td><td></td></tr>
</table>

<table>
<tr><th colspan="2">날짜/요일
활동</th><th>22(월)</th><th>23(화)</th><th>24(수)</th><th>25(목)</th><th>26(금)</th></tr>
<tr><th colspan="2">소주제</th><th>동식물의 서식지에 관심 가지기</th><th colspan="2">지구를 지키는 동식물</th><th colspan="2">자연과 더불어 살아가기</th></tr>
<tr><td rowspan="6">대·소집단 활동</td><td>이야기 나누기</td><td>더운 나라에서 온 과일</td><td>서로 돕는 자연</td><td>북극곰의 눈물</td><td></td><td>'바람' 작품 제목 짓기</td></tr>
<tr><td>동화·동시·동극</td><td>동화)
꼬꼬마과학자
우리는
지구 청소부</td><td>동화)
반짝반짝
날아올라</td><td>동시)
지구를 지켜요</td><td colspan="2">동화 · 동극)
탐험이 어떤 일인지
잘 알고 있겠죠?</td></tr>
<tr><td>음악</td><td>갯벌에는</td><td>아름다운 우리 땅 독도</td><td></td><td>함께 걸어요</td><td></td></tr>
<tr><td>신체</td><td>붉은 여우를 잡아라</td><td></td><td></td><td></td><td>'숲속의 아기 다람쥐' 표현하기</td></tr>
<tr><td>게임</td><td></td><td></td><td>아기 북극곰을 구해 주세요</td><td>청소하러 왔단다</td><td></td></tr>
<tr><td>요리</td><td></td><td>바나나 셰이크 만들기</td><td></td><td></td><td></td></tr>
<tr><td colspan="2">바깥놀이 활동</td><td>동물의 집 찾아보기</td><td colspan="2">비 온 후
지렁이 똥 관찰하기</td><td>자연물 투호놀이</td><td>우리도 지구를 청소해요</td></tr>
</table>

※ 노란 상자 활동은 지속가능발전 지향 유아환경교육 활동임.

〈표 8-4〉와 같이 지속가능발전 지향 환경교육 활동을 반영하여 주간교육계획안을 작성할 때 다음과 같은 점을 고려하여 작성하였다.

첫째, 지속가능발전 지향 유아환경교육 활동으로 선정한 활동들은 생활주제 중심의 일반적인 활동들과 함께 안배하였다. 〈표 8-4〉에서 볼 수 있듯이 전체 36개의 활동 중에 9개의 지속가능발전 지향 활동을 계획하였다. 이렇게 주간교육계획안의 여러 다른 활동과 지속가능발전 지향 유아환경교육 활동을 같이 배치함으로써 생활주제 중심의 교육과정 속에서 지속가능발전 지향 환경교육이 자연스럽게 실천될 수 있도록 하였다.

둘째, 지속가능발전 지향 유아환경교육 활동들은 각각 분절되지 않고 서로 연결되어 확장될 수 있도록 안배하였다. 주제 '자연과 더불어 사는 우리'의 지속가능발전 지향 환경교육 활동의 전개 흐름을 그림으로 제시하면 다음과 같다.

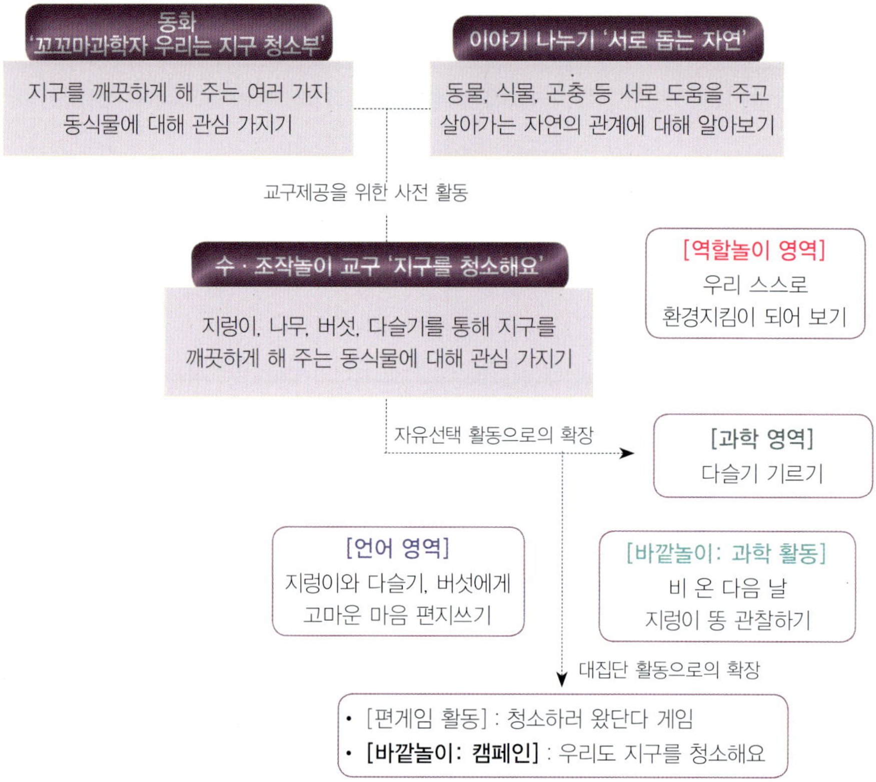

그림 8-1 주제 '자연과 더불어 사는 우리'의 환경교육 활동 전개 흐름

〈그림 8-1〉에서 보면 도입 활동으로 유아들의 흥미를 유발하기 위해 동화 『꼬꼬마과학자 우리는 지구 청소부』 활동이 계획되었음을 알 수 있다. 이렇게 첫날의 친숙한 동화를 통해 유아들은 지구를 깨끗하게 해 주는 지렁이, 다슬기, 나무, 버섯 등의 다양한 동식물에 관심 갖고 활동에 쉽게 참여할 수 있을 것이다. 또한 '서로 돕는 자연'이라는 이야기 나누기를 통해 서로 돕고 사는 다양한 자연환경과 동식물에 대한 흥미와 사전지식을 형성할 수 있을 것이다.

다음으로 본 활동에서는 도입 활동에서 이루어진 지구를 지키는 여러 가지 동식물에 대한 관심을 토대로 수·조작놀이 영역 '지구를 청소해요' 교구 활동을 해 볼 수 있도록 계획하였다. 또한 교구 '지구를 청소해요'의 놀이 과정에서 생기는 유아들의 궁금증을 자유선택 활동 흥미 영역으로 확장하여 탐구해나갈 수 있도록 하였다. 과학 영역에서는 유아들이 교구에 등장하는 다슬기 키우기 활동을 계획하고, 언어 영역에서는 지렁이, 다슬기, 버섯에게 나무에게 고마운 마음을 전하는 편지쓰기 활동을 연계하여 계획하였다. 역할놀이 영역에서는 유아들이 자유선택 활동 시간에 스스로 환경지킴이가 되어 보기도 하고, 비 온 다음날 지렁이 똥을 관찰해 보는 과학 활동을 실외에서 전개해 볼 수 있도록 계획하였다.

확장 활동으로는 수·조작놀이 '지구를 청소해요' 게임판 활동을 대집단으로 확장하여 '청소하러 왔단다.' 편게임 활동으로 계획하였고, 유아들이 유치원 주변과 우리 동네를 깨끗이 청소해 보면서 캠페인 활동을 실천해 볼 수 있도록 하였다.

2. 주제 '자연과 더불어 사는 우리'의 지속가능발전 지향 환경교육 활동전개

가. 도입 활동

도입 활동 단계에서는 유아들이 주제에 대해 쉽게 호기심을 가지고 접근할 수 있도록 하기 위해 동화를 활용해 볼 수 있다. 이에 『꼬꼬마과학자 우리는 지구 청소부』라는 동화를 통해 지구를 깨끗하게 해 주는 여러 가지 동식물에 관심을 갖도록 하고, 이를 확장하여 '서로 돕는 자연'에 대한 이야기 나누기를 통해 주제에 대한 지식을 좀 더 심화시켜볼 수 있다.

1) [동화]: 꼬꼬마과학자 우리는 지구 청소부

활동목표	• 지구를 청소해 주는 여러 가지 동식물에 관심을 갖는다. • 동화를 듣고 이해한다.
환경교육 내용범주 관련요소	• 환경감수성과 윤리의식 증진–환경에 대한 감수성과 배려 • 환경구성 이해–자연환경과 인간
활동자료	동화책 『꼬꼬마과학자 우리는 지구 청소부』(강은경, 도서출판 아람, 2011)

1. 『꼬꼬마과학자 우리는 지구 청소부』 동화의 표지를 살펴본다.

▶ 우리가 살고 있는 지구는 우리만 사는 곳이 아니라 동물과 식물, 곤충 등 다양한 생명체가 더불어 살며, 서로 도움을 주고 받는 관계라는 것을 알려주는 그림책.

도서출판 아람(2011)/강은경 저

- 〈그림책 표지〉에서 무엇을 볼 수 있나요?
- 이런 것들을 본 적이 있나요?
- 제목이 무엇인지 읽어볼 수 있나요?

2. 그림책을 읽는다.

- 표지에 나온 여러 가지 생물들이 어떤 일을 하는지 잘 들어보세요.

3. 『꼬꼬마과학자 우리는 지구 청소부』 동화와 관련하여 지구 청소부에 대해 이야기 나눈다.

- 지구 청소부는 어떤 생물들이 있었나요?
- 지구 청소부는 어떤 곳을 청소해 주었나요?
- 지구를 청소해 주는 생물이 없다면 어떻게 될까요?
- 우리가 청소부라면 어떤 곳을 청소하고 싶은가요?

현장적용 후기

- 환경을 지켜주는 생물에 대한 유아의 사전 지식이 부족한 경우가 많아 『꼬꼬마과학자 우리는 지구 청소부』 동화 듣기 사전 활동을 하였다. 이를 통해 '지구를 청소해요' 교구의 게임방법과 내용에 대한 이해를 도울 수 있다.
- 지역사회의 특성과 각 유아가 가지고 있는 사전 지식은 차이가 나겠으나 대체로 유아들은 지렁이와 나무가 흙과 공기를 깨끗하게 해 주는 생물이라는 것을 알고 있었다. 그러나 버섯, 다슬기와 부레옥잠은 대부분 몰랐으며, 버섯, 물방개, 다슬기, 부레옥잠이 환경을 보호해 주는 생물이라는 것에 놀라워하였다.

2) [이야기 나누기]: 서로 돕는 자연

활동목표	• 자연생태계에 도움을 주는 생물을 안다. • 지구를 깨끗하게 해 주는 여러 가지 동식물에 감사한 마음을 갖는다.
환경교육 내용범주 관련요소	• 환경감수성과 윤리의식 증진-환경에 대한 감수성과 배려 • 환경구성 이해-자연환경과 인간
활동자료	지구를 깨끗하게 해 주는 동식물 카드(지렁이, 버섯, 나무, 다슬기 등), 여러 가지 자연환경 그림자료(자동차 배기가스로 가득한 도로 그림, 땅속 그림, 숲속 그림, 연못 그림 등)

1. 지구를 깨끗하게 해 주는 여러 가지 동식물을 소개한다.

- (땅속 그림을 제시하며) 땅속의 찌꺼기를 깨끗하게 해 주는 생물은 무엇인가요?
- 지렁이는 어떤 방법으로 땅속을 깨끗하게 해 줄까요?
- 지렁이 똥을 본 적이 있나요?
- (지렁이 똥 그림을 제시하며) 지렁이 똥이 어디에 있나요?
- 지렁이 똥은 어떤 모양인가요?
- (숲속 그림을 제시하며) 이곳은 어디일까요?
- 이곳을 깨끗하게 해 주는 생물은 무엇일지 그림 카드 중에서 찾아볼까요?
- 버섯을 본 적이 있나요?
- 버섯은 어떤 일을 할까요?
- (연못 그림을 제시하며) 이런 곳에 가 본 적이 있나요? 무엇을 보았나요?
- 연못에도 물을 깨끗하게 해 주는 생물이 있어요. 어떤 생물인지 그림카드를 찾아봅시다.
- 강물과 공기를 깨끗하게 해 주는 생물은 무엇일까요?

2. 지구를 깨끗하게 해 주는 여러 가지 동식물이 어떤 일을 하는지 이야기 나누어 본다.

- 어떤 생물들에 대해 알아보았나요?
- 그 생물들은 무엇을 깨끗하게 해 주는 일을 하나요?
- (지렁이, 버섯, 나무, 다슬기 그림카드를 이용하여) 카드를 뒤집어서 깨끗하

게 해 줄 수 있는 장소에 놓아볼까요? 짝이 잘 맞았나요?

3. 지구를 깨끗하게 해 주는 여러 가지 동식물의 소중함에 대해 이야기 나눈다.

- 만약 이런 생물들이 없다면 우리가 사는 자연환경은 어떻게 변할까요?
- 앞으로 지렁이나 다슬기를 만난다면 어떤 생각이 들까요?
- 우리 유치원에 있는 연못의 물이 더러워진다면 무엇을 넣어주면 좋을까요?

현장적용 후기

- 교구를 제공하기 전에 사전 활동으로 교구에 삽입된 지구를 깨끗하게 해 주는 여러 가지 동식물카드를 활용하여 이야기 나누기를 하였더니 교구에 더욱 흥미를 보이며 참여하였다.
- 실제로 유아들은 활동평가 시간에 버섯과 다슬기가 환경보호생물이라는 것을 새롭게 알게 되었다는 이야기를 많이 했고, 특히 버섯이 어떻게 숲속을 청소하는지에 대해 궁금해하고 많은 흥미를 보였다.

나. 본 활동

본 활동 단계에서는 도입 활동에서 형성된 지구를 깨끗하게 해 주는 여러 가지 동식물에 대한 흥미를 토대로 환경적 내용을 좀 더 확장해 볼 수 있도록 환경교구 '지구를 청소해요'를 제공해 줄 수 있다. 이 교구는 다슬기, 나무, 버섯, 지렁이와 같이 지구를 깨끗하게 해 주는 동식물에 대한 사전지식이 있을 때 교구에 대한 이해와 흥미가 높아지기 때문에 도입 활동이 이후에 제시해 주는 것이 적절하다. 따라서 교사는 수·조작놀이 영역에서 '지구를 청소해요' 게임판 활동 과정에서 유아들이 지구를 깨끗하게 해 주는 다양한 동식물에 대해 어떤 흥미와 호기심을 가지는지 지속적으로 관찰하여 다른 흥미 영역으로 확장될 수 있도록 새로운 놀이를 제공해 주어야 한다.

1) [수·조작놀이 영역] : '지구를 청소해요' 게임판 활동

활동목표	• 자연생태계에 도움을 주는 생물을 안다. • 주변의 다양한 환경오염에 관심을 갖는다. • 제시된 규칙을 알고 즐겁게 게임을 한다.
환경교육 내용범주 관련요소	• 환경구성 이해–자연환경과 인간 • 환경문제 인식–환경오염
활동자료	'지구를 청소해요' 게임판 (환경부 5세 누리과정 환경교구, 부록 3 참조)

1. 지구를 깨끗하게 하는 생물에 대해 이야기 나눈다.
   - 우리가 자유선택 활동 후에 정리를 제대로 하지 않으면 우리 교실이 어떻게 될까?
   - 그렇다면 우리가 사는 이 지구는 누가 청소를 해 줄까?
   - 자연에도 청소부 역할을 하는 생물이 있을까?
   - 자연을 깨끗이 하는 청소부가 없다면 지구는 어떻게 될까?

2. 게임 자료를 보면서 이야기를 나눈다.

◆ **연계 가능한 생활주제**

• 유치원(어린이집)과 친구, 동식물과 자연, 환경과 생활

◆ **구성**

• 카드모음판 4개, 그림카드 40개(땅속, 숲속, 도심의 가로수 길, 연못 그림 10장씩), 게임판 1개, 말 4개(나무, 지렁이, 버섯, 다슬기 그림), 주사위 1개

◆ **특징**

- 지구를 깨끗하게 해 주는 생물에 관심을 갖게 하고 수 · 조작놀이를 통해 지구를 청소하는 놀이가 이루어질 수 있어 환경교육내용에 적합함
- 유아들이 게임판의 쓰레기를 치우는 과정에서 지구를 깨끗하게 청소했다는 즐거움을 느낄 수 있으며, 게임카드에 제공된 지렁이, 다슬기 등 지구를 깨끗하게 해 주는 생물에 관한 사전경험과 지식을 공유할 수 있음

– 어떤 말이 있니?

– 지렁이(버섯, 다슬기, 나무)는 어느 곳을 깨끗하게 해 주는 생물일까?

– 어떻게 깨끗하게 할까?

3. 게임방법에 대해 이야기를 나눈다.

– 게임판에는 무엇이 있니?

– 게임자료와 게임판을 이용해서 어떻게 놀이할 수 있을까?

– 그림카드는 어디에 놓으면 좋을까?

– 어떤 방향으로 말을 옮기면 좋을까?

– 게임판에 있는 지렁이나 다슬기를 만나면 말을 어떻게 움직일까?

◆ **게임 방법**

① 말을 정하고 카드모음판을 하나씩 가져간다.
② 게임판의 곳곳에 그림카드를 올려놓는다.
③ 출발점 4곳에 각각 말을 세운 후 게임 순서를 정한다.
④ 주사위를 굴려 나온 수만큼 길을 간다.
⑤ 그림카드가 있는 칸에 멈추면
  – 청소할 수 있으면 그림카드를 가져다 카드모음판에 붙인다.
  – 청소할 수 없는 경우에는 그대로 둔다.
⑥ 카드모음판을 모두 채우면 게임이 끝난다.
⑦ 또는 카드모음판을 다 채운 후 다시 자기 집으로 돌아가면 게임이 끝난다.
  – 2명에서 4명까지 게임을 할 수 있다(하고 싶은 유아들이 많을 경우 팀으로 짜서 할 수도 있다).

4. 수·조작 놀이 영역에서 게임을 한다.

5. 게임을 평가한다.
- '지구를 청소해요' 게임에서 어려운 점은 없었니?
- 오늘 게임을 하면서 새롭게 알게 된 것이 있니?
- 지구를 깨끗하게 청소해 주는 생물에는 또 어떤 것들이 있을까?

❖ 활동의 유의점

1. 환경보호생물과 자연환경과의 관계에 대해 사전에 유아들과의 충분한 상호작용이 필요하다.
2. 유아들이 빨리 채우기 위해 생각을 오래 할 경우 게임시간이 너무 오래 걸릴 수가 있으므로, 상황에 따라 유아들과 이야기하여 모두가 찬성한다면 게임의 규칙을 적절하게 바꾸어주는 것도 필요하다.
3. 카드모음판에는 6장의 카드를 모을 수 있으므로 유아들과 사전에 카드의 수(한 카드당 10장)를 조절할 필요가 있다.

❖ 확장 활동

1. 자유선택 활동 과학 영역 활동으로 부레옥잠, 다슬기, 지렁이 등의 생물을 길러보는 활동을 할 수 있다.

현장적용 후기

- 유아들이 대부분 빨리 이기는 것에만 집중을 하는 경향이 있으므로 '내가 이겼다.'라는 표현을 '청소를 깨끗이 하였구나!', '청소를 빨리 하였구나!'라고 반복해서 상호작용해 주니 지구 청소부 역할을 친숙하게 인식할 수 있게 되었다. 따라서 카드를 가져갈 때 공기 청소부, 숲속 청소부 등을 외치는 방법으로 상호작용하여 환경교육 관련목표를 환기시켜 줄 수 있다.

2) [언어 영역] : 지렁이, 다슬기, 버섯에게 고마운 마음 편지쓰기

활동목표	• 자연환경과 인간이 서로 도움을 주는 관계임을 안다. • 환경을 깨끗하게 해 주는 동식물에 감사한 마음을 갖는다.
환경교육 내용범주 관련요소	• 환경감수성과 윤리의식 증진–환경에 대한 감수성과 배려 • 환경구성 이해–자연환경과 인간
활동자료	지렁이, 다슬기, 버섯 사진 자료, 여러 가지 모양의 편지지와 필기도구

1. 사전 활동으로 『꼬꼬마과학자 우리는 지구 청소부』 동화를 듣고 지구를 깨끗하게 해 주는 동식물에 대해 이야기 나눴던 것을 회상한다.
   - 지구를 깨끗하게 해 주는 동식물에는 어떤 것들이 있었지?

2. 지구를 깨끗하게 해 주는 지렁이, 다슬기, 버섯에게 고마운 마음을 편지로 표현해 볼 수 있도록 한다.
   - 지구를 깨끗하게 해 주는 동식물에게 어떤 마음이 드니?
   - 지렁이, 다슬기, 버섯에게 어떤 이야기를 해 주고 싶니?

3. 유아들이 그림과 글로 작성한 편지를 언어 영역에 게시하여 유아들이 서로 공유해 볼 수 있도록 한다.

현장적용 후기

- 유아들은 지렁이, 다슬기, 나무 등에게 글과 그림으로 편지를 쓰면서 고마운 마음을 전하는 모습을 보였고, 편지쓰기 활동 이후에는 '지구를 청소해요' 게임판 활동에 좀 더 적극적으로 몰입하는 양상을 보였다.

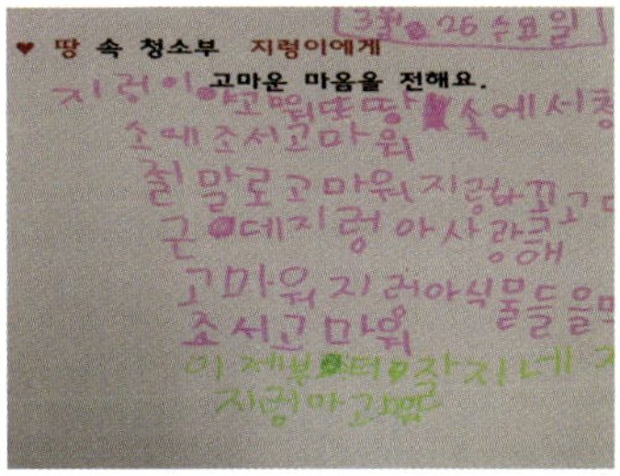

3) [과학 영역] : 다슬기 기르기

활동목표	• 환경을 깨끗하게 해 주는 다슬기의 역할에 대해 안다. • 다슬기와 다슬기가 살고 있는 환경의 변화를 관찰해 본다.
환경교육 내용범주 관련요소	• 환경감수성과 윤리의식 증진–환경에 대한 감수성과 배려 • 환경구성 이해–자연환경과 인간
활동자료	어항, 다슬기, 자갈, 돌 등

1. 준비된 다슬기 어항을 보며 다슬기를 기르기 위한 환경에 대해 이야기 나눈다.
  – 다슬기를 기르기 위해서는 어떤 것들이 필요할까?

2. 과학 영역에서 다슬기 어항에 다슬기의 특징에 대해 이야기 나눈다.
  – 다슬기를 본 적이 있니?

- 모양이 어떠니? 어떻게 움직이고 있니?

3. 다슬기와 다슬기 어항 속의 물, 수조, 돌, 이끼의 변화과정을 지속적으로 관찰해 본다.
   - 다슬기 어항에 이끼가 끼었니?
   - 다슬기 어항의 물이 어떻게 변하고 있니?

4. 다슬기가 사는 어항을 관찰하고 어항 속 생물들의 변화과정을 그림으로 그려보거나 이야기로 꾸며볼 수 있도록 할 수 있다.

❖ 활동의 유의점

1. 다슬기 어항을 관찰하면서 그림으로 표상하는 데 치중하기보다는 다슬기 어항을 지속적으로 관찰할 수 있도록 하고 유아들이 새롭게 발견한 것을 존중해 주도록 한다.

❖ 확장 활동

1. 다슬기 기르기뿐만 아니라 지구를 깨끗하게 해 주는 지렁이도 함께 키워보도록 할 수 있다.

4) [역할놀이 영역–캠페인 활동] : 우리 스스로 환경 지킴이 되어 보기

활동목표	• 유치원과 주변 환경을 깨끗하게 할 수 있는 방법에 관심을 가진다. • 깨끗한 환경을 위해 내가 할 일을 알고 실천해 본다.
환경교육 내용범주 관련요소	• 환경구성 이해–생활환경과 인간 • 지속가능발전을 위한 생활실천–주변 환경 정리 및 깨끗한 환경 유지
활동자료	유치원 교실과 주변의 다양한 장소 사진(쓰레기로 더럽혀진 공간, 깨끗하게 정리가 된 공간)

1. 유치원 주변의 여러 장소의 사진을 보며 이야기 나눈다.
- 여기는 어떤 장소니? 쌓기놀이 영역이 어떤 것 같아?
- (쓰레기 분리수거함 사진을 보여주며) 이 사진 속에 쓰레기는 어떻게 정리되어 있니?

2. 우리가 유치원 교실이나 주변을 깨끗하게 할 수 있는 방법에 대해 이야기 나눈다.
- 우리 교실을 깨끗하게 하기 위해 우리가 할 수 있는 일은 무엇이 있을까?
- 그럼 우리가 직접 우리 교실을 정리하는 환경지킴이가 되어 볼까?
- 우리도 지렁이나 다슬기처럼 지구를 청소해 주는 환경지킴이가 될 수 있다면 어떤 방법으로 주변을 깨끗하게 할 수 있을까?

3. 미술 영역에서 환경지킴이 띠를 만들어보고 함께 실천할 약속을 정해 본다.

4. 자유선택 활동 시간에 환경지킴이 띠를 매고 역할놀이 영역뿐만 아니라 교실의 여러 흥미 영역을 돌아다니며 환경지킴이 역할을 실천해 본다.

5. 환경지킴이 활동을 마친 후 소감에 대해 이야기 나눈다.

❖ 활동의 유의점

1. 환경지킴이 활동을 하면서 유아가 자연스럽게 주변 환경을 깨끗이 유지하는 것에 관심을 갖도록 지도한다.
2. 유치원 교실과 주변을 깨끗하게 정리할 때 천연 세제 EM 용액을 활용함으로써 환경오염을 줄이면서도 주변을 깨끗하게 청소할 수 있는 방법에 대해 이야기해 볼 수 있다.

현장적용 후기

- 유아들은 '지구를 청소해요' 교구와 다양한 확장 활동을 통해 여러 가지 동식물처럼 우리도 지구를 깨끗이 할 수 있는 일에 참여하고 싶다고 동기부여 되어 있어서 능동적으로 주변을 깨끗이 정리하고자 노력하였다.

우리 교실은 "내가 청소해요."라며 스스로 작은 휴지 하나라도 꼭꼭 찾아 줍는 모습

스스로 청소할 수 있다고 쓰레기를 주워 버리는 모습

5) [바깥놀이-과학 활동] : 비 온 후 지렁이 똥 관찰하기

활동목표	• 자연생태계에 도움을 주는 생물을 안다. • 비가 온 후의 자연의 변화에 관심을 가지고 탐색한다.
환경교육 내용범주 관련요소	• 환경감수성과 윤리의식 증진–환경에 대한 감수성과 배려 • 환경구성 이해–자연환경과 인간
활동자료	지렁이 똥 사진자료, 돋보기, 디지털 카메라

1. 비 온 후 지렁이 똥을 어떻게 관찰할 수 있을지 이야기 나눈다.
   - (지렁이 똥 사진자료를 보며) 자, 이게 바로 지렁이 똥이야. 어떤 모양이니?
   - 비 온 후에 지렁이 똥을 찾으려면 어떤 곳에 가야 할까?
   - 지렁이 똥을 찾는다면 어떤 방법으로 관찰하면 좋을까?

2. 비 온 후 유치원 주변을 돌아보며 지렁이 똥을 찾아보거나 지렁이의 모습을 탐색한다.
   - 지렁이 똥이 어디에 있을까 찾아보자.
   - 놀이터 흙에서 다르게 생긴 모양의 흙덩이를 찾아볼까?

– 너희들이 발견한 지렁이 똥을 디지털 카메라로 찍어볼까?

3. 지렁이 똥을 관찰하고 이야기 나눈다.

– 지렁이 똥을 만져보니 느낌이 어떠니? 색깔은 어떠니? 냄새는 어떠니?

– 지렁이 똥은 다른 동물이나 식물을 어떻게 도와줄 수 있을까?

❖ 활동의 유의점

1. 비 온 후 지렁이 똥이나 지렁이뿐만 아니라 비 온 후의 흙길, 웅덩이, 풀잎, 나무 등 여러 가지 자연풍경을 충분히 감상하고 탐색할 수 있도록 한다.

❖ 확장 활동

1. 유아들이 디지털 카메라로 찍은 지렁이 똥 사진을 출력하여 과학 영역에 게시하고 비 오기 전과 후의 모습을 비교해 볼 수 있도록 한다.
2. 비 온 후 관찰한 지렁이의 모습과 자연풍경에 대한 경험을 동시로 표현해 본다.

현장적용 후기

- 유아들은 지렁이 똥이라며 냄새가 날 것 같다고 생각했지만 실제로 냄새를 맡더니 아무 냄새도 나지 않는 것을 발견했다.
- 유아들은 유치원 놀이터의 흙 중 다르게 생긴 모양을 찾아보고 색깔이나 냄새 등을 맡아보고 관찰하는 데 많은 흥미를 보였다.

다. 확장 활동

확장 활동 단계에서는 지구를 깨끗하게 하는 여러 가지 동식물에 대한 호기심과 지식을 기초로 하여 유아들이 직접 실천할 수 있는 활동으로 확장할 수 있도록 전개한다. 이에 자유선택 활동을 대집단 활동으로 확장하여 '지구를 청소해요' 게임을 대집단 편게임으로 재구성하여 전개해 보고, 유아들이 직접 지구 청소부가 되어 우리 동네 주변을 깨끗이 청소해 보는 캠페인 활동을 통해 깨끗한 환경을 지키기 위한 캠페인 활동을 지역사회와 연계하여 전개해 볼 수 있다.

1) [게임] : 청소하러 왔단다.

활동목표	• 자연생태계에 도움을 주는 생물을 안다. • 동식물이 사람에게 주는 유익함에 감사한 마음을 갖는다. • 제시된 규칙을 알고 즐겁게 게임을 한다.
환경교육 내용범주 관련요소	• 환경감수성과 윤리의식 증진-환경에 대한 감수성과 배려 • 환경구성 이해-자연환경과 인간
활동자료	지구 청소부 동식물 그림 카드 12장 (다슬기, 버섯, 나무, 버섯 그림), 자연환경 그림카드(자동차 배기가스로 가득한 도로 그림, 땅속 그림, 숲속 그림, 연못 그림)

1. 사전 활동으로 '지구를 청소해요' 게임판 활동을 하고 지구를 깨끗하게 해 주는 동식물과 여러 가지 자연환경에 대해 이야기 나누었던 것을 회상한다.
   - 지구를 깨끗하게 해 주는 동식물에는 어떤 것이 있었니?
   - 지렁이(다슬기, 버섯, 나무)는 어떤 곳을 깨끗하게 해 주었니?

2. 지구 청소부 동식물 그림카드와 자연환경 그림카드를 이용하여 할 수 있는 게임방법에 대해 이야기 나눈다.
   - 지구 청소부와 동식물 그림카드와 자연환경 그림카드 가지고 어떤 게임을 해 볼 수 있을까?
   - 지구 청소부 팀과 자연환경 두 팀으로 나누어서 게임을 해 볼 거야.

◆ **게임 방법**

① 지구청소부와 자연환경 두 팀으로 나눈다.
② '우리 집에 왜 왔니? 왜 왔니? 왜 왔니? 꽃 찾으러 왔단다, 왔단다, 왔단다.' 게임 노래를 '우리 집에 왜 왔니 왜 왔니, 왜 왔니', '청소하러 왔단다, 왔단다, 왔단다.', '어디를 청소하러 왔느냐 왔느냐 왔느냐?', '(숲속, 연못 등)을 청소하러 왔단다, 왔단다, 왔단다.'로 바꾸어 불러본다.
③ 노래를 불러 가위, 바위, 보를 하여 이기면 해당되는 지구 청소부 카드 혹은 자연환경 카드를 주는 방식으로 게임을 진행한다

3. 게임을 마친 후 어떤 팀이 더 많은 카드를 모았는지 평가해 본다.
- 어떤 팀이 더 많은 곳을 청소했니?
- 버섯(나무, 지렁이, 다슬기)은 어떤 곳을 깨끗하게 해 주었니?

❖ 확장 활동

1. 두 편을 나누고 각 편의 수에 맞게 카드를 나누어 가질 수 있도록 한다.
2. 게임의 승패보다는 어떠한 환경보호 생물이 자연환경을 깨끗하게 해 주는지 관계를 자연스럽게 인식할 수 있도록 게임을 진행한다.

현장적용 후기

• 유아들은 게임의 과정에서 자연스럽게 지구를 청소하는 환경보호생물과 자연환경의 관계를 인식할 수 있었으며, 판게임보다 동적으로 활동하는 특성 때문에 즐겁게 게임에 참여하였다.

2) [바깥놀이-캠페인 활동] : 우리도 지구를 청소해요

활동목표	• 주변의 생활환경에 관심을 갖고 깨끗하게 할 수 있는 방법을 안다. • 주변을 깨끗하게 할 수 있는 방법을 실천한다.
환경교육 내용범주 관련요소	• 지속가능발전을 위한 생활실천-주변 환경 정리 및 깨끗한 환경 유지 • 지속가능발전을 위한 시민의식 증진-지역사회 주민으로서의 역할 참여
활동자료	유치원 주변의 여러 가지 장소의 사진(산책하면서 관찰했던 지저분했던 장소의 사진들), 캠페인 문구를 작성할 종이, 유아들이 제안한 여러 가지 청소용품

1. 유아들과 지난 시간에 산책하며 동네를 둘러보았던 경험에 대해 이야기 나눈다.
   - 우리 지난번에 유치원 주변을 산책하면서 어떤 장소를 보았었니?
   - 너희들이 깨끗하게 해 주고 싶다고 이야기했던 장소는 어떤 곳이었니?

2. 지구를 깨끗하게 하기 위해 우리 동네를 깨끗하게 할 수 있는 캠페인을 계획한다.
   - 종이에 문구를 작성하고 캠페인 자료를 만들어본다.
   - 캠페인을 어떤 장소에서 어떤 방법으로 해야 할지 계획해 본다.

3. 우리 동네를 산책하면서 지구를 청소해요 캠페인을 해 본다.
   - 우리 동네 공원이나 주민센터, 유치원 인근 등 사람이 많이 모이는 곳에서 지구를 청소해요 캠페인을 하며, 유아들이 직접 거리를 청소해 본다.

4. 캠페인 활동을 마친 후 활동에 대해 평가해 본다.
   - 직접 우리 동네를 청소해 본 기분이 어떠니?
   - 앞으로 어떤 곳을 더 청소할 수 있을까?

❖ 확장 활동

1. 캠페인 활동을 사진으로 기록하여 사진 전시를 하고 유아들이 느낀 점에 대한 발표를 해 볼 수 있다.

이 장에서는 생활주제 『동식물과 자연』 중 주제 '자연과 더불어 사는 우리'와 연계한 환경교육의 실제를 살펴보았다. 다음 장에서는 유아환경교육관과 연계한 환경교육의 실제를 살펴보기로 하겠다.

유아환경교육과 연계한 프로젝트를 통한 환경교육의 실제

Early Childhood Environmental Education for Sustainable Development

CHAPTER 9

1. 환경교육관과의 연계 배경

황새를 본 적이 있는가? 아니면 황새에 대해 들어본 적은 있는가? 만일 여러분에게 황새가 어떤 특성을 가진 새인지 묻는다면 뭐라고 답할 것인가? 호랑이는 어떤가? 똑같은 질문을 던져 보자. 호랑이를 본 적이 있는가? 호랑이의 특성을 묘사할 수 있는가? 여기 이 두 동물에 대해 먼저 묘사해 본 후 다른 사람은 어떻게 했는지 한번 비교해 보도록 하자.

내가 생각하는 황새와 호랑이의 특성

황새	호랑이

어떤가? 아마도 대부분의 사람이 황새보다는 호랑이를 좀 더 자세히 묘사했을 것이다. 둘 다 우리나라에서는 이미 멸종되었지만 그래도 호랑이는 동물원에서 가끔 볼 수 있었을 테니 말이다. 그런가 하면 황새는 동물원에서조차 볼 수 없다. 책에서도 황새는 호랑이만큼 자주 볼 수 있는 동물이 아니다. 아마 지금과 같이 생태계 파괴가 진행된다면 앞으로 얼마 가지 않아 벌이나 나비, 코끼리처럼 지금은 누구나 그 특성을 금방 떠올릴 수 있는 이런 동물들에 대한 묘사도 제대로 못하는 사람들이 많아질지 모른다.

사실 황새는 불과 1900년대 중반까지만 해도 한반도 전역에 걸쳐 골고루 분포되어 우리와 더불어 살아온 대표적인 텃새였다. 하지만 농약으로 인한 환경오염, 밀렵, 서식지 파괴 등으로 한반도에서는 1994년에 마지막 황새가 죽음으로써 완전히 멸종되었다. 그런데 한국교원대학교 박시룡 교수가 황새 복원사업에 주력하여 2002년 국내 처음으로 황새 인공 번식에 성공하였다. 그 결과 2017년 1월 기준으로 황새 167마리가 교원대학교 황새생태연구원에서 서식하고 있다(JTBC, 2017년 1월 19일, 황새 167마리 아빠 '애들을 부탁해'.)

이런 이유로 한국교원대 내의 유아환경교육관[1]의 프로그램에서 다루는 세 가지 멸종위기 동물 중 하나로 황새가 선정된 것이다. 이 환경교육관에서의 '황새' 프로그램은 황새가 황새생태연구원의 울타리 안에서 활발하게 활동하는 3~6월 사이에 주로 이루어진다. 이때 유아들이 유아환경교육관을 견학하게 되면 연계하여 실제로 살아 있는 황새를 볼 수 있고, 먹이주기 체험 행사 등이 가능하다. '황새' 외에 다루어지는 동물은 '수달'(7~10월), '늑대'(11~2월)로서 이들 역시 멸종위기 동물들이다.

1) 환경교육 포털사이트 '초록지팡이(http://www.keep.go.kr/portal/index.act)'에서 유아환경교육관에 대한 자세한 정보를 볼 수 있고 또 유아환경교육관 견학 신청을 할 수 있다. 2017년 6월 현재 유아환경교육관 운영이 이루어지고 있는 곳은 수도권의 환경보전협회 소속 유아환경교육관(2012년에 국가환경교육센터로 지정), 충청남도권의 광덕산 유아환경교육센터(2013년에 지정), 충북권의 한국교원대 유아교육원 내 유아환경교육관(2014년에 지정)의 세 곳이다.

이 장에서는 바로 이 환경교육관과의 연계 하에 충북 청주에 소재한 G 유치원에서 2014년에 시행한 '황새' 프로젝트를 지속가능성 지향 환경교육의 일안으로 소개하고 있다. '황새'를 프로젝트 주제로 선정한 이유는 일단 유치원과 환경교육관이 거리상 가까워서 황새를 직접 관찰하는 등 황새에 대한 깊이 있는 탐구가 가능하였고, 멸종 위기종인 황새를 다룸으로써 지속가능발전 지향 유아 환경교육을 효과적으로 할 수 있다고 판단하였기 때문이다. 이런 이유로 G 유치원[2)]에서는 '황새'를 프로젝트 주제로 선정하였으나 황새를 직접 보기 어려운 지역에서는 그 지역에서 유아들이 직접 접할 수 있는 다른 동식물을 프로젝트 소재로 다루는 것이 보다 적합하다. 그럴 때에 이 장에서 소개하는 프로젝트 진행 방법과 절차를 유사하게 활용할 수 있을 것이다.

2. 환경교육 준비

프로젝트 준비 과정에서 G 유치원 교사들은 황새에 대한 교육목표 설정, 주제망 그리기, 교육과정 조직안 및 활동 예상안 구성, 자원목록 작성, 환경구성, 부모들에게 알리고 협조 구하기 등을 하였다(지옥정, 2017).

가. 목표 선정

'황새' 프로젝트를 통해 추구하는 교육목표는 다음과 같았다.

2) 이 프로젝트는 가경유치원의 김윤화 교사와 5세반 유아들이 수행, 기록한 것으로 저자가 내용을 일부 수정, 보완한 것이다.

표 9-1 '황새' 프로젝트 목표

지속가능발전 지향 유아환경교육목표	'황새' 프로젝트 목표
① 감성 • 자연의 아름다움을 느낀다. • 생태계 구성원에 대해 존중하는 마음을 가진다.	• 황새의 아름다움을 느낀다. • 황새도 더불어 살아가야 하는 소중한 존재라는 마음을 가진다.
② 지식 • 주변의 자연물에 대해 관심을 가진다. • 생태계 구성원 간의 관계를 인식한다. • 주변 환경을 바르게 돌보는 방법을 안다.	• 황새에 대해 관심을 갖는다. • 황새의 먹이와 사는 곳 등 생태적 특성을 이해한다. • 황새를 바르게 돌보는 방법을 안다.
③ 태도 • 주변 환경을 바르게 돌보는 태도를 가진다. • 생태계 구성원을 존중하는 태도를 가진다.	• 황새처럼 사라져가는 동물을 존중하는 태도를 가진다.
④ 실천 • 자연환경을 보전하기 위해 노력한다. • 지속가능한 소비를 한다. • 지속가능한 지역사회, 나라, 세계가 되는 일에 적극 참여한다.	• 황새 복원을 도울 수 있는 방법을 알고 실천한다. • 황새가 살 수 있는 환경을 만드는 일에 동참한다.

나. 교육내용 예상

준비단계에서 교육내용 예상을 위해 교사가 한 작업은 주제망 그리기, 교육과정 조직안 및 활동예상안 구성, 자원목록 작성 등이다. 그렇게 작업한 결과를 제시하면 다음과 같다. 여기서는 각각의 작업을 어떻게 해야 하는가를 상세하게 제시하지는 않았다.

1) 주제망

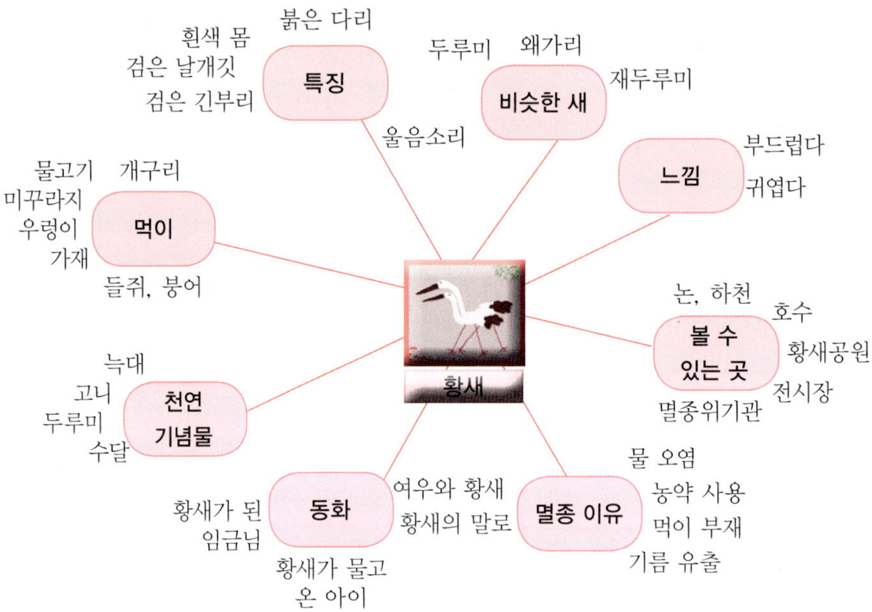

그림 9-1 '황새' 주제망

2) 교육과정 조직안

표 9-2 '황새' 교육과정 조직안

	내용	하위 내용
신체운동·건강	신체 인식하기	• 황새의 깃털 손으로 만져보기, 냄새 맡기 등을 통해 차이 구분하기 • 황새의 부리에서 나는 소리 들어보기
	신체조절과 기본 운동하기	• 황새처럼 서 보며 중심 잡아보기
	신체 활동에 참여하기	• 자발적으로 신체 활동에 참여하기
	건강하게 생활하기	• 황새농법을 이용한 친환경 쌀에 관심 가지기 • 황새쌀을 이용하여 요리해 보기
	안전하게 생활하기	• 무농약 쌀, 유기농 쌀이 무엇인지 알고 농약의 과도한 사용 시 위험성 알기 • 현장견학 시 교통규칙 지키기 • 교통수단 안전하게 이용하기 • 현장에서의 안전수칙 지키기

	내용	하위 내용
의사소통	듣기	• '황새'에 대한 동화, 동요, 동시 듣고 이해하기 • 다른 사람의 이야기 듣고 이해하기 • 이야기 듣고 궁금한 것 질문하기
	말하기	• '황새'에 대한 이전 경험 말하기 • 자신의 활동내용, 과정, 결과물에 적절한 낱말과 문장으로 말하기 • 때와 장소, 대상에 맞게 말하기
	읽기	• '황새' 기본 어휘, 관련도서, 팸플릿 등 주제 관련 글자에 관심 갖고 읽어보기 • '황새도감' 관련 글자에 관심 갖고 읽어보기 • 관심 있는 내용이나 질문에 대해 책을 통해 찾아보기
	쓰기	• '여러 가지 새'에 관한 여러 가지 경험, 질문거리 등을 그림이나 글로 나타내기 • 다양한 쓰기 도구를 사용하여 '황새'와 관련된 글자 경험하기
사회관계	나를 알고 존중하기	• 자신의 작품 소중히 다루기 • 하고 싶은 일 계획하고 해 보기
	나와 다른 사람의 감정 알고 존중하기	• 나의 느낌이나 감정 알고 상황에 맞게 조절하여 표현하기 • 다른 사람의 느낌이나 감정 알고 공감하기
	가족을 소중히 여기기	• 우리 가족이 좋아하는 새 알아보기 • 가족과 함께 황새농법으로 기른 쌀을 이용하여 음식해 보기
	다른 사람과 더불어 생활하기	• 황새공원에서 지켜야 할 예절 알고 지키기 • 친구와 서로 협력하기 • 다른 사람과 함께한 약속, 공공규칙 지키기 • 자연과 자원을 소중히 여기기
	사회에 관심 갖기	• 우리나라의 멸종위기 동물 알아보기 • 황새와 관련된 직업(연구원, 조류학자 등)에 관심 갖기 • 멸종위기 동물에 관심 갖기 • 황새가 서식하는 나라에 관심 갖기
예술경험	아름다움 찾아보기	• 황새부리에서 나는 소리에 관심 갖기 • '황새'의 여러 모습 보고 아름다움 느끼기
	예술적 표현하기	• 전래동요를 듣고 즐겨 부르기 • '황새'를 보고 악기, 신체로 표현해 보기 • '황새'에 관한 경험을 그림 그리기, 구성하기 등 미술적 표현해 보기 • '황새'에 관한 움직임을 춤으로 표현해 보기 • '황새'에 대해 알게 된 사실을 게임, 극, 기타 다양한 방법으로 표현해 보기
	예술 감상하기	• '황새'에 관한 음악을 듣고 즐기기 • '황새'에 관한 다양한 창의적 표현 결과물 감상하기 • 논과 들, 황새공원의 풍경을 보고 감상하기
자연탐구	탐구하는 태도 기르기	• '황새'에 관한 질문거리 찾기 • 질문거리나 문제에 대한 다양한 해결 방법 모색하고 실행해 보기 • 종류가 다른 새 비교 관찰 등 탐구기술 활용하기
	수학적 탐구하기	• 황새의 키와 우리 키 비교하기 • 황새의 먹이 세어 보기 • 어미황새와 아기황새의 크기 비교하기 • 조사 탐구한 내용을 적합한 표로 만들어 보기
	과학적 탐구하기	• 황새의 성장과정에 관심 갖기 • 생태계의 '관계'에 대해 알고 생명체를 존중하는 마음 갖기 • 황새가 살기 좋은 환경과 녹색환경에 대해 알아보기

3) 활동예상안

언어(동화·동시·동극)

〔언어〕
- ·황새 책 만들기
- ·황새 먹이를 찾아보세요
- ·황새 친구를 찾아보세요
- ·황새가 잘 자라려면?
- ·동시 짓기
- ·멸종위기 동물 수수께끼
- ·나만의 황새도감

〔동화〕
- ·황새가 물고 온 아이
- ·황새가 된 임금님
- ·은혜 갚은 황새
- ·황새들의 이야기
- ·황새와 여우
- ·여우와 두루미
- ·고향으로

〔동시〕
- ·모내기(김종훈)

이야기 나누기

〔이야기 나누기〕
- ·황새의 모습
- ·여러 종류의 멸종위기 새
- ·황새는 왜 사라졌을까?
- ·황새가 잘 자라려면?
- ·황새의 먹이를 알아보아요
- ·황새 농법이란?

미술
- ·황새공원 그리기
- ·OHP에 황새 모습 그리기
- ·새 접어 꾸미기
- ·황새 만들기(클레이점토)
- ·황새 깃털로 그림 그리기

역할·쌓기
- ·황새 둥지 만들기

황새

음률·음악
- ·황새야 덕새야
- ·우리는 지구 수비대
- ·황새 부리 캐스터네츠로 연주하기

수·조작
- ·황새와 두루미 비교 (벤 다이어 그램)
- ·황새 퍼즐
- ·황새, 두루미 오목게임
- ·멸종위기 새 패턴 맞추기

바깥놀이·현장체험

〔바깥놀이〕
- ·황새 집 짓기
- ·아기황새를 찾아보아요

〔현장체험〕
- ·황새공원
- ·멸종위기 동물관
- ·논과 밭(예산 황새 농법)

신체표현·게임

〔신체표현〕
- ·황새처럼 날아요
- ·황새의 움직임(황새 자세)

〔게임〕
- ·황새 깃털을 붙여주세요

과학·요리
- ·황새 모습 관찰
- ·황새 먹이 관찰
- ·황새, 두루미, 왜가리 비교
- ·황새 깃털 관찰
- ·황새 쌀로 만든 주먹밥

그림 9-2 '황새' 활동예상안

4) '황새' 프로젝트와 유아환경교육내용 연계

주제망, 교육과정 조직안 및 활동예상안, 자원목록을 작성하면서 교사들이 '황새' 프로젝트에서 중점적으로 다루게 될 것으로 예상한 유아환경교육내용은 다음과 같다.

표 9-3 '황새' 프로젝트에서 다루어질 것으로 예상한 환경교육내용

유아환경교육내용		
대영역	중영역	'황새' 프로젝트
1. 환경감수성과 윤리의식 증진	1-1. 환경에 대한 감수성과 배려	◎
	1-2. 환경윤리	○
2. 환경구성 이해	2-1. 자연환경과 인간	◎
	2-2. 생활환경과 인간	
3. 환경문제인식 및 대처	3-1. 환경오염	○
	3-2. 기후변화 및 지구 온난화	
	3-3. 자원고갈 및 생태계 파괴	◎
	3-4. 환경문제 대처	
4. 지속가능발전을 위한 생활실천	4-1. 바른 식생활	
	4-2. 자원 · 에너지 절약 및 재활용	
	4-3. 주변 환경 정리 및 깨끗한 환경 유지	○
	4-4. 신재생 에너지 이해 및 이용	
5. 지속가능발전을 위한 시민의식 증진	5-1. 지역사회 주민으로서의 역할 참여	◎
	5-2. 세계 시민으로서의 역할 참여	

※ ○: 환경교육내용을 보통으로 다룸, ◎: 좀 더 비중 두어 다룸.

다. 자원 목록 작성 및 준비

유아들의 직접 경험이 가능한 1차적 자원과 간접 경험이 가능한 2차적 자원으로 나누어 작성해 본 자원목록은 다음과 같다.

표 9-4 '황새' 프로젝트를 위한 자원목록

<table>
<tr><th colspan="3">구분</th><th colspan="4">내 용</th></tr>
<tr><td rowspan="3">1차적 자원</td><td colspan="2">실물</td><td colspan="4">• 황새 깃털 · 여러 가지 새의 깃털(두루미, 백로, 왜가리 등)</td></tr>
<tr><td colspan="2">사람</td><td colspan="4">• 황새 연구원, 황새를 돌보는 사람, 조류학자</td></tr>
<tr><td colspan="2">현장견학 장소</td><td colspan="4">• 유아환경교육관 멸종위기 동물관(박제된 황새), 교원대 황새생태 연구원
• 예산 황새공원, 가경천</td></tr>
<tr><td rowspan="15">2차적 자원</td><td rowspan="12">책</td><td rowspan="5">정보</td><td>제목</td><td>지은이</td><td>출판사</td><td>출판 연도</td></tr>
<tr><td>• 황새는 어디로 갔을까?</td><td>환경애벌레</td><td>수문출판사</td><td>2007</td></tr>
<tr><td>• 황새</td><td>김황</td><td>우리교육</td><td>2007</td></tr>
<tr><td>• 과부황새 그 후</td><td>한국황새복원연구센터</td><td>지성사</td><td>2004</td></tr>
<tr><td>• 복순이가 돌아왔다</td><td>김은의</td><td>파란자전거</td><td>2016</td></tr>
<tr><td rowspan="7">동화</td><td>• 할머니와 황새</td><td>도연</td><td>당그래</td><td>2015</td></tr>
<tr><td>• 마이카의 황새</td><td>벤노 플루드라</td><td>북뱅크</td><td>2011</td></tr>
<tr><td>• 황새와 조개의 싸움</td><td>신정민</td><td>여원미디어</td><td>2014</td></tr>
<tr><td>• 황새가 된 임금님</td><td>빌헬름 하우프</td><td>교원</td><td>2015</td></tr>
<tr><td>• 황새의 목은 왜 길어졌을까?</td><td>홍윤희</td><td>두산동아</td><td>2007</td></tr>
<tr><td>• 공작과 황새</td><td>이솝</td><td>조이북</td><td>2009</td></tr>
<tr><td>• 아기 배달부 황새</td><td>데이비드 J. 올슨</td><td>한우리북스</td><td>2008</td></tr>
<tr><td colspan="2">사진/ 팸플릿/ 그림 자료</td><td colspan="4">• 여러 가지 황새 사진 – 높이 나는 모습, 알을 품은 모습, 아기황새를 돌보는 어미황새 모습, 먹이를 먹는 모습, 한 발로 서 있는 모습 등
• 황새 그림 자료
• 교원대 유아교육원 팸플릿</td></tr>
<tr><td colspan="2">녹음 테이프/ 비디오</td><td colspan="4">〔노래〕
• 황새야 덕새야(한국아동국악교육협회)
• 푸른 지구 수비대(작사: 지옥정 / 작곡: 고영신 / 제작: 한국교원대학교 유아교육원)
• 다시 날자 황새야(노래: 윤도현 / 그림: 박시룡 / 제작: 한국교원대 황새 생태원)
〔감상〕
• 황새 이야기(교원대학교 유아교육원)
〔비디오〕
• '한반도 황새 복원 20년 황새의 춤'(KBS)
• 김해에 날아든 황새에 얽힌 동화 같은 이야기, '안녕! 봉순아!'(SBS스페셜)</td></tr>
<tr><td colspan="2">인터넷 사이트</td><td colspan="4">• 황새복원센터: http://www.stork.or.kr
• 예산황새공원: http://www.yesanstork.net
• 황새랑: http://www.황새마을.com
• 문화재청: http://www.cha.go.kr</td></tr>
</table>

3. 환경교육 운영

가. 시작단계

1) 황새에 대한 이전 경험 표현

유아들은 물론 교사 역시 황새를 직접 본 적이 없다. 그러다 보니 황새 그림은 비사실적인 경우와 책에서 본 황새를 희미하게 기억하는 정도였다. 유아들이 황새를 생각하며 그린 그림의 예를 들면 다음과 같다.

그림 9-3 황새는 황제새라 왕관을 쓰고 있을 것 같아요./책에서 봤는데 다리가 길어요.

2) 교사-유아의 주제망 그리기 및 궁금거리 찾기

이전 경험을 확대하여 교사-유아 주제망 그리기를 시도해 보았으나 유아들의 황새에 대한 경험이 매우 한정되어 있어 그저 책에서 본 몇 가지 정보를 기억하는 정도였다. 이에 교사는 생각 모으기를 해 본 정도로 주제망 구성을 끝내고 바로 궁금한 것을 모아 보았다. 경험이 제한되어 있다 보니 궁금한 것 또한 매우 기본적인 질문이 나오는 정도에 지나지 않았다. 몇 가지 질문의 예를 들면 다음과 같다.

- 황새는 진짜 왕관을 썼어요?
- 황새는 어디 살아요?
- 황새는 노란색이에요?

나. 프로젝트 전개단계

1) 황새에 관한 질문을 일차 해결하기

이와 같이 유아들의 황새에 대한 경험이 매우 제한되어 있고 그러면서도 황새의 생김새를 궁금해하였으므로 전개단계에 들어가면서 바로 교사는 황새가 나오는 동화 읽어주기, 황새 퍼즐 제공하기를 통해 일단 유아들이 황새의 모양에 대한 궁금증을 해소하도록 해 주었다. 그런 한편 황새에 대한 깊이 있는 탐구 활동을 촉진하기 위해 새를 볼 수 있는 가경천으로 현장견학을 병행하였다. 교사가 가끔 지나다니면서 백로를 본 기억이 있었기 때문이다. 이때 인터넷에서 뽑은 황새 사진을 가지고 가경천으로 나가 황새 찾아보기를 하였다. 이 시간을 통해 가경천에서 황새와 비슷하게 생긴 새를 보기는 하였으나 그 새는 황새가 아니라는 것을 알게 되었고, 그러면서 진짜 황새를 직접 보고 싶어 하는 마음이 유아들에게서 점점 더 강하게 표출되었다.

그림 9-4 황새를 찾아보아요./엇~! 저 새가 황새일까요?

이후 나온 많은 질문은 '왜 우리가 황새를 볼 수 없는지?' '어디 가면 황새를 볼 수 있는지?'에 관한 것이었다. 이런 과정을 거치면서 우리나라에서 황새가 멸종되었다는 사실과 한국교원대학교에 가면 얼마 전에 박시룡 박사님이 복원한 황새를 볼 수 있다는 사실을 알게 되었다. 관련하여 다음은 유아들이 황새의 멸종 원인을 그림으로 나타낸 것이다.

그림 9-5 "살 집이 없어서 황새가 날아갔어요."/"사람들이 미꾸라지를 많이 잡아서 그래요."

2) 한국교원대학교 유아환경교육관으로 황새 보러 가기

가) 견학 전 활동

(1) 황새에 대한 궁금한 것 적어 보기

< '황새' 질문목록>

1. 황새는 왜 없어졌어요?
2. 황새가 살아났어요?
3. 황새는 어떻게 말을 하나요?
4. 황새는 왜 한 다리로 서 있나요?
5. 황새의 목은 왜 기나요?
6. 가경천에 황새가 올 수 있나요?

(2) 황새와 함께하고 싶은 활동 생각해 보기

견학 시 하고 싶은 활동을 그림과 글로 표현해 보며 견학에 대한 기대감을 높였는데, 유아들의 표현은 동화적인 것이 대부분이었다.

그림 9-6 "황새와 재미있게 놀고 싶어요." / "황새에게 예쁜 옷을 입혀주고 싶어요."

나) 유아환경교육관 황새 교육프로그램 체험

(1) 도입 활동으로 황새 인형극[3] 보기

황새에 대한 흥미를 높이고 황새가 왜 멸종위기에 처해졌는지 알려주기 위한 10분 정도의 인형극을 보았다. 이때 환경교육관의 교사가 인형과 이야기도 나누고 또 인형극을 보고 있던 유아들과도 이야기를 나누면서 인형극을 진행해 나간다. 황새 인형극의 제목은 "큰 날개로 훨훨~! 나는야, 훨이 황새"인데, 인형극 장면과 그 대본을 살펴보면 다음과 같다.

그림 9-7 황새 인형극

3) 환경교육관에서 황새 프로그램을 진행하는 동안에는 '황새' 관련 인형극을, 수달 프로그램을 진행할 때는 수달 관련 인형극을, 늑대 프로그램을 진행할 때는 늑대 관련 인형극을 제공한다. 인형극 대본은 유아들로 하여금 각 생물이 현재 어떤 상태에 처해 있는지 또는 어떤 특성이 있는지 흥미를 느낄 수 있도록 지옥정이 짧게 작성한 것이다. 수달 인형극 대본과 늑대 인형극 대본은 〈부록 2〉에 제시해 놓았다.

'큰 날개로 훨훨~! 나는야, 훨이 황새' 대본

(상황)

인형극 틀의 주변은 마치 나무들이 여러 그루 있는 것처럼 구성되어 있음. 옆에 스티로폼으로 황새가 날아와 앉을 수 있는 그루터기 같은 것을 만들어 놓음. 뒤로는 멀리 논이나 저수지가 보이도록 되어 있음.

뱁새: (등장하면서) "이상하다, 이상해." (혼잣말로 반복함. 누군가를 기다리는 것처럼 갸웃갸웃하며 이쪽 저쪽으로 왔다 갔다 함. 그러다 잠시 멈춰 서서 위를 쳐다 보기도 함) "아, 진짜 이상하다~! 올 때가 됐는데… 왜 안 오지?"

교사: (인형극 틀 옆에서 그런 뱁새를 잠시 지켜보다가) 어? 너, 뱁새 아니니? 오목눈이 뱁새.

뱁새: 아유~! 선생님, 오목눈이 뱁새가 맞기는 하지만 제 이름은 귀염이에요. 귀염이~. 작고 예쁘다고 다들 그렇게 불러요.

교사: 아, 미안~! 귀염아. 그런데 왜 그렇게 왔다 갔다 하고 있어? 누구 기다리니? (교사도 손을 머리에 대고 멀리 바라보는 시늉을 함)

뱁새: 네, 있잖아요. 제 친구 훨이가 오늘 오랜만에 시베리아에서 돌아온다고 했거든요.

교사: 훨이? 시베리아? 거긴 추운 지방인데…

뱁새: 네, 황새 훨이요. 훨훨 잘 난다고 이름도 훨이에요. 헹~! 난 귀염인데… 뭐 어쨌든 거기가 너무 추워서 잠깐 우리나라로 돌아오는 거래요.

교사: 아항~! 그래서 황새가 오는구나.

황새: (유아들의 흥미를 유발하기 위해 머리에 작은 그릇 모양을 모자처럼 쓰고 등장함) 아휴! 힘들다. 오래 날았더니…

뱁새: 아휴~! 아휴~! 훨이야. 이게 얼마만이니?

황새: 오우~! I'm sorry, I'm late. 내 친구, 귀욤이~! (유아들에게 재미를 주기 위해 발음을 약간 혀 꼬부라진 소리로 발음해야 함) 그리고 OO유치원(어린이집) 친구들 안녕?

유아들: 안녕?

교사: 큼. 큼 (헛기침을 해서 자기 존재를 알린 후) 훨이야, 나도 안녕? 그런데 그 머리에 쓰고 있는 그릇 같은 것은 뭐니?
뱁새: 모자니? 칫~! 나는 없는데…
황새: 오. No, No, No. 이건 냠냠 검사도구야.
뱁새, 교사 (동시에 큰 소리로): 냠냠 검사도구? 그, 그게 뭐야? (생판 모르는 것이기 때문에 당황해서 약간 더듬는 것처럼)
황새: 말도 마~! 요즘엔 아무 거나 먹으면 절대 안 되는 것 있지? 지난번에 내 친구도 논에서 뭐 건져 먹었다가 진짜 죽을 뻔했거든. 그래서 난 뭐 먹기 전에 꼭 이걸로 조사를 먼저 한단다.
교사: 뭘 조사해?
황새: 농약이 묻었나, 안 묻었나 조사하는 거예요. 우리 황새 나라에서 이걸 요즘에야 개발했거든요. 농약 안 묻은 것만 먹으려고요.
뱁새: 우와~! 그렇구나. 냠냠 검사도구. 그럼 우리 뱁새들도? (바쁘게 종종걸음으로 몇 걸음 걷다가 날아 오르며 큰소리로 외침) 뱁새들 모두 집합, 집합~! 챱챱 검사도구를 만듭시다~! 아니, 아니, 아니, 냠냠 검사도구.
교사: (날아가는 뱁새를 웃으며 바라보다가 다시 황새를 보며) 아휴, 하여간 귀염이는… 바쁘다, 바빠.
황새: 선생님, 저도 이만 갈께요. ○○유치원(어린이집) 친구들아, 나는 먹이 찾으러 저기 논에 가 봐야 하거든. 너희들, 내가 뭐 먹는지 궁금하지?
유아들: 응, 궁금해.
황새: 여기서 선생님이랑 재미있게 놀다 보면 다 알게 되어 있어. 어떻게 아냐고? 그건 비밀~! 선생님께 여쭤 보렴. 헤헤~! 그럼 난 이만 실례, 안녕~!. (날아가는 것처럼 하면서 사라짐)
교사와 유아들: 훨이, 안녕~! 잘 가.
교사: 아휴, 뱁새 귀염이나 황새 훨이나 모두 바쁜가 보네. 그럼 이제 우리도 안으로 들어가서 황새가 좋아하는 음식이 무언지 알아볼까? 자, 모두 일어나서 출발~!
유아: (교사를 따라 다음 방으로 이동함)

(2) 황새 관련 다양한 활동하기

인형극을 보고 나서 관련하여 황새에 대한 여러 가지 궁금증(예: 황새는 무엇을 먹고 살까?)을 가지고 환경교육관에 구성된 다양한 활동을 하였다. '황새가 살 수 있는 곳 찾기', '황새 발자국 모양 따라 걷기', '방금 보았던 황새 인형극을 그림자 인형극으로 새롭게 표현해 보기', '황새 먹이 찾기' 등이다(〈그림 9-8〉 참조).

그림 9-8 황새 관련 다양한 활동들

(3) 살아 있는 황새와 황새 박사님 만나기

이후 황새생태교육원인 '청람황새공원'에 직접 가서 황새를 직접 보기도 하고 황새 박사님을 만나 질문도 하였다. 이때 황새의 생태적 특성에 관한 재미있는 사실들을 많이 알게 되었고 유아들의 황새에 대한 흥미가 더욱 높아졌다. 예를 들면 황새는 어려서는 소리를 낼 수 있지만 다 자라서는 소리를 내지 못하며 부리를 서로 딱딱 부딪치며 의사소통을 한다는 것이었다. 그런가 하면 미꾸라지를 매우 좋아한다는 사실과 미꾸라지를 황새에게 식사로 제공하기 위해 돈이 많이 들어간다는 사실도 알게 되었다.

그림 9-9 황새 서식지 견학/부부황새 관찰

3) 유아환경교육관 견학 후 깊이 있는 탐구 활동

유아환경교육관 견학 후에는 사진 및 동영상 찍어온 것 보며 황새 자세히 그리기, 황새의 서식지 표현, 황새의 생김새에 대한 깊이 있는 탐구 활동 등을 하였다. 이를 몇 가지 살펴보면 다음과 같다.

가) 그림 그리기

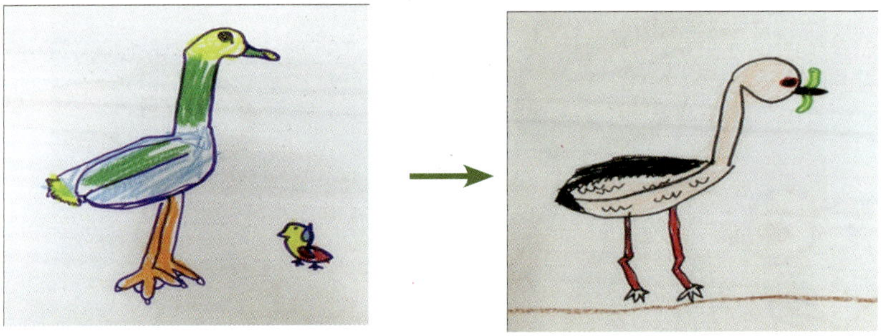

그림 9-10 견학 전·후 황새 그림비교

나) 만들기

황새가 높은 나무에 둥지를 짓는다는 사실을 알게 된 유아들이 블록을 이용해 높은 나무를 만들어 그 위에 둥지 만드는 활동을 하였다.

그림 9-11 황새는 높은 나무에 둥지를 지어요./ 황새는 우리보다 키가 더 커요.

다) 창의적 음률 활동, 신체표현하기

이런 깊이 있는 탐구 활동 중 교사가 준비단계에서 예상하지 못한 활동도 발현되었는데 특히 '황새의 소리 내기'에 대한 것이 활발히 진행되었다. 왜 커서는 목으로 소리를 내지 못하고 부리를 부딪쳐서 소리를 낼까, 그럼 어떻게 엄마 황새와 아빠 황새는 이야기를 나눌까, 무슨 이야기를 나눌까, 황새가 내는 소리같이 우리도 소리를 낼 수 있을까? 등과 같이 계속 확장시켜 나가면서 노래를 통해 황새의 부리 부딪치는 소리를 표현해 보기도 하고 창의적인 신체 표현과도 연계시켜 보았다. 다음은 그 예이다.

그림 9-12 황새처럼 표현해요.

라) 언어적 표현, 게임으로 표현하기

그런가 하면 황새에 대해 새로 알게 된 사실을 언어적으로, 게임으로 표현해 보기도 하였다. 다음은 그 예이다.

멋진 황새

조가온

나는 누구일까요?
붉은 다리 멋져요.
천연기념물 199호예요.

나는 누구일까요?
멋진 검은 부리가 있어요.
추울 때 한 발로 서 있어요.

나는 누구일까요?
빨간 눈이 화장을 한 것 같아요.
그리고 나는 한새로 부르다 황새로 됐어요.

나는 멋진 황새!

게임하기

두 팀으로 나누어 목표 지점까지 뛰어가서 황새가 좋아하는 그림을 집어 붙이고 돌아오기
예) 황새가 좋아하는 것: 미꾸라지가 많은 논
황새가 싫어하는 것: 농약이 많이 뿌려져 미꾸라지가 한 마리도 없는 논

다. 프로젝트 마무리 단계

프로젝트 마무리 단계에서는 황새를 비롯한 멸종위기 동물들을 보호할 수 있는 방법을 알아보고, 이를 실천해 보며 지역사회 주민들에게도 알리는 캠페인 활동 중심으로 이루어졌다. 이제 유아들은 황새를 비롯하여 점점 사라져 가고 있는 동물들을 잘 보호해야 한다는 생각을 하게 되었고 그러려면 어떻게 해야 하는가까지 생각할 수 있게 되었다. 그것은 크게 두 가지로 나타났는데 하나는 청람황새공원에서 보고 온 황새를 직접 위하는 방법(우리가 사랑한다고 편지를 써서 보내 주어요. 먹이를 살 돈을 모아서 보내 주어요)과 황새를 보호하는 방법을 부모님과 지역사회 주민들에게도 알리자는 것이었다. 그것은 다음과 같다.

1) 황새 직접 위하기

가) 황새에게 사랑의 편지 쓰기 및 황새를 위한 기금 모으기

그림 9-13 황새에게 편지 쓰기/황새 먹이 기금 마련하기

2) 부모님과 지역사회 주민들에게 황새 보호를 알리기 위한 캠페인하기

가) 부모님께 알리기

황새에 대해 알게 된 사실을 노래와 율동으로 하면서 이를 동영상 촬영하여 QR 코드로 만들어 부모님들이 언제라도 보실 수 있게 하였다.

그림 9-14 황새는 이런 새예요./유아들의 '황새' 에 대한 노래와 춤을 볼 수 있는 QR 코드

나) 지역사회 주민들께 알리기

유아들은 지역사회 주민 대상 캠페인을 준비하면서 그때 자신들이 착용할 '푸른 지구 수비대' 완장과 주민들에게 캠페인에 대해 알릴 수 있는 팻말, 주민들께

나누어 줄 전단지를 만들었다. 그것은 다음과 같다.

그림 9-15 지구수비대 완장/멸종위기동물 보호 팻말/동물보호 전단지

3) 환경교육관 재방문하고 황새 다시 보기

프로젝트를 마무리하면서 다시 한 번 환경교육관을 방문하여 황새를 위해 쓴 편지로 편지 나무 만들기, 황새를 위해 모은 기금 전달하기, 황새를 지키기 위한 삶을 살겠다는 약속을 황새 박사님과 하고 돌아왔다.

그림 9-16 기금 전달/황새 박사님과 약속하고 사진 찍기/황새에게 쓴 사랑의 편지 나무

4. 프로젝트를 통한 지속가능발전 지향 유아환경교육 시 유의점

프로젝트를 통해 지속가능발전 지향 유아환경교육을 어떻게 시행하는지 간단히 살펴보았다. 관련하여 몇 가지 유의점을 제시하면 다음과 같다.

첫째, 여기서는 G 유치원의 여건상 황새를 직접 볼 수 있는 위치에 있었기 때문에 '황새'를 주제로 프로젝트를 진행하였지만 프로젝트 주제는 가능한 한 유아들이 사전에 경험한 바 있고 또 자주 접할 수 있는 실체를 프로젝트 주제로 하는 것이 바람직하다.

둘째, 교육목표 선정이나 교육내용 예상 시 지속가능발전 지향 유아환경교육에서 추구하는 교육목표 및 내용과 어떻게 연계될 수 있을지 사전에 점검해 보고, 또 프로젝트 진행과정에서도 계속 확인해 보는 것이 필요하다. 이런 작업은 교사가 프로젝트 중 유아들의 흥미를 어떻게 확장시킬 것인지, 활동의 방향성을 어떻게 잡아줄 것인지를 가늠하는 중요한 척도로 작용하게 된다.

셋째, 전체적으로 프로젝트의 지향방향과 진행과정은 지속가능발전교육에서 추구하는 핵심가치인 인권 존중, 미래 세대 존중, 생태적 다양성 존중, 문화적 다양성 존중에 맞추어져야 한다. 깊이 있는 탐구 활동을 한다고 하면서 뿌리째 뽑은 식물을 오염된 물에 담가 죽어가는 것을 본다든가, 생태적 특성을 고려하지 않은 채 함부로 생물을 교실로 옮겨다가 관찰하는 행동은 핵심가치에 위배되는 행동이므로 유의해야 한다.

넷째, 유아들은 일방적으로 보호받아야만 하는 수동적 존재가 아니다. 자신들이 살아가고 있는 지역사회 내에서 지속불가능한 문제가 무엇인지 알고 이를 해결해 나가는 데 적극적으로 동참할 수 있는 존재이다. 지속가능발전 지향 유아환경교육의 5가지 내용 영역 중 한 가지가 '지속가능발전을 위한 시민의식 증진'인 것은 그런 점을 반영한 것이다. 그것이 '황새' 프로젝트에서는 부모와 지역사회주민들에게 황새를 보호하기 위해 할 수 있는 일을 알리고 함께 실천하는 것으로 연결되었다. 이렇게 해 나갈 때 유아들도 주체적으로 환경을 위해 노력하는 시민으로 성장할 수 있을 것으로 본다.

이 장에서는 환경교육관과 연계한 황새 프로젝트를 통한 지속가능발전 지향 유아환경교육의 실제를 살펴보았다. 마지막으로 다음 장에서는 환경동화 프로젝트를 통한 환경교육 실제를 살펴보기로 하겠다.

환경동화 프로젝트를 통한 환경교육의 실제

Early Childhood Environmental Education for Sustainable Development

CHAPTER ⑩

이 장에서는 환경동화 프로젝트를 통한 환경교육의 계획 및 운영 실제를 제시하고자 한다. 7장에서 이미 언급한 바와 같이 유아교육 현장에서는 생활주제와의 긴밀한 연계 속에서 지속가능발전 지향 환경교육을 실시하는 경우가 보편적이다. 그러나 이외에도 특별한 환경동화, 노래, 동영상 등을 중심에 놓고 장·단기 프로젝트를 통한 환경교육이 이루어지기도 한다. 프로젝트 소재가 될 수 있는 것은 환경부에서 나온 동화(예: 『신데렐라(재활용품 분리배출』), 교육부에서 나온 녹색성장교육 프로그램 중 노래(예: 흙이 아파요), 환경기념일(예: 불 끄는 날) 등 다양하다. 교사는 이런 여러 가지 중 유아의 요구, 원의 상황 및 여건 등을 고려하여 소재를 선택하여 프로젝트 주제로 정한다. 유아교육기관에서 단기 프로젝트는 아주 짧게는 하루나 이틀 정도, 조금 길게는 1~2주 사이에 끝나며, 장기 프로젝트는 4주 이상 지속되기도 한다. 교사가 유아들과 장기 프로젝트로 해 나갈 것을 예상하는 경우 9장에서 제시하는 바대로 준비단계 때 교사 주제망 구성, 교육과정 조직안 및 활동예상안 구성, 부모들에게 알리고 협조 구하기 등에 있어 보다 철저히 해야 한다. 장기 프로젝트에 대해서는 9장을 참조하도록 하고 이 장에서는 환경동화를 소재로 삼아 약 2주 정도의 단기 프로젝트를 예상한다고 할 때 어떻게 지속가능발전 지향 환경교육을 해 나갈 수 있는지 그 실제[1]를 보여주고자 한다.

1. '신데렐라 재활용품 분리배출' 환경교육 준비

가. 적합한 소재 선정

여기서는 환경부에서 환경교육에 주안점을 두고 개발한 동화[2] 중 하나인 『신데렐라(재활용품 분리배출)』를 소재로 선정하였다. 단, 그 동화 그대로 하지 않고 다시 한 번 재창작 과정을 거쳐 프로젝트 소재로 사용하였다. 동화 제목은 '재활용품 분리? 문제없어. 난 용감한 신데렐라거든'이다. 이 동화에서는 재활용품 분리배출뿐 아니라 신데렐라의 주도성과 씩씩한 태도도 강조되고 있다. 신데렐라를 프로젝트 소재로 선정한 이유는 다음과 같다.

- '신데렐라'는 유아에게 친숙한 동화이다.
- 재활용품 분리배출은 유아의 일상생활과 밀접한 관련이 있다.
- 재활용품 분리배출 방법에 대해 유아에게 정확하게 알려 줄 필요가 있다.
- 가정과의 연계가 용이하다.
- 주변에서 자원을 얻기가 용이하다.

'신데렐라' 이야기를 잘 알고 있더라도 '재활용품 분리? 문제없어. 난 용감한 신

1) 이 장에 제시된 사진자료는 모두 아이림유치원의 윤미라 교사와 그 반 유아들의 활동에서 나온 것이다.

2) 환경부에서는 환경교육을 주 목적으로 한 환경동화 5편-신데렐라(재활용품 분리배출), 아기돼지 삼형제(친환경에너지타운), 성냥팔이 소녀(미세먼지 관리 특별대책), 젊어지는 샘물(우리집 수돗물 안심 확인제), 금도끼 은도끼(전기 자동차)-을 http://www.me.go.kr/home/web/index.do?menuId=10385 에 e-book 형태로 올려놓았다. 신데렐라의 경우 유아기 환경교육에 그대로 활용할 수 있다고 보아 프로젝트 소재로 활용한 것이다.

데렐라거든'은 어떤 내용일지 궁금해할 것이다. 도대체 '신데렐라'와 '재활용품 분리하기'가 어떤 관련이 있단 말인가? 그런 궁금증은 차차 알아가기로 하고 먼저 자신의 재활용품 분리배출 방식을 한번 점검해 보자.

어느 날 요리를 하다 간장을 넣으려고 꺼내 보니 페트병에 든 간장이 다 떨어졌다고 가정해 보자. 당연히 다 쓴 간장병은 버리려고 할 것이다. 그런데 이렇게 다 쓴 간장병을 여러분은 평소에 어떻게 버리는가? 먼저 적어 보고 옆 사람은 어떻게 하고 있는지 비교해 보자. 그러면서 나의 쓰레기 버리는 방식이 지속가능한 삶 차원에서 올바른 것인지 생각해 보자. 페트병을 버리는 올바른 방식은 이 장의 후반부에 소개되는 『신데렐라』 동화 속에서 확인할 수 있다.

다 먹고 난 간장병 나는 이렇게 했어요.	잘한 점과 개선점은?
예) 그냥 플라스틱 버리는 곳에 따로 버리는데요.	잘한 점: 개선점:

나. 환경교육목표와 내용에 비추어 활동예상안 작성

이 동화를 프로젝트 소재로 선정하였다면 두 번째로 교사가 할 일은 동화에 비추어 환경교육목표와 내용을 점검해 보고 활동예상안을 작성하는 일이다. 즉, 먼저는 『신데렐라(재활용품 분리배출)』 동화를 활용하여 지속가능발전 지향 유아환경교육을 한다고 할 때 지속가능발전 지향 환경교육과 관련하여 어떤 목표와 내용을 다룰 수 있다고 보는지 점검해 보는 것이다. 이는 각 교사가 처한 상황에 따라 어느 정도 차이가 날 수 있겠으나, 몇 가지 예를 들면 목표 영역에서는 지식, 태도, 실천 측면을 다루고 내용 측면에서는 3영역인 환경문제 인식 및 대처 그리고 4영역인 지속가능발전을 위한 생활 실천 등을 다룰 수 있다고 보는 것이다.

표 10-1 '신데렐라(재활용품 분리배출)'에 비추어 본 환경교육목표 및 내용 점검

목표	지식: 주변 환경을 바르게 관리하는 방법을 안다. 태도: 주변 환경을 바르게 돌보는 태도를 가진다. 실천: 주변 환경을 바르게 보전하기 위해 노력한다.
내용	3. 환경문제 인식 및 대처 3-4. 환경문제 대처 4. 지속가능발전을 위한 생활실천 4-2. 자원 · 에너지 절약 및 재활용 4-3. 주변 환경 정리 및 깨끗한 환경 유지

이와 같은 점검 후 〈그림 10-1〉과 같은 활동예상안을 작성해 보았다. 그리고 프로젝트 예상 기간으로는 약 2주일을 잡았다.

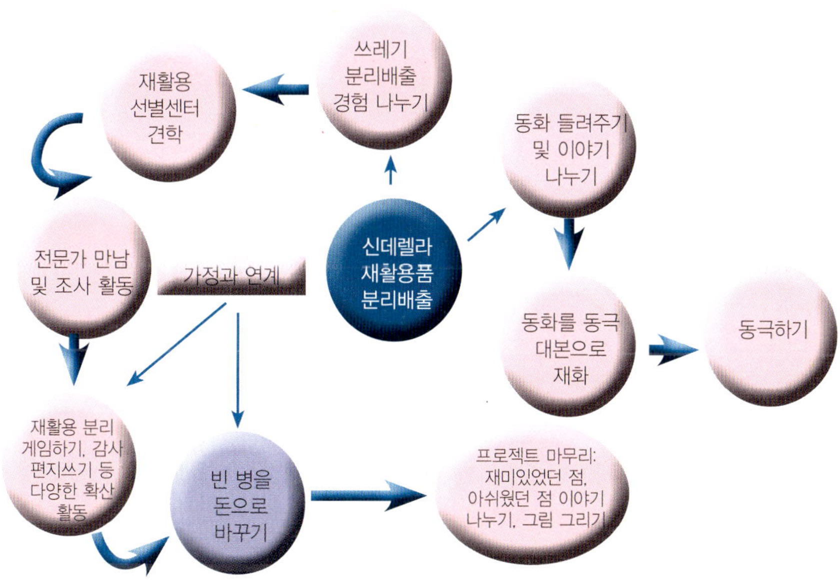

그림 10-1 '신데렐라(재활용품 분리배출)' 프로젝트 활동예상안

다. 자원 준비 및 필요한 연락 취하기

재활용품 중심의 활동이 예상되었으므로 원에서 나오는 각종 재활용품들을 원 전체적으로 일주일 정도 모으는 한편, 각 가정에도 가정통신문을 통해 프로젝트 첫날 유아들 편에 재활용품들을 하나 정도 보내도록 부탁하였다. 또한 교사는 교사대로 재활용품을 종류별로 모으고 이외 재활용품 관련 사진, DVD 자료, 동영상, 팸플릿 등을 자원으로 확보해 놓았다. 이 과정에서 교사는 빈 병을 돈으로 바꿀 수 있다는 사실을 알게 되었고, 원 주변 마트에 그런 기계가 있다는 것까지 알게 되어 활동예상안에 '빈병을 돈으로 바꾸기'를 추가하였다.

표 10-2 '신데렐라(재활용품 분리배출)' 자원 목록표

<table>
<tr><th>종류</th><th>내용</th></tr>
<tr><td>1차적 자원</td><td>• 실물: 빈 병 등 각종 재활용품
• 사람: 재활용 선별센터에서 일하는 직원, 시청 환경정책과 직원, 대형마트 직원
• 장소: 재활용 선별센터, 대형마트(빈병을 돈으로 바꾸기)</td></tr>
<tr><td>2차적 자원</td><td>• 책
<table>
<tr><td rowspan="2">동화책</td><td>『신데렐라』+CD, 안데르센 & 그림연구회, 랭기지 플러스(2009)</td></tr>
<tr><td>『쓰레기 대장 더그』, 엘리베델, 서소영 역, 키즈엠(2013)</td></tr>
<tr><td rowspan="2">정보책</td><td>『너에겐 고물? 나에겐 보물』, 허은미, 창비(2010)</td></tr>
<tr><td>『언제나 지구와 함께』, 노에 카를랭, 조정훈 역, 키즈엠(2012)</td></tr>
</table>
• 웹사이트:
– 환경동화: 신데렐라(재활용품 분리배출)
(환경부: http://www.me.go.kr/upload/ebook/story/samples/5/#page/1)
– 분리배출, 분리수거: 쓰레기 버릴 때 알아야 할 상식
(위디어스: http://wedias.co.kr/23)
– 강동구, 버리면 쓰레기, 모으면 자원
(강동구청: https://www.youtube.com/watch?v=HQcsx2obeZI)</td></tr>
</table>

종류	내용
2차적 자원	• 사진: 빈용기 무인회수기와 빈병을 돈으로 바꾸는 모습   기사: "빈병, 캔 넣으면 돈으로 돌려줘요" (서울경제 2016년 12월 21일. 백주연 기자 글 중. http://www.sedaily.com/NewsView/1L5C10EX03) • 팸플릿: 재활용 선별센터 팸플릿 • DVD: 쓰레기 vs 자원 

2. '신데렐라 재활용품 분리배출' 환경교육 운영

가. 재활용품 분리배출 경험 나누기 및 동화 들려주기

1) 경험 나누기

유아들이 일상생활에서 흔히 접할 수 있는 주스 병, 음료 캔, 뚜껑이 있는 페트 병들을 보여주며 관련 경험에 대한 이야기를 나누었다.

교사: "선생님이 어제 장조림을 하려고 하다 보니까 글쎄, 간장이 다 떨어졌지 뭐니? 그 간장병이 이 페트병이야. 그래서 이걸 어떻게 버려야 잘 버리는 걸까 잠시 생각했단다. 너희들과 같이 생각해 본 후 버리려고 오늘 가져왔어. 너희들도 이런 페트병을 버려본 적이 있니? 그때 어떻게 했어?"

유아 1: "우리 집에서요, 엄마가요. 주스 다 먹고요. 그냥 버렸다요."
유아 2: "우리도요. 냉장고에 오래 있던 것, 엄마가 안 되겠다 이러고 그냥 버렸어요."
유아 3: "우리 아빠는요, 맥주 캬아~! 마시고 이렇게 구겨서 탁~! 버렸는데요."
유아 4: "나는요. 요구르트 먹고 병 씻어 버렸어요."

…〈중략〉…

교사: 오호~! 그랬구나. 그런데 신데렐라는 이런저런 쓰레기들을 요정 아줌마랑 어떻게 처리했는지 한번 볼까? 너희들이 "신데렐라야~!" 하고 부르면 신데렐라가 짜잔~! 하고 나올 거야.
유아들: 신데렐라야~!

2) 동화 들려주기

제목: 재활용품 분리? 문제없어. 난 용감한 신데렐라거든.

지옥정 글

얘들아, 신데렐라 이야기는 모두 잘 알고 있지? '신데렐라'의 뜻이 '재투성이'라는 것도 알고 있니? 사실 처음부터 내가 신데렐라였던 것은 아니야. 심술쟁이 새엄마와 새언니들이 우리 집으로 온 다음에 그런 별명이 붙은 거니까. 아빠가 먼 곳으로 일하러 떠나신 후 새엄마는 장작 패고 불 때는 일을 나더러 하라고 하셨단다. 아궁이에 불을 때는 일을 하다 보면 재를 많이 뒤집어쓰게 되거든. 그 바람에 '신데렐라'라는 별명이 붙은 거야. 그래서 슬펐냐고? 아니, 아니. 나는 씩씩하고 용감하기 때문에 새엄마와 두 언니들이 아무리 힘든 일을 시켜도 거뜬히 다 잘해낼 수 있었어. 그중 한 가지 재미있는 일을 너희에게 들려주려고 해. 킥킥. 정말 재미있는 일이야. 귀 쫑긋, 준비됐지?!

아빠가 먼 곳으로 출장을 떠나시고 한 달쯤 지난 어느 날, 새엄마와 두 명의 새언니가 우당탕탕 집 안으로 뛰어들어왔어. 그러더니 먼저 새엄마가 이렇게 말했지.

"이러고 있을 때가 아니야. 왕자님의 무도회가 일주일 후에 열린다지 않니. 세상에~! 거기서 왕자님 신붓감도 뽑는대."

"엄마, 엄마. 나 레이스 달린 옷이랑 구두랑 빨리 주문할래요."

첫째 언니가 큰 소리로 노래를 부르듯이 말했지.

"엄마, 엄마. 나도 옷, 구두, 목걸이, 아~! 또 있어요. 핀이랑 그렇지, 그렇지, 예쁜 허리띠도 필요해요."

둘째 언니가 질세라 더 큰 소리로 말했지.

"알았다, 알았어, 오구오구~! 예쁜 내 딸들. 어떤 옷이 더 어울릴지 모르니 한꺼번에 모두 옷 열 벌, 장신구들도 모두 열 개씩 주문하자."

새엄마가 손뼉을 딱딱 두 번 치면서 그렇게 말했어.

그 말을 듣고 난 새엄마가 좀 정신이 나간 것 같다고 생각했지.

"세상에~! 모두 열 개씩이라니~! 그럼 우리 집에는 돈이 하나도 남지 않게 될 거야."

난 혼잣말로 중얼거렸어. 거기다 사실 그 돈은 우리 아빠 돈인데도 내 옷은 하나도 주문하지 않은 것 있지?! 나, 참~!

그렇지만 뭐, 괜찮아. 난 바느질도 잘하거든.

"싹싹싹싹, 요긴 좀 잘라 내고, 요긴 요렇게 바느질하고..."

난 그 일주일 동안 엄마가 입으시던 드레스를 내 몸에 꼭 맞게 잘 수선했단다. 나도 왕자님의 무도회에 갈 준비를 다 마친 거야.

드디어 무도회가 열리는 날 오후, 새엄마와 새언니들이 주문한 옷이랑 구두, 장신구들이 한꺼번에 다 왔단다. 다음에 어떤 소란이 일어났는지는 말 안 해도 짐작하겠지?

"서둘러, 서둘러. 이거 다 입어보고 제일 예쁜 옷으로 골라야 한단 말이야."

제일 바빠 보이는 새엄마 말씀이야.

"저리 비켜~! 비켜~! 내가 먼저 거울 볼 거야."

이건 첫째 언니.

"안 돼, 내가 먼저야. 언니가 저리 비켜."

이건 둘째 언니지.

하여간 셋이 달려들어 상자를 뜯고, 비닐을 벗기고, 가격표를 떼어 내고, 이 옷 저 옷 입어 보고… 휴우~! 진짜 난리였어.

"마차, 마차는 왔겠지?"

새엄마가 밖을 내다보며 급하게 말씀하셨지.

"나, 구두 안 신었어요. 엄마."

"나도, 나도. 엄마, 발이 안 들어가. 구두가 작은가 봐~! 에구, 에구~!"

이렇게 해서 새엄마와 새언니들이 파티에 갈 준비가 끝났을 때 나도 수선해 놓은 드레스를 입고 내려왔지. 그때 새엄마와 새언니들의 놀란 표정이라니. 내가 그렇게 예쁠 거라고는 상상도 못했었나 봐.

그런데 말이지, 하여간 새엄마와 새언니들 심술은 끝이 없어.

"흐음~! 신데렐라야. 너도 가려고? 좋아, 좋아. 그렇지만 쓰레기는 다 치우고 와야겠지? 물론 종류별로 잘 나누어서 버려야 한단다."

"맞아, 종류별로…"

"다 치워야 해. 아주 깨끗이…호호호. 그럼 우린 간다."

두 언니도 고소하다는 듯이 날 보면서 말했지. 그리고는 자기들만 마차를 타고 따가닥따가닥 가 버렸어. 나, 참~!

쓰레기 정리야 할 수 있지만, 이걸 다 하려면 오늘 밤 무도회 가기는 틀렸구나 싶었지. 어쩌나 하고 있는데 너희들도 알잖아~! 요정이 뾰로롱 ~! 이러면서 나타났단다.

"신데렐라야, 쓰레기 치우는 것 때문에 걱정하고 있구나? 걱정 마. 내 이름은 그 이름도 깨끗한 환경요정이거든. 쓰레기 치우는 건 내가 제일 잘하는 일이야."

오호~! 그냥 요정이 아니고 '환경요정'이래. 환경요정은 서둘러 요정막대로 다시 뾰로롱~! 하더니 우리 집에 살고 있던 쥐 네 마리는 시종으로, 도마뱀 한 마리는 마부로 변신시켰단다. 나, 환경요정, 시종 네 명, 마부 한 명 다 합하면 일곱 명이잖아. 그럼 뭐 쓰레기 분리는 금방이지. 헤헤~.

더구나 환경요정이 쥐와 도마뱀 보라고 요런 알림장을 벽에 딱 붙여 놨으니 걔네들도 그걸 보면서 척척 잘하더라고.

〈알림장〉
1. 박스는 박스대로 모은다.
2. 우유팩, 쥬스팩 등 종이팩은 한번 물로 헹구어 쫙 편다. 그리고 일반 종이와 섞이지 않게 따로 모은다.
3. 페트병은 겉에 붙은 상표를 뜯어내고, 내용물은 싹 다 버린다. 뚜껑은 따로 모은다.

"찍찍, 앗~! 참. 시종으로 변했으니 찍찍은 말고. 종이팩은 이쪽, 페트병은 이쪽"

"찍찍, 아이코~! 나도 참 시종이 되었지. 박스는 이쪽, 페트병 뚜껑은 이쪽"

난 쥐들이 그렇게 빠른지 그때 처음 알았어. 3분도 안 되어 일을 다 마쳤다니까. 참, 사실 그날 나도 '페트병 뚜껑을 따로 모아야 한다는 것'을 처음 알았단다.

그리곤 뭐, 너희들이 알고 있는 대로 환경요정이 마련해 준 번쩍이는 마차를 타고 무도회에 갔지. 궁에 도착하자마자 마차는 보내버렸어.

"뎅~, 뎅~"

12시가 되면 마술이 사라지잖아. 그럼 곤란하지.

	진짜 웃기는 것은 바로 요기야. 그날 왕자님이 신부를 뽑는 특별퀴즈를 냈거든. 퀴즈문제가 뭔지 아니? 들어 봐. "페트병 쓰레기를 바르게 분리하는 방법은 무엇인가요?" 왕자님이 이렇게 물어보셨단다. 거기 모인 아가씨 중 아무도 몰랐고 딱 나 혼자만 그 답을 알았단다. 그래서 그날 왕자님의 신부가 되었냐고? 아니, 아니야. 그때는 공손하게 사양했어. 누구에게 뽑혀서 신부가 되고 싶진 않거든. 그때 새엄마와 새언니들 표정을 봤어야 하는데… 너무너무 놀라 입을 딱 벌린 채 다물지를 못하더라고.
	그랬는데, 몇 달 후 난 그 나라 왕자비가 되긴 했단다. 왕자님이랑 사귀면서 그분이 아주 좋은 분이란 걸 알게 되었거든. 왕자님과의 결혼 후 내 별명은 '신데렐라'가 아닌 '클린클린'이 되었단다. 깨끗하게 쓰레기 분리를 잘한다고 해서 붙여진 별명이야. 그 다음은 어떻게 되었냐고? 모두 행복하게 잘살게 되었지, 뭐.

나. 동화에서 궁금한 점 및 적합한 해결 방안 찾아보기

동화를 듣고 난 후 궁금한 것들과 그 해결방안을 모색해 보았다. 이 또한 유아의 사전 경험이나 지식 등에 따라 차이가 날 수 있는데 몇 가지 질문의 예를 들어 보면 다음과 같다.

질문	해결방안
분리배출이 뭐예요?	책 보기, 인터넷에서 찾은 자료 보기
왜 분리배출을 해요?	재활용 선별센터 방문하기
쓰레기들은 어디로 가요?	재활용 선별센터 직원에게 물어보기
유리병을 돈으로 바꿀 수 있어요?	대형마트 직원 만나기 및 직접 바꾸어 보기

다. 재활용 선별센터 견학 및 이후 확장 활동

유아들의 질문을 해결하고 보다 의미 있는 확장 활동이 이루어지도록 하기 위해서는 재활용 선별센터 현장견학이 빨리 이루어질 필요가 있다고 교사는 판단하였다. 다음은 견학 전 준비, 견학, 견학 후 확장 활동을 간단하게 정리한 것이다.

1) 견학 전 준비

- 재활용 선별센터가 어떤 곳인지 사진을 이용하여 살펴보기

그림 10-2 재활용 선별센터

출처: 국제뉴스 2016년 1월 5일. 이인영 기자.
http://www.gukjenews.com/news/articleView.html?idxno=402485

- 견학을 가서 지켜야 할 약속 정하기
- 질문할 것 정리하고 누가 질문할 것인지도 정하기

2) 견학

- 견학에 들어가기 전 간단한 설명 듣기
- 견학하기

그림 10-3 재활용 선별센터 도착/재활용할 수 있는 쓰레기가 모이는 곳

그림 10-4 재활용 쓰레기들을 작업자들이 일일이 손으로 분류함/
스티로폼을 녹여 건축자재로 만듦

견학을 하면서 유아들은 견학 전에는 생각하지 못했던 몇 가지 사실을 알게 되었다. 그것은 다음과 같다.

1. 매일 재활용품 쓰레기가 들어온다. 그런데 쓰레기가 산보다도 더 높게 많다.
2. 사람들이 쓰레기를 종류별로 잘 분류해서 버리지 않아 재활용 선별센터에서 일하시는 분들이 일일이 손으로 분류를 해야 한다. 너무 힘드실 것 같다.
3. 스티로폼은 열처리 후 건축현장에 보내져서 건물을 따뜻하게 해 주는 데 사용된다. 그렇게 사용할 수 있으려면 스티로폼을 버릴 때 스티커나 붙어 있는 비닐을 제거하고, 깨끗이 헹궈 주어야 한다.

이렇게 재활용을 위해 노력하는 기관과 사람들이 있다는 것, 쓰레기 버리는 방식을 잘 알고 버려야 한다는 것 등을 느끼고 새로운 것도 알게 되었다.

3) 견학 후 확장 활동

가) 쓰레기 줄이기 운동을 원과 가정에서 병행하기

쓰레기가 산처럼 쌓여 있는 것을 눈으로 직접 보고 온 유아들과 교사는 사람들의 삶과 쓰레기의 관계를 생각해 보게 되었다. 청주 시민이 85만 정도(2016년 12월 기준) 되니까 이 사람들이 하루에 한 개씩만 버려도 쓰레기가 85만 개, 지구 전체로 치면 75억 정도(2017년 5월 기준, http://www.worldometers.info/kr/)이니 역시 하루에 한 개씩만 버려도 매일 75억 개의 쓰레기가 쌓이게 된다는 이야기도 나누었다. 유아들은 85만, 75억과 같은 숫자가 어느 정도를 의미하는지는 모르지만 어쨌든 굉장한 숫자이며 '그렇게 계속 쓰레기를 사람들이 버리면 쓰레기로 지구가 덮이겠다.'는 생각을 스스로 하게 된 것이다.

결국 쓰레기를 줄여야 한다는 이야기와 함께 이를 위해 KBS 2TV에서 2013년 1월 23일에 방영한 '인간의 조건: 쓰레기 없이 살기'의 일부분(하루 동안 자기가 발생시킨 쓰레기들을 저울에 달아 보는 부분, 5분 정도)을 유아들과 함께 시청하였다. 이 자료는 현장 견학 후 교사가 구글을 통해 찾은 자료이다. 이 영상 시청 후 먼저 우리 반부터 '쓰레기를 줄이자.'는 목표를 세우고 쓰레기 양을 일주일간 매일 달아 보면서 쓰레기 줄이기를 실천하였다.

그림 10-5 인간의 조건: 쓰레기 없이 살기 시청/쓰레기 양 달아보기

출처: https://www.youtube.com/playlist?list= PL8GoK6nNg8oE epxoWbMBMZuYW6mdW2zDO

나) 재활용품 분리배출 방법을 다른 사람들에게 알려 주기

『신데렐라』 동화에 나오는 재활용품 분리배출 방법을 다른 사람들에게 알려주기 위한 다양한 방법–다니면서 큰 소리로 말해 주기, 방송하기, 플래카드 걸기, 광고지를 만들어 동사무소에 가져다 놓기–이 고안되었다. 이런 방법들의 좋은 점, 어려운 점을 다 같이 살펴본 후(예: 큰 소리로 말해 주는 것은 돈이 안 들어가고 우리가 쉽게 할 수 있어서 좋으나 목과 다리가 많이 아플 것 같다.) 투표로 정한 대로 광고지를 만들어 각 가정과 동사무소에 비치하기로 하였다. 이때 광고지에는 재활용 선별 센터에서 찍어 온 산더미 같은 쓰레기 사진도 집어넣기로 하였다.

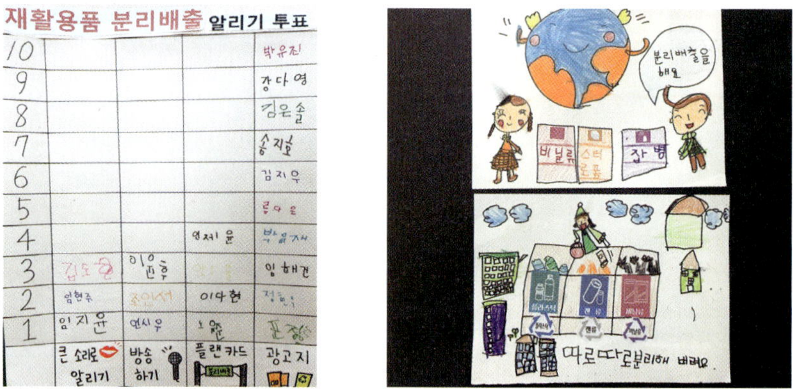

그림 10-6 유아들 투표/유아들이 만든 광고지

다) 재활용품 분리 게임하기

원에서 일주일 정도 모은 종이팩, 플라스틱, 유리병, 페트병(뚜껑을 꼭 같이 모으도록 함) 등과 기타 재활용품을 가지고 게임에 활용하였다. 처음에는 여러 쓰레기 중에서 종이팩만 찾아 분리하는 스피드 게임으로 진행하였으나 차츰 게임의 내용에 변화를 주었고(예: 페트병과 플라스틱, 종이팩 등 분리배출해야 할 종류를 점차 늘려서 게임하기 등) 또한 게임방법에도 변화를 주어 진행하였다(예: 정해진 길로 가서 페트병에서 병뚜껑을 돌려 빼낸 후 다른 그릇에 옮겨 담기 등). 이렇게 유아들의 의견을 반영하면서 활동을 확장해 나갔다.

그림 10-7 처음 게임: 쓰레기 중에서 종이팩 가려내기/
페트병, 플라스틱, 종이팩 구분하여 버리기

라) 신데렐라 동극하기

이 자체가 하나의 작은 프로젝트였다. 교사와 유아들은 동화를 바탕으로 내용 일부를 바꾸었고(예: 쓰레기들을 새엄마와 새언니들이 마구 버리는 동화 내용), 이 동화를 바탕으로 반 아이들이 모두 동극에 직접 참여할 수 있도록 동극을 2회 진행하였다. 또 등장인물도 추가로 더 넣었고(예: 페트병 요정 2명, 유리병 요정 2명, 종이팩 요정 2명), 소품 준비하기 등을 하였다.

라. 프로젝트 마무리하기

제일 재미있었던 장면을 그림으로 그린 후 모두에게 보여주며 이야기하는 것으로 마무리하였다. 재활용 선별센터에 견학갔던 것, 동극했던 것을 그림으로 그리는 아이들이 많았다. 교사는 처음에 짐김한 환경교육목표와 내용이 충분히 다루어졌으며 덧붙여 더불어 살기, 협력하기, 가정과 연계하여 생활 속에서 실천하기가 지속적으로 이루어지고 있음을 확인할 수 있었다.

이렇게 하여 이 책의 마지막 장에서는 환경동화 프로젝트를 통한 환경교육의 계획 및 실행에 대해 살펴보았다. 여기서는 환경동화를 중심으로 한 사례를 살펴보았지만, 환경관련 노래, 환경기념일 등도 이런 소재가 될 수 있음을 다시 한 번 강조하고자 한다.

부록 1

❶ 벨그라드 헌장에 제시된 환경교육의 목적과 목표 전문

❷ 트빌리시 선언문에 제시된 환경교육의 목적과 목표 전문

부록 2

1. 늑대 인형극 대본: '못된 사냥꾼과 꼬마 늑대 우우'
2. 수달 인형극 대본: '미끌이와 매끌이'

부록 3

환경부 '5세 누리과정 환경교구 세트' 소개

부록 1

1. 벨그라드 헌장에 제시된 환경교육의 목적과 목표 전문

1) The goal of environmental education is:

To develop a world population that is aware of, and concerned about, the environment and its associated problems, and which has the knowledge, skills, attitudes, motivations and commitment to work individually and collectively toward solutions of current problems and the prevention of new ones.

The objectives of environmental education are:

- Awareness: to help individuals and social groups acquire an awareness of and sensitivity to the total environment and its allied problems.
- Knowledge: to help individuals and social groups acquire basic understanding of the total environment, its associated problems and humanity's critically responsible presence and role in it.
- Attitude: to help individuals and social groups acquire social values, strong feelings of concern for the environment and the motivation for actively participating in its protection and improvement.
- Skills: to help individuals and social groups acquire the skills for solving environmental problems.

- Evaluation ability: to help individuals and social groups evaluate environmental measures and education programmes in terms of ecological, political, economic, social, esthetic and educational factors.
- Participation: to help individuals and social groups develop a sense of responsibility and urgency regarding environmental problems to ensure appropriate action to solve those problems.

2. 트빌리시 선언문에 제시된 환경교육의 목적과 목표 전문

1) The goals of environmental education are:

- to foster clear awareness of, and concern about, economic, social, political, and ecological interdependence in urban and rural areas;
- to provide every person with opportunities to acquire the knowledge, values, attitudes, commitment, and skills needed to protect and improve the environment;
- to create new patterns of behavior of individuals, groups, and society as a whole towards the environment.

2) The categories of environmental education objectives are:

- Awareness: to help social groups and individuals acquire an awareness and sensitivity to the total environment and its allied problems.

- Knowledge: to help social groups and individuals gain a variety of experience in, and acquire a basic understanding of, the environment and its associated problems.

- Attitudes: to help social groups and individuals acquire a set of values and feelings of concern for the environment and the motivation for actively participating in environmental improvement and protection.

- Skills: to help social groups and individuals acquire the skills for identifying and solving environmental problems.

- Participation: to provide social groups and individuals with an opportunity to be actively involved at all levels in working toward resolution of environmental problems.

부록 2

1. 늑대 인형극 대본: '못된 사냥꾼과 꼬마 늑대 우우'

교사: ○○유치원(또는 어린이집) 친구들, 안녕! 오늘 꼬마 늑대 우우를 만날 거야. 너희가 막 떠들면 꼬마 늑대 우우가 안 나올지도 모르니까 조용히 해 줄 수 있지? 쉬잇~!

유아들: (호기심 어린 표정으로 인형극 막이 가려진 쪽을 쳐다본다. 막이 걷히며)

효과음: 숲속의 편안함과 즐거움(새들도 지저귀고 아무 걱정 없는 것처럼 보이는 평안한 숲속)을 느낄 수 있는 경쾌한 음악. 처음에는 작은 소리로 시작하다가 어디선가 통당통당 집을 짓는다는 느낌이 들도록 조금 더 커짐.

상황: (인형극 틀 주변을 숲 같은 느낌이 들도록 구성. 나무 밑쪽으로 얼기설기 집을 지어놓은 모습이 조금 보인다–아직 완성되지는 않은 모습.) 꼬마 늑대 우우가 계속 왔다 갔다 하며 집을 짓고 있다. 한번 쳐다보고 빠르게 뒤쪽으로 돌아가서 머리를 보이며 지붕 위쪽으로 나뭇가지 하나를 덧대기도 한다.)

꼬마 늑대 우우: 휴우~! 이 정도면 되겠지. 여긴 뭐 나무도 많고 넓은 들판도 있으니까 여기다 집을 짓고 살면 좋을 거야. 이야호~! 거의 다 됐다. 신난다. 신나~! (꼬마 늑대가 신이 난 듯 춤을 춘다.)

음악: (늑대가 말을 할 때만 잠깐 아주 작게 하다가 춤을 출 때는 다시 음악 소리가 커진다. 그랬다가 교사와 늑대 대화 시 다시 음악 소리 줄어듦.)

교사: 어? 우우야. 너 새집 짓니?

꼬마 늑대 우우: 네, 선생님. 헤헷~! 여긴 나무도 많고 먹을 것도 많으니까 여기서 살려고요.

교사: 아, 그렇구나. 예전엔 어디 살았는데…

꼬마 늑대 우우: 한국에서 살았어요. 이젠 우리 늑대들은 거기선 못 살아요. 못된 사냥꾼들이 꼬마 늑대들까지 다 잡아가고 숲이랑 들판도 많이 없어지고… 휴우~!.

교사: 그랬어? 속상했겠다.

꼬마 늑대 우우: 음, 하지만 언젠가는 한국으로 돌아갈 거예요. 다 좋아지면요. 그런데 여기는 엄청 못된 사냥꾼이 없나요? 그 사냥꾼이요. 꼬마 늑대들까지 다 잡아간다니까요. (꼬마 늑대 우우가 주변을 둘러보는 시늉을 한다.) 아유~! 무서워.

교사: (교사도 함께 둘러보는 시늉을 하며 일부러 다른 쪽을 본다.) 어디 어디? (그러다가 다시 우우를 보며) 없는 것 같아. 나도 집 짓는 것 좀 도와줄까? (나뭇가지를 만지작거린다.)

꼬마 늑대 우우: 네. 좋아요. 헤헤.

음악: (작지만 긴장감이 느껴지는 음악 소리 시작.)

사냥꾼 등장: 히히~! 저기 꼬마 늑대가 있잖아?! 살금살금 다가가서 내가 그냥 총으로 빵 쏴서 잡아야지. 히히. (유아들 쪽을 보며) 애들아, 내가 여기

있다는 것 비밀이야. (총머리와 사냥꾼 모자 정도만 보이며 꼬마 늑대 쪽으로 살금살금 다가간다.)

음악: (긴장감이 느껴지는 음악 조금 더 강하게.)

유아들: (이때쯤 못된 사냥꾼이 나타났다고 웅성거리고 소리도 지를 것임.)

사냥꾼: (잠깐 다시 얼굴을 아이들 쪽으로 보이며) 얘들아, 쉬잇. 너희들이 말을 하면 내가 여기 있다는 것을 우우가 다 알게 되잖아?! 쉬잇~! (다시 늑대 쪽으로 가며) 꼬마 늑대 잡으러 가자. 살금살금, 살금살금

음악: (긴장감이 느껴지는 음악, 소리는 작으나 긴장의 강도는 더 높아질 수 있게)

유아들: 사냥꾼이 왔어, 사냥꾼, 사냥꾼.

사냥꾼: 에잇~! 안 되겠다. 잠깐 숨어야지(밑 쪽으로 사냥꾼 인형을 내리고 총머리만 조금 보여주고 움직이지 않는다. 사냥꾼이 숨어 있다는 것은 알도록 함)

음악: (깜짝 놀라는 듯한 느낌의 음악)

교사와 꼬마 늑대 우우: (여기저기 둘러보는 시늉을 하며) 못된 사냥꾼? 어디?

유아들: (총머리 쪽을 가르치며) 저기, 저기…

교사: 우우야. 일단 어서 숨어. 우리가 못된 사냥꾼을 골려줄게. 못된 사냥꾼이 어디 있지? 잡히기만 해 봐라.

꼬마 늑대 우우: 네, 선생님. 그럼 저는 빠 빠 빨리 쏙~! 숨을게요. 빨리, 빨리 숨자, 숨어. (허둥지둥 집 안으로 들어가는 모습. 문틈으로 두 귀는 보이게 하여 늑대가 있음을 알게 함)

음악: (서두르는 듯한 느낌의 음악)

교사: 그래, 그래. 어서 숨어.

(유아들 쪽을 보며) 얘들아, 너희가 못된 사냥꾼을 보면 "못된 사냥꾼, 잡아라~!" 하고 큰 소리로 말해 줄래? 어디 있지? (여기저기 둘러본다. 교사가 다른 쪽을 볼 때 반대쪽에서 사냥꾼 보이기 시작)

음악: (살살 작은 소리로)

사냥꾼: (다시 총머리와 모자 부분이 점점 위로 올라오며 모습을 드러낸다.) 다시 꼬마 늑대 쪽으로 살살 다가가 볼까? 얘들아, 나 여기 있다고 절대로 말하지 마~!

유아들: (다 함께 큰 소리로) 못된 사냥꾼 잡아라.

사냥꾼: 어이쿠~! 깜짝이야. 꼬마 늑대고 뭐고 안 되겠다. 빨리 도망가야지. 얘들이 왜 이렇게 용감한 거야?! (이리저리 뛰는 시늉을 하면서 무대 주변을 뱅뱅 돌며 뛰어다닌다.) 아이쿠 아야~! (나무에 부딪쳐 넘어지는 시늉), 아유, 어느 쪽으로 도망가야 하지?

음악: (쫓고 쫓기는 것 같은 느낌의 음악이 이어짐)

교사: (사냥꾼을 잡는 시늉을 한다.) 어? 저기 있다. 못된 사냥꾼 거기 서. 왜 꼬마 늑대들까지 다 잡아가는 거야? (사냥꾼이 잡힐 뻔, 잡힐 뻔 한다.) 이 못된 사냥꾼아.

사냥꾼: 아이구~! 선생님은 왜 또 이렇게 무서운 거야?! 안 되겠다. 이젠 다신 이 쪽에 안 올 거야. 못된 사냥꾼 살려~! (무대 뒤쪽으로 도망간다.)

음악: (문제가 해결된 듯한 느낌의 음악. 다시 숲속의 즐겁고 밝은 느낌의 음악)

노래(우리가 지켜줄게, 우우야)

울라 울라 울라 우우
울라 울라 울라 우우
꼬마 늑대 우우 걱정 마.
우리가 널 지켜줄게.
눈 크게 뜨고 소리쳐.
못된 사냥꾼 저리 가.
입 크게 벌려 소리쳐.
모두 모두 행복한 세상

교사: (유아들 쪽을 보며) 휴우~! 못된 사냥꾼한테 우우가 잡혀갈 뻔했네. 너희들 덕분에 우우를 구했어. 이제 너희들이 "우우야 나와." 하고 말해 줄래?

유아들: 우우야. 나와.

꼬마 늑대 우우: (문 안에서 나오며) 이야호~! 얘들아. 고마워. 너희들 덕분에 살았어. 히힛~! 이제 너희들은 내 친구야.

교사: 그래, 그래. 친구. 우우야. 이제 신나게 살렴. 그리고 한국에도 꼭 돌아와. 얘들아, 우리 우우에게 한국으로 꼭 돌아오라고 말해 주자.

유아들: 한국으로도 돌아와.

꼬마 늑대 우우: 응, 그래. 언젠가 꼭 돌아갈게. 안녕~!

음악: (신나게 행진하는 것 같은 느낌의 음악)

2. 수달 인형극 대본: '미끌이와 매끌이'

상황: 인형극 틀의 주변을 푸른 색 공단이나 또는 파란 비닐 등으로 물 같은 느낌이 들도록 처리해 놓음. 그 옆에 스티로폼으로 간단하게 바위 모양도 만들어 놓음.

유아들의 흥미를 유발하기 위하여 인형극 틀 위쪽으로 수달의 발(물갈퀴가 있는 발)만 몇 번 올렸다 내렸다 한다. 이때 머리는 보이지 않아서 그 발의 주인이 누군지는 아직 알 수 없다. 유아들이 그런 모습을 보며 누구인지 궁금해할 때쯤.

수달 미끌이: "얘들아, 안녕! (이때도 얼굴은 보여주지 않고 물갈퀴가 달린 발만 위로 들어 흔든다). 히잇~! 내가 누구~게? 모르겠다고? 내 발 좀 잘 봐봐. 뭐? 오리? 개구리? 오 ~ No, No~! 궁금하지? 짜잔~!

(인형극 틀의 구멍 사이로 수달 얼굴을 내민다.)

얘들아, 나야. 나. 수달 미끌이. 반가워~! 뭐 내가 멋지게 생겼다고? 하긴 이 수염이랑 얼굴이랑 다 멋있기는 하지. 그런데 너희들 ○○유치원(또는 어린이집) 아이들 맞지? 내가 이렇게 귀는 작아도 아주 잘 듣거든. 아까 선생님들이 너희들 온다고 하시는 이야기 다 들었어. 그런데 너희들 내 친구 매끌이 못 보았니? (유아들 반응: "못 보았어.") 으응~? 선생님도 못 보셨어요?

교사: 못 보았는데… 왜? 만나기로 했어?

수달 미끌이: 네, 오늘 아침에 이 바위 위에서 만나기로 했거든요. 슈우우욱~ 수영 시합하려고요. 선생님, 여기 계시다가 매끌이 만나면 제가 물속으로 먼저 갔다고 전해 주세요. 오홋~! 저기 내가 좋아하는 물고기 발견~! 풍덩~!

교사: 알았어. 걱정 마.

수달 매끌이: (머리에 여자 아이처럼 리본 하나 장식. 힘없는 표정으로 바위 뒤쪽에서 등장하여 바위 위로 올라옴) 아유~! 배 아파. 잠깐~! 이 바위 위에다가 끙아를 하면 배 아픈 것이 좀 나아질까? 끙아~! 끙아~! (수달 배설물처럼 만든 것-생선 뼈 같은 것이 조금 밖으로 보이는 것을 바위 위에 매끌이가 똥 싼 것처럼 살짝 올려놓음). 끄으으응아~.

교사: 어? 너 매끌이 아니니?

수달 매끌이: 아유~! 깜짝이야. 똥이 쏙 들어갔네!

교사: 미안, 미안~! 근데 너, 미끌이가 기다렸는데 왜 이렇게 늦었어?

수달 매끌이: 말도 마세요. 배가 어찌나 아픈지… 지금도 조금 아파요. 요즘은 물이 점점 더 더러워져서… 사실 뭘 먹어야 할지 잘 모르겠어요. 에휴~!

교사: 어머? 여기도 그래? 여기는 예전엔 깨끗한 물인 1급수였는데…

(그때 수달 미끌이 다시 구멍으로 등장)

수달 미끌이: 슈욱, 푸파파파 (물에서 나온 것처럼). 야, 매끌아, 왜 이제 왔어? 너 찾아서 한참 다녔단 말야.

수달 매끌이: 어? 미안~! 내가 배가 아파서 그만…

수달 미끌이: 진짜? 사실은 나도 어제 무척 배가 아팠었는데…

교사: 미끌이 너도 배 아팠어?

수달 미끌이: 말도 마세요. 거의 죽을 뻔했다니까요. 물이 더러워지면 우리 먹이도 같이 더러워져서 그걸 먹으면 막 배가 아파요.

교사: 그랬구나. 그럼 우리 ○○유치원(어린이집) 아이들에게도 알려 주어야겠다. (무심천) 물이 점점 더 더러워지면 수달, 너희들이 죽을 수도 있다는 것을…

미끌이, 매끌이: 물론이에요. ㅇㅇ유치원(어린이집) 아이들아. 너희들이 더 이상 물이 더러워지지 않도록 우리 좀 도와줘. 우린 1급수, 깨끗한 물에서만 살 수 있거든. 오케이?

유아들: (합창하듯) 오케이.

수달 미끌이: 헤헷. 그럼 이제 배 아픈 것이 거의 다 나았으니 우리 수영시합하기로 한 것 지금 할래? 물론 내가 이기겠지만 말이야.

수달 매끌이: 무슨 소리? 수영은 내가 1등이라구… 자, 그럼 우린 물속으로 간다. 너희들도 재미있게 놀다가.

(두 마리 수달이 사라지면서 효과음으로) 풍덩, 풍덩 두 번 물속으로 수달이 들어가는 소리만 들린다.

교사: 미끌이와 매끌이가 물속으로 수영하러 갔네. 그럼 우리도 이제 일어나 볼까? 미끌이와 매끌이에게 약속한 대로 깨끗한 물 지키기 약속. 좋아요?

유아들: 좋아요.

교사: 자, 그럼 우리 다 함께 신나게 '푸른 지구 수비대' 노래를 불러 보자.

푸른 지구 수비대

지옥정 작사
고영신 작곡

부록 3

환경부 '5세 누리과정 환경교구세트' 소개

환경부에서는 유아환경교육의 교육적 실천을 지원하기 위해 교육부에서 발간한 「5세 누리과정 교사용 지도서(교육과학기술부, 2012. 2)」의 환경교육내용을 분석·활용하여 '5세 누리과정 환경교구' 10종을 제작하였다. 환경부 '5세 누리과정 환경교구세트' 10종은 2012년부터 시행된 5세 누리과정 중 『환경과 생활』, 『동식물과 자연』 생활주제에 대해 교육할 수 있는 여러 가지 교구로 구성되어 있는데, 이를 적절히 활용한다면 유아의 관심과 흥미를 토대로 한 환경교육 활동을 실시하는 데 도움을 받을 수 있을 것이다. 본 부록에서는 환경부에서 제시한 '5세 누리과정 환경교구' 10종의 대여방법 및 교구목록을 소개하고자 한다.

1. 환경부 '5세 누리과정 환경교구세트' 대여방법

환경부 '5세 누리과정 환경교구세트'는 환경교육 포털사이트 초록지팡이(http://www.keep.go.kr/portal/index.act)에서 신청가능하다. 대여 대상은 전국의 유치원 및 어린이집이나 환경교육을 하고자 하는 기관이며, 교구신청은 연간 총 4회까지이며, 한 달에 2개 꾸러미까지 신청이 가능하다. 참고로 교구와 함께 발송되는 책자에는 10종이 나와 있지만 2015년부터 10종에서 6종으로 변경되었으며, 4종은 현재(2017년 5월) '초록지팡이 홈페이지>환경교육신청>환경교보재신청' 페이지에서 보급접수 중이다.

2. 환경부 '5세 누리과정 환경교구세트' 10종 목록

교구명	생활주제: 활동유형	교구사진	구성품
공룡섬을 찾아서	동식물과 자연: 과학 영역		놀이규칙판 1개, 먹이그림 20개, 게임판 1개, 공룡말 2개, 주사위 1개
도움을 주는 동물	동식물과 자연: 언어 영역		도움을 주는 동물 수수께끼 책 1권
식물을 보호해요	동식물과 자연: 수 · 조작 영역	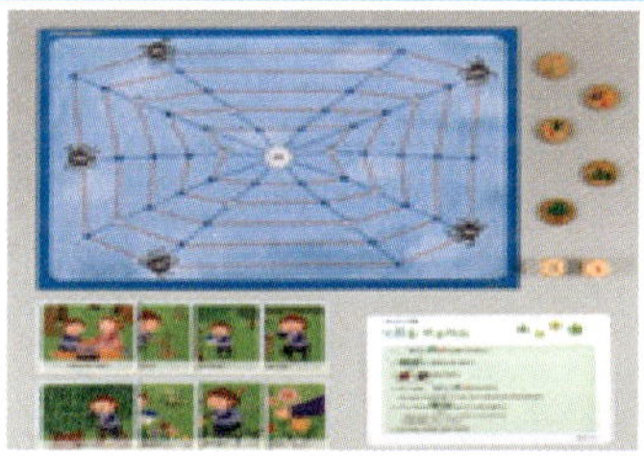	놀이규칙판 1개, 그림카드 8개, 게임판 1개, 말 5개, 주사위 2개(파란 숫자, 빨간 숫자)
지구를 청소해요	동식물과 자연: 과학 영역		놀이규칙판 1개, 카드모음판 4개, 그림카드 40개, 게임판 1개, 말 4개, 주사위 1개
아기 북극곰을 구해 주세요	동식물과 자연: 게임		도입그림자료 2개, 점수판 1개, 얼음조각판 4개, 아기 곰 모자 2개

교구명	생활주제: 활동유형	교구사진	구성품
맑은 물이 좋아요	환경과 생활: 과학 영역		놀이규칙판 1개, 그림카드 30개, 게임판 2개, 퍼즐 2개
물고기는 맑은 물을 좋아해요	환경과 생활: 과학 영역		놀이규칙판 1개, 돌림판 1개, 그림카드 12개, 물고기 20마리, 게임판(깨끗한 바다) 2개, 게임판(오염된 바다) 1개
내가 왕이야	환경과 생활: 동극		동화내용판 1개, 등장인물 조각그림 9개(빈 우유곽, 종이컵, 알루미늄캔, 비닐봉지, 나무젓가락, 은박접시, 과수원할아버지, 왕관, 사과나무), 동극 머리띠 7개, 왕관 1개, 땅 배경판 1개
바람을 보았어요	환경과 생활: 동시		'그 누가 바람을 보았을까' 동시 책 1권
바람을 만들어요	환경과 생활: 동화		'바람을 만든다고? ' 그림동화 11장

참고문헌

강동현(2014). '지속가능발전' 개념을 다시 생각한다. http://www.unep.or.kr/sub/sub05_01_02.php?mNum=5&sNum=1&boardid=tunza&mode=view&idx=1292 (검색일: 2016. 8. 9.).

교육과학기술부(2008). 유치원 교육과정 해설: 총론. 서울: 교육과학기술부.

교육과학기술부(2012). 유치원 교육과정 운영지원을 위한 녹색성장교육프로그램. 서울: 교육과학기술부.

교육과학기술부, 보건복지부, 육아정책연구소(2012). 5세 누리과정 운영 지원을 위한 교수 연수 자료집. 서울: 교육과학기술부, 보건복지부, 육아정책연구소.

교육부(2015). 초·중등학교 교육과정 총론. 세종: 교육부.

박영숙, 제롬 글렌(2015). 세계미래보고서 2045. 서울: 교보문고.

박윤애(2017). 자원봉사의 세계적 흐름을 통해서 본 자발적 헌신과 시민 됨. 2017년도 YWCA 회장단 연수 자료집, 14-40, 서울: 한국 YWCA.

박은경(2015). 유네스코 한국위원회 ESD 위력이 발휘되기를. 유네스코 한국위원회 유네스코 소식. https://www.unesco.or.kr/news_center/sub_01_view.asp?articleid=3601&cate=(검색일: 2016. 8. 9.).

안산환경재단(2015). 환경학습을 통한 지속가능한 도시 만들기: 일본 니시노미야시 사례를 중심으로. http://www.eg21.kr/201511_policy_brief/(검색일: 2016. 9. 16.).

안 에르보(2015). 바람은 보이지 않아. 김벼리 역(원저 2011). 서울: 한울림어린이.

유네스코 한국위원회, 통영 RCE(2007). 지속가능발전교육을 위한 교사지침서.

https://www.unesco.or.kr/data_center/sub_02_view.asp?articleid=150&cate (검색일: 2017. 4. 22.).

이재영, 이선경(2006). 지속가능발전교육자료 series 1. 지속가능발전교육이 뭐예요?, 서울: 지방의제 21 전국협의회.

정은영, 최석진, 이대균, 이동엽(2007). 국가환경교육 표준 지침 연구. 한국교육과정평가원 연구보고서, CRC 2007-5. 서울: 한국교육과정평가원.

조부경, 지옥정, 서윤희, 정애경(2014). 유아교사 환경교육프로그램 개발. 환경부, 한국교원대학교 유아교육원 연구보고서. 청주: 한국교원대학교 유아교육원.

조부경, 지옥정, 서윤희, 정애경(2015). 유아교사 환경교육프로그램 연수 시범 운영. 환경부, 한국교원대학교 유아교육원 연구보고서. 청주: 한국교원대학교 유아교육원.

지옥정(2011). 퀸즐랜드 주를 중심으로 한 호주 유아기 환경교육의 맥락적인 배경 및 특성 고찰. 한국교육, 38(3), 53-75.

______(2014). 환경기념일로 풀어본 유아기 지속가능발전교육. 서울: 창지사.

______(2016). 누리과정에서 범교육과정의 통합적 운영: 녹색성장교육을 중심으로. 2015년도 유치원 컨설팅장학요원 직무연수(기초 2) 자료집, 65-92. 청주: 한국교원대학교 유아교육원.

______(2017). 유아교육현장에서의 프로젝트 접근법(제4판). 서울: 창지사.

최유리(2015. 4. 15.). 지구 온난화가 인류 '양극화' 부추긴다. 오마이뉴스, ohmynews.com/NWS_Web/View/at_pg.aspx?CNTN_CD=A0002099402(검색일: 2016. 11. 11.).

최종권(2017. 1. 19.). 황새 167마리 아빠 '애들을 부탁해'. 중앙일보, A28면.

환경부(2009). 초등학교 교사를 위한 지속가능발전교육 참고교재 개발. http://ncsd. go.kr/app/sub04/43.do(검색일: 2015. 12. 12.).

환경부, 한국환경교육학회(2014). 국가 수준 환경교육 기준 개발 연구. 환경부, 한국환경교육학회 연구보고서. 세종: 환경부.

Carson, R. L.(2002). *자연 그 경이로움에 대하여(The sense of wonder)*.(표정훈 역). 서울: 에코리브르.(원전 1956년 출판).

Carson, R. L.(2011). *침묵의 봄(Silent spring)*.(김은령 역). 서울: 에코리브르.(원전 1962년 출판).

Davis, J. M.(2015). *Young children and the environment: Early education for sustainability*(2nd). Melbourne: Cambridge University Press.

Inoue, M.(2015). 일본의 유아기 환경교육에 대한 관점: 지속가능한 사회를 위한 제고, In J. Davis & S. Elliott(Eds.), *지속가능성을 위한 유아교육연구(Research in early childhood education for sustainability)*(pp. 118-137). (지옥정, 허미화, 정미라, 백은주 역). 서울: 창지사.(원전 2014년 출판).

Jenkins, K.(2009). Linking theory to practice: Education for sustainability and learning and teaching. In Australian Government, *Education for sustainability in the primary curriculum*. (pp. 29-38). South Yarra: Palgrave Macmillan.

Ji, O. & Stuhmcke, S.(2015). 프로젝트 접근법에 의한 '지속가능성을 위한 유아교육': 한국과 호주의 사례, In J. Davis & S. Elliott(Eds.), *Research in early childhood education for sustainability: International perspectives and provocations*(pp. 158-179). Oxon, UK: Routledge.

Katz, L. G. & Chard, S. C.(2000). *Engaging children's minds: The project approach* (2nd). Stanford: Ablex Publishing Corporation.

Littleddyke, R., & McCrea, N. (2009). Starting sustainability early: Young children exploring people and places. In Australian Government, *Education for sustainability in the primary curriculum*. (pp.39-53) South Yarra: Palgrave macmillan.

Palmer, J.(1999). Research matters: A call for the application of empirical evidence to the task of improving the quality and impact of environmental education. *Cambridge Journal of Education, 29*(3), 379-395.

Siraj-Blatchford, J., Smith, K. C., & Samulelsson, I. P.(2010). Education for sustainable development in the early years. Retrieved from http://www.

ecesustainability.org(검색일: 2010. 11. 25.).

SWEDESD(2008). The Gothenburg recommendations on education for sustainable development. Gothenburg: Charmers. Retrieved from https://www. chalmers.se/sv/om-chalmers/miljo-och-hallbar-utveckling/tidig-satsning-pa-miljo-och-hallbarhet/Documents/Goteborgsrekommendationerna.pdf(검색일: 2017. 3. 28.).

Tilbury, D.(1994). The international development of environmental education: A basis for a teacher education model? *Environmental Education and Information, 13*(1), 1-20.

UN(1992). Agenda 21. Retrieved from https://sustainabledevelopment.un.org/content/documents/Agenda21.pdf(검색일: 2016. 4. 27.).

UN(2002). Johannesburg declaration on sustainable development & plan of implementation of the world summit on sustainable development. Retrieved from http://www.un-documents.net/wced-ocf.htm(검색일: 2017. 3. 28.).

UNESCO(1975). The belgrade charter: A global framework for environmental education. Retrieved from http//www.medies.net/_uploaded_files/TheBelgradeCharter.pdf(검색일: 2017. 1. 30.).

UNESCO(1977). Intergovernmental conference on environmental education. Retrieved from http://unesdoc.unesco.org/images/0003/000327/032763eo.pdf(검색일: 2017. 4. 18.).

UNESCO(2002). The four dimension of sustainable development. Paris: UNESCO.

UNESCO(2008). The contribution of early childhood education to a sustainable society. Paris: UNESCO.

UNESCO(2014a). UNESCO Roadmap for implementing global action programme on education for sustainable development. Retrieved from https://sustainabledevelopment.un.org/content/documents/1674unescoroadmap.pdf(검

색일: 2016. 8. 2.).

UNESCO(2014b). Shaping the future we want: UN Decade of Education for Sustainable Development(2005–2014) Final report. Retrieved from http://unesdoc.unesco.org/images/0023/002303/230302e.pdf(검색일: 2016. 3. 28.)

웹사이트

어린이 지구헌장: http://www.littleearthcharter.org/LEC_teachers.html

유네스코 한국위원회: http://www.unesco.or.kr/business/sub_01_02.asp?sKind=B

유니세프블로그: https://blogs.unicef.org/blog/why-early-childhood-development-is-the-foundation-for-sustainable-development/

지구헌장: http://earthcharter.org/discover/history-of-the-earth-charter/

지속가능발전목표: https://sustainabledevelopment.un.org/sdgs

세계환경위기시계: http://www.af-info.or.jp/en/questionnaire/clock.html

초록지팡이: http://www.keep.go.kr

저 자 소 개

지 옥 정

- 한국교통대학교 유아교육과 명예교수
- 관심분야: 프로젝트 접근법의 유아교육 현장 적용
  지속가능성을 위한 유아교육

조 부 경

- 한국교원대학교 유아교육과 교수
- 관심분야: 유아과학교육, 유아교사교육 및 장학

서 윤 희

- 한국교원대학교 유아교육과 교수
- 관심분야: 유아교육과정 재구성, 유아교사교육 및 장학

정 애 경

- 정부세종청사 아이온어린이집 원장
- 관심분야: 지속가능성을 위한 유아환경교육, 유아국악교육

지속가능발전 지향
유아환경교육

초판 1쇄 발행 2017년 6월 30일
초판 2쇄 발행 2023년 1월 16일

지 은 이 | 지옥정·조부경·서윤희·정애경
펴 낸 이 | 김기섭
책임편집 | 이윤미
펴 낸 곳 | 창지사 www.changjisa.com
08589 서울시 금천구 가산디지털 1로 83 파트너스타워 1차 9층
전화(02) 719-2211~3
팩스(02) 701-9386
등 록 | 1977년 4월 28일·제1-421호

ISBN 978-89-426-0956-7 (93370)

값 16,000원